U0113738

山湖清韵

史元海 著

颐和园
匾额楹联浅读

中国文史出版社
CHINA CULTURAL AND HISTORICAL PRESS

图书在版编目（ＣＩＰ）数据

山湖清韵：颐和园匾额楹联浅读 / 史元海著 . ——
北京：中国文史出版社，2015.11 (2021.7 重印)
　ISBN 978-7-5034-7000-4

　Ⅰ . ①山… Ⅱ . ①史… Ⅲ . ①颐和园—牌匾—研究②
颐和园—对联—研究 Ⅳ . ① K875.44 ② I207.62

　中国版本图书馆 CIP 数据核字 (2021) 第 121736 号

责任编辑：金　硕　梁玉梅

出版发行：中国文史出版社

社　　址：北京市海淀区西八里庄路 69 号院　　邮编：100142

电　　话：010-81136606　81136602　81136603（发行部）

传　　真：010-81136655

印　　装：北京新华印刷有限公司

经　　销：全国新华书店

开　　本：16 开

印　　张：20.25

字　　数：317 千字

版　　次：2016 年 2 月北京第 1 版

印　　次：2021 年 7 月第 2 次印刷

定　　价：56.00 元

序

　　对联这一形式，是文学的一个门类，但它和诗歌、小说、戏剧无法相比，对联通常只有两句话、区区十几个字，却足以表达广博、深厚的思想内涵。正因为它的短小精悍，很受各界各阶层民众的喜爱。古来一些优秀的对联作品，一直流传至今，甚至脍炙人口。这正是对联的魅力所在。

　　对联又叫楹联，可以分门别类用在不同的地方。在园林里，楹联是一种重要的点缀物。《红楼梦》里，贾政在查看刚刚完工的大观园时，为了楹联的事而进退两难："这匾额对联倒是一件难事。论理该请贵妃赐题才是，然贵妃若不亲睹其景，大约亦不肯妄拟；若直待贵妃游幸过再请题，偌大景致，若干亭榭，无字标题，也觉寥落无趣，任有花柳山水，也断不能生色。"可见景物再好，如果没有楹联匾额，会让人觉得乏味。美学家说过："大自然是无所谓美、无所谓丑的，只是有了人，有了人的情感，才产生了美丑。"可不是吗，如果地球上从来没有人类存在，什么春花、秋月、碧海、清风，都不过是自然现象而已，何关美、丑！当文士们面对佳景，触动了自己的审美情怀，发而为文，形成联匾，抒发了内心的感悟、激情，达到了情与景交融的境界。加上联语的对仗工稳，音韵铿锵，让后来的游人读到后也会受到感染。楹联、匾额对园林美好景物起到了点题、启发、渲染的作用，是园林艺术的组成部分。

　　颐和园是我国最优秀且保留最好的皇家园林，其中含有丰富的文化信息，包括园林文化、建筑文化、花木文化等等。颐和园于乾隆十五年（1750年）首建，它见证了大清王朝由盛而衰的历史，在这个园林里发生过许多重大的历史事件，诚可谓历经沧桑，所以园子里还饱含着丰富的历史文化信息。那些精美的联匾，除了文意之外，还有文学、书法、工艺美术等艺术内涵。园里的联匾是整个颐和园文化的有机组成部分。颐和园能够享誉至今，实属难能可贵，被联合国教科文组织审定为世界文化遗产，就是必然的了。

本书作者史元海先生，对颐和园有深厚的情愫，他对颐和园的山形水系、殿阁楼台，以及各处的楹联匾额都了如指掌。他又是个善于探索的人，面对美景和联匾的时候，每每停下来细心思考，仔细吟味当年联匾作者行文的深意。按理，那点文字并不佶屈聱牙，字面上似乎也没有多少深奥的含意；但是，如果只按表层意思进行诠释，那就未免太唐突古人了。精通汉文化的乾隆皇帝和那些笔下生花的词臣翰林，岂能只有此浅层的吟咏？每个作品都会有其字面背后的或与其他事物双关的深刻义理，需要加以挖掘、阐释。本书作者循着此路孜孜追求，常常会有卓见发现，每到此时，他都会产生一种豁然开朗、柳暗花明的愉悦。他不愿独享这种感受，乃形之于笔墨，写成了这本书，把它呈现给读者。这是一本倾注心血、厚积薄发的作品。

当我们徜徉于颐和园的亭台轩馆、绿树繁花等美景之间，目光遇到那些匾联的时候，不妨和古人做一次穿越时空的心灵对话：默诵联匾，看看乾隆皇帝题写此景时是什么心胸、什么感受；看看朝堂文士们又是以怎样的情怀、作出什么样的吟咏。当年的景物依然，时光却已过了两个多世纪，社会产生了翻天覆地的变化与进步，古人与今人的心思在此交汇，你会产生一种今昔巨变、沧海桑田的感觉。此时你翻阅这本《山湖清韵：颐和园匾额楹联浅读》，再看看本书作者对此处的联匾有什么样的解读和感悟，读者与作者心灵上一沟通，你可能得出会心的微笑，也会产生一种柳暗花明、豁然开朗的感受。

你或许对作者某些观点不完全认同？那很正常。智者说，"诗无达诂"，以及"一千个人心目中有一千个哈姆雷特"，认识上有了不同的甚至是更深刻的见解，是一件好事。

我钦佩元海在文史方面的学识素养和对这一课题的不懈追求，故乐为之序。

张秉旺
乙未春于海淀之远心阁

目　录

● 序 / 1

● 前言 / 1

● 第一章 宫寝区

东宫门 / 17

仁寿殿 / 20

玉澜堂 / 23

——玉澜堂 霞芬室 藕香榭

夕佳楼 / 33

——宜芸馆 道存斋 近西轩

宜芸馆 / 38

乐寿堂 / 47

德和园 / 52

——大戏楼 颐乐殿 庆善堂

● 第二章 长廊及万寿山山前景区

长廊 / 73

——邀月门 留佳亭 对鸥舫 寄澜亭 秋水亭 鱼藻轩 清遥亭

石丈亭 / 87

养云轩 / 88

无尽意轩　/91

清华轩　/93

山色湖光共一楼　/97

听鹂馆　/98

承荫轩　/100

第三章　排云殿及佛香阁建筑群

排云殿建筑组群　/105

——排云门前牌坊　排云门　排云殿、紫霄殿、芳辉殿、云锦
殿及玉华殿　德晖殿

佛香阁　/131

——佛香阁　敷华亭与撷秀亭

转轮藏　/138

宝云阁　/140

智慧海　/154

——琉璃牌坊　智慧海

第四章　万寿山景区

紫气东来城关　/159

谐趣园　/162

——瞩新楼　涵远堂　湛清轩　兰亭　知春堂　知鱼桥　谐趣园
池塘南岸四座建筑　澄爽斋

含新亭　/186

目　录

景福阁　/187

福荫轩　/191

意迟云在　/193

圆朗斋和瞰碧台　/194

写秋轩　/196

千峰彩翠城关　/198

重翠亭　/199

邵窝殿　/200

——邵窝殿　云松巢　绿畦亭

湖山真意轩　/203

画中游　/204

——石牌坊　爱山楼　借秋楼

小有天　/210

延清赏楼　/212

宿云檐城关　/213

清晏舫　/214

荇桥　/216

迎旭楼　/218

澄怀阁　/221

北宫门　/225

慧因慈福牌坊　/229

寅辉挹爽城关　/231

澹宁堂　/233

——云绘轩　澹宁堂　随安室

● **第五章 昆明湖景区**

知春亭 /243

文昌阁 /244

廓如亭 /248

十七孔桥 /249

灵雨祠 /254

——灵雨祠 涵虚堂 岚翠间

绣漪桥 /262

西堤六桥 /267

——界湖桥 豳风桥 玉带桥 镜桥 练桥 柳桥

景明楼 /273

畅观堂 /289

● **第六章 耕织图景区**

昆仑石题刻 /297

延赏斋 /300

玉河斋 /304

澄鲜堂 /308

● **后语** /313

前 言

一、说说楹联

中华民族具有悠久的历史，中华文化源远流长。楹联作为一种文学艺术形式，是中华文化百花园中的一朵奇葩。楹联，就是对联，也叫对子，因为对联普遍是贴（挂）在房屋的门框和门前的楹柱上（房屋一间称一楹），所以习惯上都叫作楹联。关于最早的楹联，传统都认为清代梁章钜在《楹联丛话》中所说的五代时期后蜀主孟昶在后蜀灭亡前一年（964年）所作的春节门联"新年纳余庆；嘉节号长春"为楹联之始，但有资料表明，早在唐代开元十一年（723年）就已出现用于"书门左右"的联语。如立春日贴在门左右的"铜浑初庆垫；玉律始调阳"，这应该是迄今发现最早的楹联。（见中华书局《文史知识》1991年第四期，谭蝉雪《我国最早的楹联》一文）这比孟昶的门联起码要早230多年。近年来，有人从地方志里发现了唐咸通（860—873）、乾符（874—879）年间福建文人的几副楹联，其中有个叫林嵩的自题草堂一联：

士君子不食唾余时把海涛清肺腑
大丈夫岂寄篱下还将台阁占山颠

还有一个叫陈蓬的，家于后崎，曾题所居两联。
其一：竹篱疏见浦；茅屋漏通光。
其二：石头磊落高低结；竹户玲珑左右开。
另外有一位叫徐寅，是乾符元年进士，唐末在蒲田延寿筑万春楼用来藏书，其书楼有一联云：

壶公山下千钟粟　　延寿溪头万卷书

这些也比孟昶的门联要早七八十年。

楹联的发展有两个源头，一是联语的载体形式，是由古代的桃符发展来的。我国古代有在大门两侧悬挂桃符的习俗。据西汉刘安《淮南子》载：桃符是用两块长七八寸、宽一寸多的桃木制成，上书除灾降福的吉利话或符咒语，如"姜太公在此，百无禁忌""有令在此，诸恶远避"等，岁首钉于大门两侧，以驱鬼辟邪。又据传说，东海度朔山有一桃树，树下有鬼门，门边有神荼、郁垒二神把守，总管万鬼出入，恶鬼若为非作歹，二神即用苇索捆之喂虎。后人遂将神荼、郁垒像或名字画在或写在桃木板或纸上，置门左右。元·陶宗仪《说郛》卷十引马鉴《续事始》说：《玉烛宝典》曰：'元日造桃板著户，谓之仙木……'即今之桃符也。其上或书神荼、郁垒之字。"桃符逐渐演变，一分为二，画像部分变成了贴门神，文字书写部分变为贴对联，用料也由桃木大多改为纸。楹联发展的另一个源头是联语的规范化，是在六朝骈俪文和盛唐以后的格律诗的基础上发展来的。本来，骈词俪句是上古自有文章以来就有的，是自然而然形成的，正如刘勰在《文心雕龙·丽辞》中所说："造化赋形，支体必双；神理为用，事不孤立。"所以，"心生文辞，运裁百虑，高下相须，自然成对"。至于骈俪为文则是东汉初期在汉赋的基础上兴起的，经魏晋时期的发展，到了南齐永明年间（483—493）周颙、王融、谢朓、沈约等人提出平、上、去、入四声说，骈俪文体才渐趋完备，到了梁、陈、北齐、北周时期达到极致。骈俪文也叫骈体文，省称骈文。骈文的基本特征，大致表现在以下几个方面。第一，行文普遍要求对仗。其基本规则就是要求两句之间字数相等，词性相对，语法结构相同。第二，句式以四言、六言相间为主。第三，选词大量用典。第四，要求大致的押韵、平仄和节奏。第五，讲究雕琢字句，词藻华丽。骈文的这些特征，对楹联的发展成熟起着根本的作用。律诗也称律体诗或近体诗，无论五言还是七言，到了盛唐以后，都已经形成了固定的格式，其最基本的特征是讲究对仗和声律（押韵、平仄和节奏）。律诗要严格遵守格律，如有错乱，便不能称为律体诗。律诗共四联八句，按照要求，首尾两联可对仗也可不对仗，中间的颔联和颈联，即第三、四两句和第五、六两句一定要对仗。把律诗的颔联或颈联单独抽出来使用，能表达一个完整的意思，便是一副楹联。

楹联没有自己独立的格律，只是借用和参考律诗的格律。但在长期的撰联实践中，也形成了自身的特点，大致有如下几项：

1. 楹联的字数多少不限，但上联和下联字数必须相等。

2. 上联和下联的音节（音步）必须一致。

3. 语音平仄要相对。楹联的语音平仄应该做到单联内平仄是交替的，上下联平仄是对立的。但句中平仄编排没有固定的程式和谱式，一般来说音步上的字平仄要求要严一些，尤其是上下联的末一个字不能马虎，必须做到平对仄或仄对平，通常以上联仄声对下联平声为好。

4. 词语要相当。

（1）词语结构要相当。词语的构成方式，按现代汉语来分，有主谓结构、动宾结构、偏正结构、联合结构、动补结构、方位结构和连动结构。楹联中成对的词、语、句的结构形式应该力求相同或相似。

（2）词语门类要相当。上联和下联同一位置的字、字类（现代汉语为词、词类）应该相同，即实字对实字，虚字对虚字，天文对天文，地理对地理，时令对时令，方位对方位，等等。

（3）词语分量要相当。上下联或一个单联中的各个子句之间所描摹的人、事、物、景的规模应该相称，不能轻重失衡。

5. 感情色彩要相称。词语本身是带有一定的褒义、贬义或表现喜怒哀乐等感情色彩的。上下联或单联中的各子句之间的感情色彩应该协调一致。

对仗是楹联的生命，可以说没有对仗也就没有楹联。对仗有多种方法或格式。南朝齐、梁间的刘勰在《文心雕龙·丽辞》中提了四种对法，即言对、事对、反对、正对，并说："丽辞之体，凡有四对：言对为易，事对为难；反对为优，正对为劣。"明胡震亨《唐音癸签》卷四提出六种对法：假对、当句对、流水对、蹉对、扇对、续句对。在相当于我国唐朝时期，日本的空海和尚在他所著的《文镜秘府论》东卷里，根据我国古代大量诗作，归纳出了"二十九种对"。范文澜对这二十九种对法"殊觉繁碎"，将其约略为十种对，即的名对、隔句对、双拟对、联绵对、互成对、异类对、双声对、叠韵对、回文对、字对。这里结合颐和园楹联，选择几种传统对法略加阐说。

1. 的名对（又叫正名对、正对、切对）。严格按照词语的门类相同，虚实相同，结构相当，音步一致，平仄相对的要求成对，即为的名对。初学写作的人是一定要严格做到的，对于已经熟练掌握作对的人可以有所突破。颐和园楹联中，这种的名对不多见。

2. 异类对。不属于同门类的词语成对，便属于异类对。如玉澜堂室内联"曙色渐分双阙下；漏声遥在百花中"。"曙色"属天文门，"漏声"属器用门；"双阙"属宫室门，"百花"属百花门，都不是同门类相对。再如文昌阁联"石窗湖水摇寒月；山峡泉声报早秋"。"石窗"属宫室门，"山峡"属地理门。这些非同门词语在联中成对，便是异类对。异类对在颐和园楹联中是比较常见的。

3. 含境对。相对的词语只要情与境相同，字面上又大体过得去，便是含境对。如宝云阁石牌坊联"苕雪溪山吴苑画；潇湘烟雨楚天云"，溪山与烟雨，一是地理门一是天文门，勉强能对。吴苑画与楚天云，一为技艺门一为天文门，门类相去甚远，本不可对，但"吴苑画"和"楚天云"都是描写风光的，意境是相同的，所以此联便属含境对。还有画中游石牌坊横向书写的楹联"山川映发使人应接不暇；身所履历自欣得此奇观"，词语不成对，但情和境是一样的，也是含境对。

4. 字对（或称假对）。词语的意义不相对，但字面意思可成对，称为字对。如德和园中颐乐殿联"松柏霭长春画图集庆；蓬莱依胜境杰构灵光"，蓬莱的意思是指蓬莱阁，属宫室门，但它的字面意思又是蓬草蒿莱，属草木门，故与松柏成对。又如谐趣园中引镜轩楹联"菱花晓映雕栏日；荷叶香涵玉沼波"，菱花是指镜子，但字面上是花的名字，故可与荷叶成对。

5. 交络对（也叫"蹉对""参差对"）。是在不以辞害意的前提下，将字（词）序略作调整，以达到音调和谐的一种补救办法。如景明楼北配楼西向联"开蓬恰喜来澄照；倚槛何殊畅远观"，按照字义，下联"畅"字是欢畅的意思，应放在第四字位，与上联"喜"字相对，"殊"字应在第五字位，下联就成了"倚槛何畅殊远观"，其音调是仄仄平仄平仄平，与上联的平平仄仄平平仄对不上。现在把畅殊二字倒置一下，音调变为仄仄平平仄仄平，与上联声调相对非常吻合。像这样把字词次序略加变通，参差一下，成交络状组对，平仄既谐、意义不损的对法即为"交络对"或叫"参差对"。

6. 流水对。是指上下联之间不是对立的，而是作为一个整句连贯下来，表达一个完整的意思，以语法而论，上联和下联都不能单独构成一个句子，只有把它们当作一个整句才行。如景明楼南配楼西向联"鸂鶒凫雁烟波阔；岂必无心独野鸥"便是流水对。流水对只要能做到上下联平仄相反就可以了。

颐和园里的流水对，大多是由乾隆诗中采摘来用于新中国成立后恢复的建筑上，如景明楼、耕织图、澹宁堂等处。

楹联的对仗准则无疑是应该遵守的，尤其是初学者更应严格遵守。但对仗毕竟是楹联的一种外在形式，而楹联所表达的情、理、意、境才是内在蕴涵，是楹联的"神"。如果能做到对仗完全符合规则，情、理、意、境又得到了充分的表达，即形神俱美，这自然是上乘之作。但如果一副楹联写得有气势、富内涵、合情理、得意趣，读来上口，品之有味，而在"形"上略有突破，也是可以的。钟嵘在《诗品序》中说："余谓文制本须讽读，不可蹇碍，但令清浊通流，口吻调利，斯为足矣。"《红楼梦》第四十八回曹雪芹借林黛玉之口论作诗说："什么难事，也值得去学！不过是起、承、转、合，当中承、转是两副对子，平声对仄声，虚的对实的，实的对虚的。若是有了奇句，连平仄、虚实不对都使得的。"王国维《人间词话》附录樊志厚《叙》中说："文学之工不工，亦视其意境之有无与其深浅而已。"这些话虽然说的是诗词，但用在楹联上也是一样的。在实际创作中死守着过严的规则，往往会成为一种束缚，限制思想情感的充分发挥和语言的清新活泼，是不可取的。颐和园内的楹联都是当时的皇帝和词臣们经过精心思考，反复推敲撰制成的，一般来说，是合乎对仗要求的，但也有不少突破之处。如颐乐殿楹联"珠玉九天元音谐乐律；笙簧六籍太室饫谟觞"。"元音谐乐律"音步为元音／谐／乐律，"太室饫谟觞"音步为太室／饫／谟／觞，音步不对；"元音"属音乐门，"太室"属宫室门，门类不相对。"元音谐乐律"是主谓宾结构，"太室饫谟觞"是联合结构，也不能成对。可见"元音谐乐律"与"太室饫谟觞"离对仗要求相去甚远，又如排云门楹联"迎辇花红星云争烂漫；当阶草碧风雨协和甘"，"争烂漫"音节是争／烂漫，"协和甘"音节是协和／甘。"烂漫"是叠韵联绵字，与"和甘"二字本不能相对，但在实际中也成对了，读起来并没感觉有什么别扭。

楹联的对仗，不论是严守规则（工对）也好，还是有所突破（宽对）也罢，有一条准则是无论如何也不能违背的，这条准则就是：不能以辞害义。以辞害义才是楹联的大忌。有人把迎旭楼楹联"玉砌朱阑不雨亦润；池台金碧倒影斜阳"说成"没有对仗，应与谐趣园瞩新楼楹联（按，指2012年大修前所挂楹联的下联）调换"，组合为"玉砌朱阑不雨亦润；红菱白芰入晚犹馨"。

殊不知这"入晚"二字与此楼楼名"迎旭"是对立的，两词相犯，以词害意，使不得。有的书把夕佳楼楹联"锦绣春明花富贵；琅玕画静竹平安"下联的"画"字改写为"昼"，并注释说"联语写日景"。从字面看，昼与上联的春字都属时序词，对仗吻合了，但昼是白天，与这里的楼名夕佳楼的"夕"字相悖，以词害义，不可取。

楹联的形成是与汉字形、音、义集于一身的特点密不可分的。

汉字是一字一形，被称为方块字，一个汉字，不管笔画多少，写出来都占有同等面积的一个方块。成段文字书写时，无论是竖行书写还是横行书写，字与字之间都能做到疏密得宜，大小匀称，互相照应，款式统一。这样，就能使楹联做到上下联书写两两相对，整整齐齐，示人以对称平衡之美。汉字是笔画文字，宜用毛笔（软笔）书写，特别是体形比较大的字就非用毛笔书写不可，这就为楹联在房屋的门框或楹柱上张贴或悬挂，远距离观赏创造了条件。毛笔字的书写，经过不断的勤苦练习，在起笔、运笔、顿笔、收笔上达到有力有势、变化多端的高妙地步，间架结构做到严谨、端庄，各偏旁搭配组合匀称和谐，便形成书法艺术，使观赏者在体味楹联情趣的同时也能欣赏到书法艺术之美。

汉字一字一音，一个汉字就是一个音节。一副楹联有几个字便是几个音节。上下联字数相等，音节也便两两相对，在听觉上给人以节奏整齐之感。汉字不仅有声，而且有调，调又分平仄。楹联讲究平仄参差，使语句读起来抑扬顿挫，朗朗上口，富有旋律之美，从而增强欣赏趣味和感染力。值得一提的是，古代的声调分为平、上、去、入四声，其中，平属平声，上、去、入三声都属仄声。而现代普通话声调分为阴、阳、上、去四声，其中，阴平、阳平属于平声，上声、去声属于仄声。古代的入声用现代普通话已经读不出来了，也就是说，入声消失了（只有南方的少数地区还有保留），入声字分别归入了平、上、去三声之中。古代的诗词、楹联都是古人按照古代四声写成的，我们今天用现代普通话来读它，因为找不到入声字，有时会觉得不合律，感到很别扭。不过不要紧，入声字归入上声、去声的，不去管它，反正都是仄声。入声字归入平声的，凡是本书所采楹联中遇到的都作了提示。

汉字是表义体系的文字，一个字表示一个或多个意义，其中造字之初所表示的意义称为这个字的本义，由本义引申出来的一个或多个意义都是引申义。如"秀"字，它的本义是指谷类植物抽穗开花。由这个本义引申出来的意义有：（1）泛指一切草木开花；（2）泛指草木之花；（3）泛指草类结子；（4）草木枝繁叶茂，长势旺盛；（5）指茂盛的草木；（6）山林郁郁葱葱；（7）俊美秀丽；（8）成长；（9）显露、露出；（10）特出、高出；（11）优异、出众，等等。但具体应该表示什么意义，则要看它在语境中扮演的角色而定。在颐和园中，东宫门外牌坊题额"罨秀"，秀是形容词，是美好秀丽的意思。长廊秋水亭北向匾"三秀分荣"，秀是动词，是开花的意思。佛香阁西侧亭子题额"撷秀"，秀是名词，特指莲花。景明楼南配楼题匾"湖芳岸秀"和北宫门匾"兰馨菊秀"，秀都是动词，表示开放、盛开的意思。听鹂馆正门题匾"金支秀华"，秀是形容词，精美华丽的意思。宝云阁石牌坊楹联"川岩独钟秀"，秀是形容词，灵秀、美好的意思。

汉语在长期的发展过程中，有些字、词（单音词、双音词）除了其字面意义之外，还蕴含有民族文化的特定含义，即比喻义。如：天、日、上、林、北斗、北极等指君王；玉、松、竹、莲（荷）、蝉、钟、琴等都含君子高尚的品德之意；松、鹤、桃寓长寿之义；楼阁、庙堂代指朝廷；槐（槐庭、槐厅）含有高官的意思；清华指品第高贵……

汉字还有很强的组词能力。一个汉字能和另一个（或两个以上）汉字拼组结合，组成复音词，表示新的意义。

在汉语复音词中，除大部分是合成词外，还有一种特殊的情形，就是联绵字。所谓联绵字，就是两个字联在一起不能分开来讲的双音节词，是由语音手段构成的单纯复音词，所以从语言的角度说又称"联绵词"。如颐和园排云门楹联"迎辇花红星云争烂漫"和德晖殿联"苑启宜春曈昽朝日丽"中的烂漫、曈昽都是联绵词。联绵词的两个字拆开来的单字不代表意义，所以一般不拆开使用，但在颐和园中，"氤氲"（yīn yūn）这个联绵词却是拆开了写入匾联的。德和园庆善堂西厢房匾"郁绕祥氤"，万寿山后山云绘轩楹联下联"蔼若常含元气氲"。这两处的"氤"和"氲"都是指"氤氲"这个联绵词，之所以分别用一个字代替，是音节的需要，并不是氤、氲各自表示什么意思。我们在读到这两个字时，就应该知道这是联绵字。

由于汉字不仅具有形、音、义系于一身的特点，还具有多义性和很强的、灵活的组词功能，这就为楹联丰富多彩的修辞和用极少数的文字抒发繁复多样的思想情感创造了有利条件。可以说，没有汉字的这些特点就没有楹联，楹联是汉字文化所独有的一种文学艺术形式。

园林中的匾额楹联是借助文学艺术手段概括景的内涵，点出意境之所在。它对观景者起着定向引导作用，可以使赏景者产生联想而深入到所渲染的境界。通常，匾额从字面形式上可分为题名匾和抒意匾，一般匾语后面带有殿、堂、楼、阁、轩、桥等建筑形式名称的为题名匾，不带建筑形式名称的为抒意匾，但这不是绝对的。从内容上看，题名匾和抒意匾都是用来点景、表意、抒情的，都具有一定的蕴涵。有的匾额可以独立成篇，不需要配楹联，有的匾额和楹联配合成篇，或起锦上添花作用，或起画龙点睛作用，或起补充说明作用。另外，从外观形式来看，建筑物用联处配上横额，可以在外形上造成一种氛围，给人以稳重、齐整、严肃、慎重的感觉。

二、说说颐和园楹联

颐和园是现今保存最完好的皇家园林，范围广阔，建筑众多，内容多样。所以，颐和园内的匾额楹联不仅多，而且涉及内容广泛。归纳起来，大约有下列一些内容：

1. 宣扬皇帝、皇权威势。

2. 表达宗教意义。

3. 祝寿。

4. 为统治者（主要是慈禧太后）歌功颂德。

5. 阐述自然哲理和修身养德。

6. 表示关注农桑、重视民本。

7. 点缀风景，以景抒情。

颐和园是皇家园林，由于有着特定的地位和特殊的背景，所以园内的匾额楹联便有其自身的特点。了解这些特点，对我们较为准确、深刻地理解这些匾额和楹联是有帮助的。

（一）作者和观者不同一般

颐和园匾额楹联的创作，大体上分为三个时期。一是以乾隆皇帝为主的清漪园时期，这个时期有少量楹联是嘉庆年间的作品。二是光绪（慈禧太后）

年间重建的颐和园时期。三是新中国成立以后逐年恢复的景点建筑，包括景明楼、耕织图、澹宁堂等。这部分楹联都是从乾隆诗中摘录来的，除极个别处小有改动外，都是原文照录。这些楹联都能与其载体所在的景观环境相谐和，很好地表达了景观的内涵。这也是一种创作。

清漪园时期的匾额楹联绝大部分都是乾隆皇帝亲自创作的，现在遗留下来的楹联不多了，但是大部分题名匾额还是沿用了乾隆时期的命名。乾隆皇帝二十四岁登基以后，继承祖、父的基业，将康乾盛世一步步推向巅峰。乾隆十五年，清漪园开始建造之时，国家社会稳定，库帑充盈，既无外患也无内忧。此时乾隆皇帝刚刚步入壮年，精力、才力、体力都处在旺盛时期，踌躇满志，雄心勃勃。作为一个有抱负有作为的一国之君，他站在最高层，看到最远处，以国计民生为怀，以大清天下安危为己任。这在清漪园遗留下来的匾额楹联中是有所体现的。

作为皇家园林，普通百姓和一般官吏是不能涉足的，少数高级官员到里面也不能任意走动。所以乾隆所作的匾额楹联主要是给自己看的（或许有极少数几位大臣能看到一些），或留给后世子孙等继承者看的。所以这些匾联多为自况、自励、自警之辞，充分体现修身养德、治国安邦、奋发进取的儒家思想。由于乾隆皇帝有着特殊的地位，他不需要迎合什么人，也不须揣摩别人的心思，而是毫无顾虑，独立机杼，所以这些匾联大都情感真挚，语言朴素。我们了解了这些背景，在欣赏乾隆时期的匾联时，就要站在乾隆皇帝的角度，以乾隆皇帝的胸怀气魄去理解它。如：延赏斋的“延赏”二字，那一定是延及天下，赏及农桑。乾隆皇帝此时“见”到的是“起耕锄”，“听”到的是“鸣织杼”，他所关心的自然是民生之本。如果把“延赏”理解为“延续、留连赏玩”，这便是以俗人之心度乾隆之腹了。再如，若将谐趣园内知鱼桥石牌坊题额“知鱼桥”和楹联“回翔凫雁心含喜，新苗蘋蒲意总闲”理解为“观赏鱼的桥”和“目随回翔水鸟，心怀喜悦之情；细观日新水草，胸含悠闲之趣”，这便是一个见识短浅的普通游客的狭隘心境，这种解释不仅索然无味，而且与乾隆皇帝天下一统、万物同欣的宽阔胸怀相去甚远。

光绪时期留下来的匾额楹联在颐和园中占有多数，这些匾额楹联虽然上面钤着“慈禧皇太后御笔之宝”或“光绪皇帝御笔之宝”字样，但绝大多数是当时的词臣们捉刀代笔。这个时期的清王朝已经到了晚期，慈禧太后专权跛尫，国力衰竭，民生凋敝，内忧与外患交加，贫穷和落后相伴。越是在这样的形势下，朝廷越需要歌功颂德，歌舞升平，粉饰太平，为即将倾倒的大厦涂上一层粉彩，以掩饰内心的空虚和恐惧。这种思想情绪在颐和园匾额楹联中有充分的体现。如北宫门匾额"凤策扬辉"，和楹联"雉扇开时娲簧喜奏齐天乐；凤韶谱处舜珀偕陈益地图"；大戏楼上层楹联"八方开域皆为寿；兆姓登台总是春"；夕佳楼楹联"锦绣春明花富贵；琅玕画静竹平安"；等等。晚清的词臣们创制的这些匾联在这里挂出来是为了给慈禧太后和皇帝看的，他们要揣摩太后和皇上的心思，投其所好。慈禧太后的思想说不上属于哪一家，她除了长于统治手腕以外，和俗间的普通老太太爱听吉祥话没什么两样。所以这个时期的匾联多用日月星辰、富贵平安、福禄寿喜等词语，除了一部分状景联外，多为歌功颂德、阿谀奉承、吹捧迎合之作，一般来说这不是作者的真情实感。

楹联发展到清代，已经到了鼎盛时期。正如清代梁章钜在《楹联丛话》自序中所说："我朝圣学相嬗，念典日新，凡殿廷庙宇之间，各有御联悬挂。……楹联之制，殆无有美富于此时者。"清代楹联的创制技巧，无论是状景体物还是叙事抒情，都达到了炉火纯青的地步。尤其是乾隆皇帝和晚清的词臣们都是创作楹联的高手。乾隆资性颖异，读书勤奋。再加上一流名师的培育，故而撰文敏捷，析理透彻。《清史稿》说他"过目成诵"。鄂尔泰说他"动容出辞，温肃之气具备。穷本探源，有经有纬"。福彭说他"文思泉涌，采翰云生"。张廷玉说他做文章"清词邃旨，首尾烂然"。晚清的词臣们也都是一些硕学鸿儒，他们自童蒙时期就开始练习字、词、句的对偶对仗，由秀才、举人一步步考到进士，著文作诗是他们的日常课业，撰制楹联是他们的拿手把戏，尤其为皇家园林撰写楹联更是加倍用心。所以，说颐和园匾联的总体水平代表了我国楹联的最高水平也不为过。我们在解读这些匾联时要充分了解这些情况，不能以一个现代普通游人的心态去解读它。

（二）委婉含蓄

匾额和楹联是文学艺术的一种形式，创制匾、联和写诗、填词、制曲及创作其他文学艺术作品一样，都要用形象思维和比兴之法，都贵在含蓄委婉，贵在言有尽而意无穷。古人说"不着一字，尽得风流"（司空图《二十四诗品》），"必须状难写之景如在目前；含不尽之义见于言外，然后为至矣"（欧阳修引梅尧臣语），"言在耳目之内，情寄八荒之表"（钟嵘《诗品》卷上），"意在言先，亦在言后"，"墨气所射，四表无穷，无字处皆其义也"（王夫之《姜斋诗话》）等，说的都是这个意思。乾隆皇帝和晚清的词臣们深谙此道，所以颐和园的匾联或借题以发挥，或假辞而寄兴都使用"曲笔"，写得委婉曲折，既藏而不露又有迹可寻。从字面上看，大多都是述景，都与景色相关联，实则，绝大部分楹联是假景以表意，借景以抒情。我们在读这些匾联时，不可望文生义，也必须要用形象思维，到言外去求意，到弦外去觅音。要"体文而得神"，"须看古人立意，所发明者何事，不可只于言上理会"（宋·杨时《龟山先生语录》）。只有以作者之心为心，设身处地去思考，循着作者原先走过来的路径追溯回去，才能到达他所从来的出发点，才能体会到作者的深衷，才能尝到作品的兴味。如果只在眼前这几个字上打转转，是不会"洞性灵之奥区，极文章之骨髓"的。试想，陶渊明在《桃花源记》中所说的那个以捕鱼为业的武陵人，如果只在山前转悠，不去"穷其林"，不钻过那个"初极狭，才通人"，"仿佛若有光"的小山口而进入里面去，他所见到的，充其量只是桃花流水、落英缤纷而已，永远也不会见到那个有良田美池的另一番天地。有的人把谐趣园中知春堂处的楹联"七宝栏杆千岁石；十洲烟景四时花"解为"园有各种宝物装饰的栏杆和千年古石；呈现着仙境般景色与盛开的四季鲜花"，这便是没有用形象思维去看古人立意，"没有衡其情，度其理，会其意"。只在眼前这几个字上打转，所以没有得到此联"灵性之奥区"，把联意解得索然无味，毫无情趣。

（三）多用典故

在文学艺术作品中使用典故是常见的事。典故大致可分为两类，一为事典，一为语典。事典就是引用历史（包括神话、宗教、寓言等）故事；语典就是引用历史上各类人物所说的话，包括诗、词、文、赋等文学语言及经典成句、尺牍奏章和俚语俗言等。典故的妙用，可以在极精练的语言中，表达复杂的思想感情，使行文生动活泼，使作品具有象征性、趣味性，从而发挥出最大的艺术感应。引用典故一定要妥帖、精妙，要与此时、此地、此景紧密贴合，要满足"我"的情、理、意所需求。

清代盛行考据学，文人强调学有本原，讲究句无虚语，语无虚字，无一字无来历，无一字无出处，所以颐和园匾联更是多用典故，我们解读这些匾联就须多掌握些历史知识、经典名言和一些名人佳句，这对准确理解颐和园的匾联很有帮助，否则很容易望文生义，曲解原意。例如，有人因为不知道佛香阁两侧亭子的题额"敷华""撷秀"是两个佛教典故，而望文生义地解为"花开丰盛，欣欣向荣""美景荟萃，秀色尽揽"，这就离题太远了。再如，大戏楼上层楹联"八方开域皆为寿；兆姓登台总是春"，由于不了解"开寿域""登春台"（或"春登台"）这两个典故的由来而把此联误解为"八方开疆拓土都为祝寿献礼；百姓登台演戏呈现春色一片"，这就更有些近乎荒唐了。

颐和园匾联引用典故，有明用，有暗用，有借用，有化用。有的是将古人原句一字不改地径直拿来作匾联使用，更多的是改一两个字而用之。不管怎样引用，都是根据此时、此地、此情、此景而另寓新意，即所谓用旧瓶装新酒。我们读到这些匾联的典故时，就不要按照它在原来作品中的意思去解读它，而要结合此时、此地、此情、此景来解读。这就好比是姑娘已经出嫁了，她的身份和地位都发生了变化。她在娘家是三妹，到了婆家可能就成了大嫂，虽然还是同一个人，但她在这个新的家庭中所担当的责任和发挥的作用都不一样了，我们就不能再拿看姑娘的眼光去看媳妇了。比如，玉澜堂殿内有一副楹联"曙色渐分双阙下；漏声遥在百花中"，是从唐代诗人皇甫曾《早朝日寄所知》诗中一字不改地移过来的，它在原诗中是描述长安大明宫景色在清晨时分的细微变化，移到这里作楹联独立使用，却是表达了另外一番意思，寄托了一种与原诗截然不同的情感。再如，文昌阁楹联"日月往来苍翠杪；烟云舒展画图中"，是由宋代程元岳《云岩》诗中句"日月往来苍翠杪，烟霞舒卷画图中"改变两个字而化用的，其表达的意思便由原来的状景变成了叙事。这种用前人诗句改一两个字以成联的现象，在颐和园里非常普遍，若不先弄清作者意图，很容易曲解其意。

（四）成组论套　贴题切景

颐和园内的匾额楹联还有一个特点，它是成组论套的，即一座或一组建筑内的多副楹联组成一套，从不同角度、不同层次共同描画同一主题场景，就像国家发行的邮票一样，数枚为一套，反映一个主题。如，玉澜堂院内的匾联，都是围绕赞美贤人君子这一主题而展开叙述的；排云殿院内的匾联都是以拜寿场景和为慈禧太后歌功颂德为内容的；宝云阁前面石牌坊雕刻的七副楹联更是紧密而不可分的，它们共同组成一篇文章，表达一个主题。还有南湖岛上龙王庙前三座牌坊上的六面题额，是两两成对，按照一天早、午、晚的时序分别描绘了天空中的不同景象，都是为龙王爷的威势张目的。我们在读颐和园匾联时，就要根据一座或一组建筑场所的功能和主题，把这里的匾联综合起来进行考辨，不可孤立地去解读某一副匾联。例如，畅观堂院内的三幅题额"轩图瑞乔""绚霞绮月""拱辰握景"是分别描述早晨、晚上、夜间的天空景象的，是体现"畅观"这一主题的。假如把"拱辰握景"解读为"君王圣明有如北极受群星拱卫，有如上苍赐予权柄"，那一定是跑题了。

（五）与乾隆诗作关系密切

在颐和园中，乾隆时期留下来的楹联已经不多了。但大部分景点的题名还是沿用了清漪园时期的。这些题名都是乾隆皇帝亲自拟定的。乾隆好弄文墨，喜作诗文，一生所作"御制诗"据说多达四万余首，其中咏及清漪园的，据不完全统计有1500多首，几乎对每处景点都有吟咏，尽管这些诗作较少诗味，但还是反映了作者当时的思想意识，可以帮助我们了解各处景物的深刻含义。比如"澹宁堂"，如果不是读了乾隆咏及澹宁堂的诗作，我们便只能从字面上理解澹宁堂是修身养性的地方。读了乾隆诗以后，才知道"澹宁"还含有山和水自然形态变化的含义；还有怀念幼时受祖父康熙皇帝垂爱被养育宫中读书的这段经历，充满了对皇祖的感激之情；还含有《周易》中所说的"潜龙勿用""飞龙在天"的含义。就这样一步一步地深化，最后流露出自己能当上皇帝是天经地义、顺理成章的事情。再比如，"邵窝"，读了乾隆的诗，我们才知道乾隆的"安乐观"与邵雍的安乐观是不一样的。还有"延赏斋"，读了乾隆的诗句"可知延赏处，不为恣情娱""讵悦林泉目，缘殷耕织怀"，我们便知道"延赏"二字不是长时间地观风赏景之意，而是以天下耕织为怀。所以认真阅读乾隆咏清漪园诗，对于深入理解颐和园匾联是有帮助的。

三、说说本书

颐和园的匾联是古人留给我们的一份宝贵财富，具有很高的历史价值、文学价值和观赏价值。这些匾联透露出来的一些关于乾隆皇帝、慈禧太后和晚清大臣们的思想意境及他们所处的那个时代的气息，对于我们研究那段历史具有很大的启发作用，是值得我们进一步研究探索的。这些匾联精准巧妙的修辞手法和含蓄曲折的表达方式也是值得我们借鉴的。这些匾联字体的书写、联语载体的材质、制作都非常精良，与建筑物的配合十分和谐，为建筑物增辉添色，给人以美的享受。

颐和园的匾额、楹联是综合的艺术，本书只涉及联语的内容部分。对所选匾联，除了对词语作注释和全联串讲外，还说了几句自己的体会，有的兼及一点格律，这就算是"读"吧。由于水平的限制，自己深感这种"读"，无论是从深度还是广度上说，都是只及表层，非常肤浅，所以我给本书起的副书名是《颐和园匾额楹联浅读》。

颐和园匾联的创作者们早已故去，我们再也无从知道当时的真实历史状况和作者们彼时彼刻的思想活动情况了。我们今天的所谓"读"，其实就是猜，是顺着作者提供给我们的文字线索，根据受联处所的功能和景物特点，以自己的生活经验和欣赏情趣去猜。我的这本《浅读》只是为大家的"猜"开个头，抛砖引玉，仅供参考而已。如果这本书能引起您对颐和园匾额楹联产生一点兴趣，我的目的就算达到了。

由于自己的文化根基浅薄，水平有限，"猜"错的地方或"猜"得离谱的地方定会不少，真诚地企盼广大读者不吝指教。

2014年7月

史之海

宫寝区

东宫门

东宫门外牌坊题额

涵虚（东向）

罨秀（西向）

涵虚：水映天空。指颐和园内昆明湖水面宽阔，天光云影倒映其中，水天一色的壮阔景象。唐·孟浩然《望洞庭湖赠张丞相》诗："八月湖水平，涵虚混太清。"宋·张先《题西溪无相院》诗："积水涵虚上下清，几家门静岸痕平。"涵，本义为所受水泽多，即包含的水分多。《说文·水部》："涵，水泽多也。"指水面宽阔，引申为含纳、包含、包容。南朝梁·萧绎（元帝）

《望江中月影》诗：“澄江涵皓月，水影若浮天。”虚，天空。《管子·心术上》：“天曰虚，地曰静。”

罜秀：到处都是秀美的风光景色。这是指颐和园内万寿山山林的景色优美。罜，本是捕鱼、捕鸟用的网，也指用网掩捕，引申为覆盖、充满。宋·苏轼《猪肉颂》：“净洗铛，少着水，柴头罜烟焰不起。”宋·吴潜《隔浦莲·和叶编修士则韵》词：“天际浓云罜，水周匝。”

秀，本义是指谷类作物抽穗开花。一般常用来泛指草木开花，或指树木长出繁枝茂叶，也形容山林葱郁幽深。汉·刘彻（武帝）《秋风辞》：“兰有秀兮菊有芳。”宋·欧阳修《醉翁亭记》：“佳木秀而繁阴。”又“望之蔚然而深秀者，琅琊也”。也泛指风景美好，如山清水秀。

东宫门外的牌坊古朴壮观，是颐和园的标志性建筑，是全园的“序曲”。牌坊的两幅题额，一幅说昆明湖，一幅说万寿山，是园内清幽宁静的湖光山色的总括。读了这两个题额，使人不由得联想起两句唐诗：“灵山多秀色，空水共氤氲。”（张九龄《湖口望庐山瀑布泉》）也使人似乎看到了颐和园内“山不高而秀雅，水不深而澄澈，地不广而平坦，林不大而茂盛；松篁交翠，猿鹤（禽兽）相亲”（《三国演义》第三十七回）的美好景象。

这两个题额仅用寥寥四个字，便将颐和园内的蓝天碧水、花草树木、峰峦叠岫网罗其中，可谓精而又精，妙笔天成。

东宫门匾

颐和园

颐和：颐神养寿，中和元气。颐，休养、保养的意思。《周易·序卦》：“物畜然后可养，故受之以颐，颐者养也。”《礼记·曲礼上》：“百年曰期，颐。”（百岁以上称为“期”，活到“期”的年岁，就要由人细心供养）郑玄注：“颐，养也。”和，指人体元气，即人的精气。颐和园，就是调养身体、养精气神的园林。

颐和园的前身，最初是金代所建的金山行宫，又称西山八院。明朝称好山园，在瓮山建有圆静寺。1644年清朝定都北京后，将好山园更名为瓮山行宫。乾隆十五年（1750年），乾隆皇帝为给其母孝圣皇太后庆祝六十大寿，利用圆静寺旧址建大报恩延寿寺，同时仿照汉武帝在长安开发昆明池训练水

颐和园匾

师的史事，对瓮山泊大加疏浚，扩大水面，引玉泉诸水于湖中，将瓮山泊改名为昆明湖，瓮山改名为万寿山，全园统称清漪园。以后又在园内修建了诸多亭、台、楼、阁、廊、轩、榭等建筑，于乾隆二十九年（1764年）基本竣工。

咸丰十年（1860年）英法联军侵入北京，清漪园横遭浩劫，许多建筑被焚毁。光绪十四年（1888年），慈禧太后挪用北洋水师的军费重修此园，此时光绪皇帝已到亲政年龄，慈禧假意表示要归政养老，光绪皇帝为表示孝敬，博取母后欢心，故将清漪园易名颐和园，并亲题此匾。光绪二十六年（1900年）颐和园又遭八国联军严重破坏。1902年慈禧从西安回到北京，不久下令重修颐和园。

仁寿殿

仁寿殿题名匾

仁寿殿

仁寿：有仁德而长寿。语出《论语·雍也》："知（通智。下同）者动，仁者静；知者乐，仁者寿。"仁者安静守节，故多长寿。《孔子家语·五仪解》："哀公问于孔子曰：'智者寿乎？仁者寿乎？'孔子对曰：'……若夫智士仁人，将身有节，动静以义，喜怒以时，无害其性，虽得寿焉，不亦可乎！'"

仁是古代儒家的一种含义广泛的道德观念，其核心标准是亲善仁爱，仁慈厚道，行惠施利。《论语·颜渊》："樊迟问仁，子曰：'爱人。'"《墨子·经

说下》："仁，仁爱也。"《韩非子·解老》说："仁者，谓其中心（即心中）欣然爱人也。其喜人之有福而恶人之有祸也，生心之所不能已也，非求其报也。"这就是说，仁者爱人，是纯属内心的欣喜。别人有了福事就高兴，别人有了祸事就忧愁，这是自其本心生发出来的情感，是不能抑止的，不是希求有什么报答。仁，是古代儒家思想体系的核心，所以《孟子》说："夫仁，天之尊爵也，人之安宅也。"（《孟子·公孙丑上》）在古代，具有"仁"的思想道德观念，并身体力行的人被称为仁人或仁者；各级官吏基于"仁"的理念施政行政，称为仁政。

仁寿殿原名勤政殿，始建于乾隆十五年（1750年），是皇帝在颐和园听政办公、召见臣属的正殿，1860年毁于英法联军，1890年重建。为迎合慈禧太后渴望长寿的愿望，取《论语》中"仁者寿"句义，更名为仁寿殿。该名自然也含有施行仁政、长治久安之义。慈禧太后曾在此殿处理政务。

仁寿殿门匾

大圆宝镜

这是封建皇帝的自诩之词。意思是说，皇帝就像天帝那样明察秋毫、善恶分明。

大圆：指天。《周易·说卦》："乾为天，为圜（通圆）。"《淮南子·天文训》："天道曰圆，地道曰方。方者主幽，圆者主明。"天是圆的，地是方的。方的大地主宰幽暗，圆的苍天主宰光明。

宝镜：清·顾炎武《日知录·正五九月》引《云麓漫钞》曰："释氏《智论》云：'天帝释以大宝镜照四大神州，每月一移，察人善恶。'"

此匾挂在仁寿殿正门之上如此显眼的位置，无非是警示被召见的大臣们：天不可欺，君不可欺！

仁寿殿内匾

寿协仁符

寿协仁符：健康长寿（长治久安）与仁爱之心（施行仁政）是相合、一致的。协、符二字同义，是彼此吻合的意思。

仁寿殿内联

星朗紫宸明辉腾北斗
日临黄道暖景测南荣

紫宸：古宫殿名。唐宋时期的都城内均建有紫宸殿，是皇帝接见群臣及外国使者朝见庆贺的内朝正殿。唐·杜甫《太岁日》诗："阊阖开黄道，衣冠拜紫宸。"宋之问《龙门应制》诗："嚣声引扬闻黄道，王气周回入紫宸。"这里代指皇宫宝殿、皇帝的住地。

辉腾：光芒照耀。腾，上升、升腾。

北斗：北斗七星，代指星空、天空。

黄道：古人认为太阳是绕地球运转的。在其想象中，太阳绕地球运行的视运动轨迹称黄道。《汉书·天文志》："日有中道，月有九行。中道者，黄道，一曰光道。"也指天子出行时所经行的道路。元·萧士赟《分类补注李太白集》："前汉《天文志》：日有中道，中道者，黄道也。日，君象，故天子所行之道亦曰黄道。"李白《上之回》诗："万乘出黄道，千旗扬彩虹。"

景测：阳光充足，照达深远的地方。景，日光。测，至、到达（深远之处）。

南荣：指南方大地。《楚辞·九怀·思忠》："玄武步兮水母，与吾期兮南荣。"王逸注："南方冬温，草木常茂，故曰南荣。"这里代指边远地区。

联中用"星""日"比喻皇帝。全联是说，皇帝的权势、威势上可达于太空，下可遍于整个大地。

玉澜堂

玉澜堂

玉澜堂在仁寿殿的后面，昆明湖畔。

玉澜堂正殿题名匾

玉澜堂

玉澜："玉润澜清"的缩语，是对君子高尚品格的颂美之词。出自《梁书·刘遵传》："其孝友淳深，立身贞固。内含玉润，外表澜清。"这是梁简文帝萧纲做太子时，在刘遵去世后，对他的评价，可谓盖棺论定。意思是说，刘遵敬事父母长辈，友爱兄弟，能做到诚朴宽厚，处世为人能够操守持正，

玉澜堂匾

坚定不移。他的内在品德就像美玉一样温润而有光泽，他的行为举止就如同水一样清澄。在萧纲看来，刘遵是一个品德高尚、行为端正的贤人君子，所以用"玉润澜清"来评价他。

玉，古人常用以象征君子的品德。《诗经·小雅·白驹》有"其人如玉"句，又《秦风·小戎》有"言念君子，温其如玉"的句子。《礼记·聘义》说："君子比德于玉焉：温润而泽，仁也。"汉朝刘向在《五经通义·礼》中说得更为具体："玉有五德：温润而泽，有似于智；锐而不害，有似于仁；抑而不挠，有似于义；有瑕于内必见于外，有似于信；垂而如坠，有似于礼。"大意是，美玉可以比作君子的美德。玉有五种品质和君子的美德相类似：玉温润而且光亮，就像君子的智；玉的棱角尖锐但不伤人，就像君子的仁；玉受到挤压却不弯曲变形，就像君子的义；玉的内部有瑕疵便必然在外表显现出来，就像君子的信；将玉垂悬，它那下垂的样子，就像是君子的谦恭有礼。刘向这里所说的智、仁、义、信、礼，正是儒家所谓君子高尚品德的五项标准，可称为君子五德。

澜：水面微波。用来比喻君子清澄磊落、温柔文雅的行为举止。

堂：众人聚集之所，如食堂、学堂、礼堂等。

玉澜堂，就是君子贤人聚会的场所，表示来到这里的人都是贤达君子。乾隆皇帝常和一些大臣在此商议政事，故有此题。"玉澜"也是题名者自比、自诩、自励之词。

玉澜堂正殿联

渚香细裛莲须雨
晓色轻团竹岭烟

渚香：湖边的花。这里是指昆明湖中的荷花。渚，水边。香，借指花。

唐·李贺《金铜仙人辞汉歌》："画栏桂树悬秋香（秋香即秋花）。"宋·王安石《甘露歌》："折得一枝香在手，人间应未有。"

细裛：轻细地滋润着。裛，沾湿。这里引申为滋润。杜甫《春夜喜雨》诗"随风潜入夜，润物细无声"，即其意。唐·王维《渭城曲》："渭城朝雨裛轻尘，客舍青青柳色新。"

莲须：即莲蕊须。也叫莲座须，是荷花的雄蕊。李时珍《本草纲目·果部·莲藕》："（芰荷）六七月开花……花心有黄须，蕊长寸余，须内即莲也。"因为莲须在荷花的中心，所以这里用莲须喻指人的心田。又因为莲蕊细而长，故"莲须雨"又用以形容细雨。

晓色：明净光亮的外表。晓，明亮。《说文·日部》："晓，明也。"《庄子·天地》："冥冥之中，独见晓焉。"色，外表、表面。

轻团：轻缓地飘浮。轻，与上联"细"字，互文见义。如杜甫《江涨》诗："细动迎风燕，轻摇逐浪鸥。"团，环绕、围绕。

竹岭：竹子的顶端，即竹梢。岭，山峰、山颠。这里借为尖端、顶端。竹岭烟，即飘浮在竹梢的雾气。烟，雾气。竹字古读入声，属仄。

全联字面意思：上联说，湖边的莲花得到蒙蒙细雨的滋润，香更浓，色更艳；下联说，山间翠竹在淡淡雾气笼罩下，越发显得苍翠光艳。全联以荷花和竹比拟君子，暗寓君子贤人处在良好的环境中，得到精心的培养和呵护，品德会更加高尚。

用莲花比德君子，由来已久，人们熟知的是宋代周敦颐的《爱莲说》："莲之出淤泥而不染，濯清涟而不妖，中通外直，不蔓不枝，香远益清，亭亭净植，可远观而不可亵玩焉……莲，花之君子者也。"该文通过对莲花的赞美，歌颂了君子洁身自好的美德。

竹，清雅秀洁，亭亭玉立，虚心节高。有人著文称赞它："值霜雪而不凋；历四时而常茂。"唐代大诗人白居易在《养竹记》中，将竹的品格归纳为四大特征："竹本固，固以树德；竹性直，直以立身；竹心空，空以体道；竹节贞，贞以立志。"人们将竹与梅、兰、菊并称为花中四君子，作为君子贤人的象征。这里楹联中的莲、竹均含此义。

此联是由宋代施枢《沧浪亭》诗中句"渚香细裛莲须雨，野色轻团竹尾烟"化出。其描写之境是由杜甫《狂夫》诗中"风含翠篠（xiǎo，细竹、小竹）

霞芬室匾

娟娟净，雨裹红蕖冉冉香"脱出。

玉澜堂东厢题名匾

霞芬室

霞：彩霞。形容颜色艳丽。

芬：香气。

"霞芬"表面上是说，昆明湖里的荷花盛开，其色如霞，香气四溢。实为以此比拟君子的品德高尚。

霞芬室联

障殿帘垂花外雨
扫廊帚借竹梢风

障殿：遮蔽了殿宇。形容雨很大。障，遮挡、遮盖。障字读音如丈，去声。

花外雨：指荷花未开时的雨。这是相对于正殿楹联中"莲须雨"而言的。因莲须在花内，故"莲须雨"或可称"花内雨"。

廊：廊庙，中央官府的大堂，也称庙堂。代指朝廷。《孙子·九地》："厉（反复讨论）于廊庙之上，以诛（治）其事。"《战国策·秦策》："今君相秦，计不下席，谋不出廊庙，坐制诸侯。"清代爱新觉罗·玄烨《松花江网鱼最多颁赐从臣》诗："天下才俊散四方，网罗咸使登岩廊。"

竹梢风：掠过竹梢的风，即高风。借指君子的高尚风操。竹字古读入声，属仄。

上联说，密密麻麻的雨丝，像是从天空垂下的巨大珠帘，罩住了殿宇，冲洗掉了荷花外表的尘埃，使荷花无比洁净，更加娇艳。暗寓对某些人所沾染的世俗之尘，必须用大雨般的手段给予彻底清除，才能使其洁身。下联是说，朝廷官员来自四面八方，追名逐利的世俗观念和习气在所不免，必须借助君子高尚的德操风范对朝廷官员所沾染的世俗之尘予以彻底扫除。全联重在警喻官员们修身自律，涵养心性，脱去流俗，洁身自好。

应该注意的是，正殿楹联和此处楹联都用"雨"来作比，但两处的雨是不一样的。正殿联是借用莲须般的细雨，用以滋润心田。此处楹联是用能遮蔽殿堂的大雨，用以冲洗花外表面尘垢而洁身。体现了从不同角度、用不同手段对"君子"的培养教育。

霞芬室东向联

窗竹影摇书案上
山泉声入砚池中

此联全用比喻。上联以窗纸比书卷，以竹影比书中贤人君子之行为举止。下联以山泉之声比圣人之言。全联是说，透过书卷，先贤君子们的身影和高尚的道德风操仿佛就在眼前显现晃动；君子达人那富有哲理的名言便在耳边萦回，这声音就像不断流淌的山泉，是源头活水，融入砚池，注于笔端。竹字古读入声，属仄。

全联意境与朱熹《观书有感》诗的意境是一致的。诗为："半亩方塘一鉴开，天光云影共徘徊。问渠那得清如许，为有源头活水来。"此联字面描写的环境，清幽雅致，衬托出了这里主人高雅的格调。

此联由唐·杜荀鹤《题弟侄书堂》诗中句演化而来，全诗为："何事居穷道不穷，乱时还与静时同。家山虽在干戈地，弟侄常修礼乐风。窗竹影摇书案上，野泉声入砚池中。少年辛苦终身事，莫向光阴惰寸功。"

霞芬室东向题匾

和风清穆

和风清穆：赞美书卷中贤人君子的言行犹如春风，能调和人性，化养万物。和风，春天的微风。清，清和平允，廉洁公正。穆，和美。《诗经·大雅·烝民》："吉甫（人名）作诵，穆如清风。"霞芬室曾是藏书、读书的地方，故有此题。

藕香榭匾

藕香榭联

玉澜堂西厢题名廊

藕香榭

藕香：莲花散发出香气。藕，代指莲，比喻君子具有高尚的品德。乾隆皇帝《藕香榭》诗说："污泥不染植亭亭，为识花馨识藕馨。君子昔人设比似，如莹正则变丹青。"（乾隆二十五年作）

藕香榭联

玉瑟瑶琴倚天半
金钟大镛和云门

玉瑟瑶琴：瑟和琴都是拨弦乐器。玉、瑶是对瑟琴的称美之词。琴，在古代被看作是高雅的乐器，是品行端庄的人的象征。古琴集道家、儒家思想于一身，重弦外之音，追求宁静致远、天人合一的境界。古人认为，琴具有天地之元音，内蕴中和之德性，是礼乐教化的重要工具，琴乐能起到移风易俗、净化内心世界的作用。所以古代的君子对琴情有独钟，称其为"雅琴"。汉·应劭《风俗通义·声音·琴》中说，"琴"的意思是"禁"，"雅"的意思是"正"。雅琴，就是"君子守正以自禁"。琴声"足以和人意气，感人善心"，"以正雅之声，动感正意，故善心胜，邪恶禁。是以古之圣人君子慎所以自感"。琴虽然"与八音并行，然君子所常御者，琴最亲密，不离于身，虽在穷阎陋巷，深山幽谷，犹不失琴"。李白在《庐山谣寄卢侍御虚舟》诗中说，"早服还丹无世情，琴心三叠道初成"。可见古人是把琴比作君子，用琴音来抒发情感，修身自律。

倚天半：形容很高。倚，贴近。天半，半空。战国·宋玉《大言赋》："长剑耿耿倚天外。"

金钟大镛：镛，体形硕大的钟。《尔雅·释乐》："大钟谓之镛。"镛与钟实为同物。钟的体形端庄凝重,虚心质坚;钟的声音质朴浑厚,清越悠扬,可以传至远方。《诗经·小雅·白华》:"鼓钟于宫,声闻于外。"古人常用"金钟大镛"来比喻人的行为端正,胸怀坦荡,格调高尚,威名远扬。杜甫《寄裴施州》诗:"金钟大镛在东序(按,东序,相传为夏代的大学,亦为国老养老之所。后亦指国学),冰壶玉衡悬清秋。"宋·黄公度《送陈应求赴官》诗:"青芝赤箭药笼储,金钟大镛廊庙须。"

和云门:形容很高。和,犹"合",汇合、连接。云门,进入云中去的门,表示很高。孔融《杂诗》:"高明曜云门。"杜甫《陪郑广文游何将军山林》十首其六:"风磴吹阴雪,云门吼瀑泉。"

此联是以琴、钟作比,赞美君子志趣高远,品格高尚,威名远扬。

此联化用宋杨万里《题望韶亭》诗中句:"金钟大镛浮水涯,玉瑟瑶琴倚天半。"

藕香榭西向匾

日月澄晖

澄晖:皎洁明澈的光辉。晖,特指阳光,多用来比喻慈母的恩德。唐·孟郊《游子吟》诗:"谁言寸草心,报得三春晖。"

匾语暗含对慈禧太后的颂扬之意。

藕香榭西向联

绿槐楼阁山蝉响
青草池塘彩燕飞

绿槐:这里是指三公一类的高官,泛指执政大臣,也作"三槐""槐庭""槐厅"等。相传周代宫廷前面有三棵槐树,朝见天子时,三公(太师、太傅、太保)站在三棵槐树旁,州长及民众的代表站在其后。就是《周礼·秋官·朝士》所说的:"面三槐,三公位焉,州长、众庶在其后。"又据《宋史·王旦传》载:王祐曾经手植三棵槐树于庭,曰:"吾之后世,必有为三公者,此其所以志也。"后其子王旦果然做了宰相。另据沈括《梦溪笔谈·故事》说:"学士院第三厅学士阁子,当前有一巨槐,素号'槐厅',旧传居此阁者,多至入相。"后世遂以槐代指丞相一类的高官。《南齐书·褚渊传》:"裂邑万户,登爵槐鼎。"宋·欧阳修《下直呈同行三公》诗："天清黄道日，街阔绿槐风。"

楼阁：阁，本为丞相官署的大门，因指丞相官署。清·顾炎武《日知录》卷二十四："《旧汉仪》曰：'丞相听事阁，曰黄阁。'"又代指朝廷。唐·刘肃《大唐新语·匡赞》："自是（从此）台阁规模，皆二人（指房玄龄和杜如晦）所定。"阁字古读入声，属仄。

山蝉：即蝉，俗称知了，多居于树上。雄蝉腹部有发声器，可连续发声，声音清脆。蝉的形象，在传统诗歌中和历代士大夫心目中，都具有特定的文化意蕴。古人认为，蝉"居高位而无所求，饮清露而洁其身"，所以常用来比喻人的高尚纯洁的品德。唐·虞世南《蝉》诗中赞颂蝉"居高声自远，非是藉秋风"，唐·骆宾王《在狱咏蝉》诗序中称赞蝉"洁其身也，禀达人君子之高行……有翼自薄，不以俗厚而易其真。吟乔树之微风，韵姿天纵；饮高秋之坠露，清畏人知"，都是借蝉而喻君子。

响：这里指说话有影响、声名远扬。晋·陆云《祖考颂》："肃雍硕响，万载是振。"元·冯子振《鹦鹉曲·黄阁清风》："一千年黄阁清风，是万古声名响处。"

清草池塘：是指大地逢春，万物勃发，欣欣向荣的景象。语本出自南朝宋·谢灵运《登池上楼》诗："池塘生春草，园柳变鸣禽。"这是描写春景的佳句，常为历代诗词家所引用。宋·曹豳《暮春》诗："林莺啼到无声处，春草池塘独听蛙。"这里池塘兼代江湖、郊外，泛指京城以外的广大地域。

彩燕飞：燕子飞舞。意同"燕舞莺歌"。用宋·苏轼《披锦亭》诗中名句"烟红露绿晓风香，燕舞莺啼春日长"义，形容春光明媚，生机勃勃。

全联貌似状景，实则是褒扬统治阶层的赞语，是粉饰太平的颂歌。上联以蝉比人，说朝廷里的执政大员们都是清正廉明、才华出众的达人君子，他们发高论，献良策，名声远扬。下联以景托情，是说天下升平，百姓康乐，一派生机勃勃的景象。上下联略带因果关系。

此联化用沈括《陈丞相故宅》诗的下句。诗为："丞相旌旗久不归，虚堂宁止叹伊威。绿槐楼阁山蝉响，青草池塘野燕飞。"此联将诗中的"野"改为"彩"，感情色彩变得截然相反。"野燕飞"，使人不由得想起刘禹锡的诗句"旧时王谢堂前燕，飞入寻常百姓家"，有着一片衰败凄凉的景象，且"青草池塘"也受"野"字的拖累而成为杂草丛生、人迹罕至的野水。改为"彩燕飞"，则化腐朽为神奇。

玉澜堂内匾

复殿留景

复殿：重重叠叠的宫殿。指深宫大内，皇帝日常活动的场所。南朝齐·谢朓《落日同何仪曹煦》诗："参差复殿影，氛氲绮罗杂。"

留景：留住日光。意思是珍惜光阴。景，日光。引申为时光、光阴、岁月、生命。留景，就是珍惜光阴，珍惜生命。

结合这里的对联看，"复殿留景"表达的意思是，在这深宫密院之内，一定要珍惜生命，保重身体，未来是大有可为的。这是对身处逆境之人的劝告语。

匾语出自南朝齐·谢庄所作郊庙歌辞《歌太祖文皇帝》："复殿留景，重檐结风。"（引自郭茂倩《乐府诗集·卷二》）这里只用其字，另寓新意。

玉澜堂内联

曙色渐分双阙下
漏声遥在百花中

曙色：拂晓时的天色。南朝梁·萧纲（简文帝）《守东平中华门开》诗："薄云初启雨，曙色始成霞。"

分：分明、明亮、清晰。唐·戴叔伦《晓闻长乐钟声》诗："汉苑钟声早，秦郊曙色分。"姚合《春日早朝寄刘起居》诗："九衢寒露敛，双阙曙光分。"

双阙：古代宫门或城门前高台上建筑的楼观称为阙。因为是门两侧各一个，共两座，所以称双阙。三国魏·曹植《仙人篇》："闾阖正嵯峨，双阙万丈余。"唐·广宣《驾幸天长寺应制》诗："宸游双阙外，僧引百花间。"双阙通常用来代指皇宫、宫苑。宋·岳飞《满江红》词："待从头，收拾旧山河，朝天阙。"阙字古读入声，属仄。

下：周围、附近、所属范围。《史记·乐毅传》："……田单遂破骑劫于即墨下。"《南史·齐武帝诸子传·竟陵文宣王子良传》："九年，都下大水。"都下即都城周围，也称"日下"，如《日下旧闻考》《日下尊闻录》（两本清代出版的记录京城范围内名物的书名）。

漏声：漏壶滴水的声音。古时没有钟表，用漏壶滴水法记时。这里用来代指时间、时日、人生岁月。南朝梁·萧衍《子夜四时歌·冬歌》："一年漏将尽，万里人未归。"

遥：飘摇回荡。《楚辞·大招》："魂魄归徕！无远遥只。"（鬼魂啊，回来吧！不要飘摇远逝。）这里是借指人日常的生活、活动。

百花中：犹如说"繁花似锦"。形容自然环境优美、美好。这里特指社会生活环境。

此联表达了对美好未来的憧憬：东方已经出现曙光，天逐渐亮起来了，宫苑里的黑暗即将过去；以后的日子，会在百花盛开的优美环境中度过。一个多么令人向往的美好前景啊！可惜，对于光绪皇帝来说，这只是一场梦幻。他没有等来"天亮"，没能在繁花似锦的社会环境中过活，最终抱着遗恨离去了。

此联是清漪园改名颐和园之前的旧联，摘录唐代诗人皇甫曾《早朝日寄所知》诗中句，但注入了新意，是典型的借他人旧瓶装自己新酒之作。原诗为：长安雪后见归鸿，紫禁朝天拜舞同。曙色渐分双阙下，漏声遥在百花中。炉烟乍起开仙仗，玉佩成行引上公。共荷发生同雨露，不应黄叶久从风。

这副楹联是清末文人潘祖荫书写的。潘祖荫，字伯寅，江苏吴县人。咸丰二年（1852年）进士，累官至工部尚书，光绪十六年（1890年）卒，赠太子太傅，谥号"文勤"。潘祖荫书写此联，表达了他对此处主人当时的处境寄予了极大的同情。

夕佳楼

夕佳楼

夕佳楼在玉澜堂后面的西侧。

夕佳楼题名匾

夕佳楼

夕佳：夕阳西下时的美好景色。语本晋·陶潜《饮酒》诗二十首其五："结庐在人境，而无车马喧。问君何能尔？心远地自偏。采菊东篱下，悠然见南山。山气日夕佳，飞鸟相与还。此中有真意，欲辨已忘言。"

夕佳楼是一座西向临湖的二层小楼。每当夕阳西下之时，登楼西望，长

夕佳楼东向下层联

天漾湖水，晚霞横飞鹜，西山起伏，层峦叠翠，景色绝佳。乾隆皇帝在一首《夕佳楼》诗中说："山气横窗水气浮，揣称名署夕佳楼。漫云津逮陶彭泽（陶潜曾任彭泽令），还觉当前胜一筹。"在乾隆皇帝看来，夕佳楼之名虽然源自陶潜诗句，但这里观赏到的风光景色，却比陶潜诗中的景况还要略胜一筹。

夕佳楼东向下层联

锦绣春明花富贵

琅玕画静竹平安

锦绣：花纹精美、色泽鲜艳的丝织品。常用来形容美丽或美好的事物。

春明：春光明媚。

花富贵：花，这里特指牡丹花。语出宋·周敦颐《爱莲说》："牡丹，花之富贵者也。"后人多称牡丹为富贵花。

琅玕：原指像珠玉一样的美石，后多用来形容竹子的青翠，也代指竹子。宋·苏过《从范信中觅竹》诗："十亩琅玕寒照坐，一溪罗带恰通船。"元·关汉卿《侍香金童·出队子》曲："画檐间丁当风弄铁，纱帘外琅玕敲瘦节。"

画静：像图画那样的安宁、平静。

竹平安：典出唐·段成式《酉阳杂俎续集》卷十："卫公（李德裕）言北都惟童子寺有竹一窠，才长数尺。相传其寺纲维（唐时寺庙中综理事物的和尚），每日报竹平安。"后世遂以"竹报平安"指平安无事、平平安安或传递平安信息。宋·韩元吉《水调歌头·席上次韵王德和》词："无客问生死，有竹报平安。"明·夏昶《墨竹图轴》诗："闻君初度尽交欢，写赠琅玕着意看。但愿虚心同晚节，年年此日报平安。"竹字古读入声，属仄。

此联化用元·郭钰《静思集》卷七《奉和龙西雨自洪见寄》诗中句："锦绣春明花富贵，琅玕昼静竹平安。"联语将诗中的"昼"（繁体写作"晝"）改为"画"（繁体写作"畫"），是合乎情理的。昼是白天，与夕佳楼的"夕"相"犯"，是对夕佳楼意境的伤害，所以此处不可用"昼"字。世间所有环境中，画境是最静的：有人无语，流水无声，车马不喧，禽鸟不鸣。所以此处"画""静"二字堪称佳配。有了画一般的宁静，竹才更加平安。

此联的中心词是"富贵""平安"，全联既显俗气又没有深的意境，与夕佳楼更没有什么关联，只是两句吉祥话而已。

夕佳楼西向匾

丹楼映日

丹楼：涂成朱红色的楼阁。

映日：在阳光照耀下闪着金光。这是在此处望见的佛香阁的壮丽景况。唐·王勃《临高台》诗："紫阁丹楼纷照耀，碧房锦殿相玲珑。"

夕佳楼西向楼上联

风生阊阖春来早
月到蓬莱夜未中

阊阖：神话传说中的天门。常用来代指皇宫的大门。但这里的"风生阊阖"是"阊阖风生"的倒装语。阊阖风，就是西风，是古人所谓八节风之一。《观象玩占·八方风暴占》说："西方兑风，名曰阊阖风，主秋分四十五日。"李白《鲁郡尧祠送窦明府薄华还西京》诗："昨夜秋声阊阖来。"王琦注引陈叔齐《籁记》曰："阊阖风，一曰盲风，又曰飂（音 liù，六）风，亦曰泰风。起自成天（九天之一）之阊阖门，从西方来。"阊阖风生，是说西风已经来了，天气变冷了。阖字古读入声，属仄。

春来早：早，提早、提前。这里引申为不久、快要的意思。春来早，就是春天不久就要来到了。

为什么说阊阖风生成了，春天不久就要来了呢?《史记·律书》作了解说："阊阖风居西方。阊者，倡也；阖者，藏也。言阳气道（导）万物，阖（闭）

黄泉也。其于十母（十天干）为庚辛。庚者言阴气庚（更替）万物，故曰庚；辛者言万物之辛（新）生，故曰辛。"这段话的意思是，阊阖风就是西风，西风昌盛，到了寒冬。但阳气已经萌动，正在逐步引导万物，关闭黄泉；阴气开始更替万物，使万物得以新生。就是说，春天已经在严冬中开始孕育了，不久就要到来。这是朴素的辩证发展观。杜甫《小至》诗"天时人事日相催，冬至阳生春又来"，又《十二月一日三首》其一"今朝腊月春意动"，说的都是这个道理。

蓬莱：即蓬莱山，是神话传说中的海上三神山之一。秦汉时期的方士认为，三神山在东海中，是神仙居住的地方。《史记·秦始皇本纪》："齐人徐福等上书，言海中有三神山，名曰蓬莱、方丈、瀛洲，仙人居之。"因蓬莱山在东海中，故这里借用来指东海，月亮"升起"的地方。

夜未中：还没到半夜。《诗经·小雅·庭燎》："夜如何其？夜未央！"三国时代的曹丕《燕歌行》："明月皎皎照我床，星汉西流夜未央。"

上联说，西风吹来了，虽然天气寒冷，但严冬总要过去，春天不久就要到来。下联说，朗月已经升起，到了东海之上，虽然夜未过半，但黑暗总会消失，要不了多久，天就会亮起来的。全联意在言外，富有哲理，表达了作者对光明美好的未来充满了殷切的期待和信心，发人深思，激人奋进。身感寒冷的人，总盼着温暖；身处黑暗之人，总渴望光明。此联流露了这种心境。

联语文字浅近，对仗工稳，含蕴深厚，情感真实。联中用了"阊阖""蓬莱"两个与神仙居所相关联的词，把读者引入仙境，增强了艺术感染力。

此联可与唐·王湾《次北固山下》诗中句"海日生残夜，江春入旧年"作姊妹篇读。

此联源自北宋周子雍替宋乔年和诗的典故。北宋徽宗大观初年除夕之夜，宫廷举行宴会，徽宗赋诗赐给大臣们，其中的颔联是："午夜笙歌连海峤，春风灯火过湟中。"宴席上应和的诗都不如其工整。当时在座的开封府尹宋乔年不会作诗，就偷偷地让人转告客友周子雍，请他帮助。周子雍告诉他和以"风生阊阖春来早，月到蓬莱夜未中"，当即受到大家的称赞。（见宋·洪迈《容斋四笔·卷一》）

夕佳楼西向楼下联

雨晴九陌铺江练
岚嫩千峰叠海涛

九陌：九，虚指数，形容很多。陌，本为田界。《史记·商君列传》："为田开阡陌封疆，而赋税平。"张守节正义："南北曰阡，东西曰陌。"后也指田间小路，代指田野。宋·苏轼《次韵蒋颖叔钱穆父从驾景灵宫》诗："雨收九陌丰登后，日丽三元下降辰。"九陌，就是广阔的田野。这里是指昆明湖以西至西山脚下的大片田野、稻田。

铺江练：犹如铺展开的白色绸缎在闪着光亮。用南朝齐·谢朓《晚登三山还望京邑》诗中"澄江静如练"句义。练，白色的熟绢。

岚嫩：雾气淡薄。岚，山林中的雾气。唐·王维《送方尊师归嵩山》诗："瀑布杉松常带雨，夕阳苍翠忽成岚。"嫩，轻微、淡薄。

千峰：指西山联绵不断的众多山峰。

联中"叠"字古读入声，属仄。

旧时，昆明湖以西直至西山脚下，是广阔的田野，普遍种植水稻。再往西就是郁郁葱葱、连绵不断的西山诸峰。此联便是雨后斜阳之时，登夕佳楼放眼西望所得到的实景实况。联中用"铺江练""叠海涛"写出了近处田野和远处山峰的壮阔场景和恢宏磅礴的气势。

此联引用唐·杜牧《长安杂题长句》诗六首其三中句，全诗为：雨晴九陌铺江练，岚嫩千峰叠海涛。南苑草芳眠锦雉，夹城云暖下霓旄。少年羁络青纹玉，游女花簪紫蒂桃。江碧柳深人尽醉，一瓢颜巷日空高。

宜芸馆

宜芸馆在夕佳楼的北面，是个四合院。

宜芸馆题名匾

宜芸馆

宜：合适、适宜。

芸：香草名。即芸香草，多年生草本植物，其下部为木质，故又称芸香树。夏季开黄花。花、叶、茎有强烈的刺激气味，可入药，有驱虫、驱风、通经等作用。古人常将之采来，放在书房或夹在书页中以驱蛀虫。宋·沈括

宜芸馆匾

《梦溪笔谈·辩证一》："古人藏书辟蠹用芸。芸，香草也，今人谓之七里香者是也……辟蠹殊验。"所以古人称书籍为芸编，称藏书之所为芸馆、芸台、芸窗等。宋·李石《续博物志》卷三引三国魏·鱼豢《典略》曰："芸香辟纸鱼蠹，故藏书台称芸台。"《幼学故事琼林·宫室》："书室曰芸窗。"

宜芸馆建于1750年，原为藏书室。这里背山面水，环境清幽，是适宜藏书、读书的好地方，故题名"宜芸"。乾隆皇帝在《宜芸馆》诗中说："内府富图书，芸编随处有。独曰'宜'于是，此意人知否？背山复面水，净明尘不受。坐而静与稽，资益良复厚。深造乃自得，荒唐非所取。"宜芸馆于1860年毁于英法联军，慈禧重修后，为隆裕皇后的寝宫。宜芸馆原与玉澜堂前后相通，光绪皇帝被囚禁后，通路被堵死。1912年隆裕太后（此时已为皇太后）在这里发布诏书，宣布宣统皇帝退位，结束了我国数千年"家天下"的封建统治时代。

宜芸馆联

绕砌苔痕初染碧
隔帘花气静闻香

绕砌：指房屋附近、周围。砌，台阶。青苔绕砌，原自唐·刘禹锡《陋室铭》中"苔痕上阶绿，草色入帘青"句意。

上联描写了宜芸馆环境的清幽和宁静，突出体现了宜芸馆的"宜"字。这里既不受自然界灰尘的侵袭，也没有社会世俗红尘的干扰，确是一个"净明尘不受"的好地方。

下联，"花气"指书籍，暗示此处藏书甚富，内容广博，如百花竞放。联尾着一"香"字，既指花香、芸香，更含有书香，恰合了宜芸馆的"芸"字，同时也充分体现出作者爱图书、爱读书、爱藏书的美德和高雅文静、悠然自得的心境，使全联的冷寂之感顿消。

全联紧扣"宜芸"这个主题。上联借"染碧"以状景，含幽蕴雅；下联借"闻香"以抒情，情深意远。

宜芸馆东厢题名（现已无匾）

道存斋

道存：道，事理。存，省察、省悟。《孟子·离娄上》："存乎人者，莫良于眸子。"宋·岳飞《答宗泽》："运用之妙，存乎一心。"道存，就是心中悟出道理。典故出自《庄子·田子方》：楚国贤人温伯雪子，在一次出访齐国后，返回途中住在鲁国，鲁国一些人去拜见他。其中，"仲尼（孔子）见之而不言"。子路说，老师想见温伯雪子已经很久了，现在见而不言，这是为什么？孔子说："若夫人者，目击而道存矣，亦不可以容声矣。"孔子的意思是说，像他那样的人，看见他就可以悟出道理来，用不着再说什么了。

乾隆皇帝在一首《道存斋》诗中说："景清神谧天常泰，水趣山情静可论。一室恰如温伯雪，果然目击道斯存。"诗中"水趣山情"指登上近西轩西望所见的山水风光。"一室"即满室，俗语说"一屋子"，是针对宜芸馆满屋子图书说的。按照此诗所说，这里用"道存"这个典故是说，到宜芸馆看书，会从这满屋子的图书中悟出道理来；登近西轩看到山山水水，要从山情水趣中悟出道理来。这样，此院内的"宜芸馆""近西轩"两个本无关联的题名，便由"道存""扭"在了一起，顺理成章地、和谐地同处一个院内了。

道存斋匾

恩风长扇

恩风长扇：德惠之风操长久地传扬下去。这是针对温伯雪子的风操而言的。恩，给人以好处，即恩德、恩惠。风，风操、风节。《孟子·万章下》："故闻伯夷之风者，顽夫廉，懦夫有立志。……故闻柳下惠之风者，鄙夫宽，薄夫敦。"南朝梁·刘勰《文心雕龙·时序》："故稷下扇其清风，兰陵郁其茂俗。"

匾语出自《隋书·音乐志·宴群臣登歌》："饮和饱德，恩风长扇。"

道存斋匾

道存斋东向匾

道存斋联

绿竹成阴环曲径
朱阑倒影入清池

径：小道、道路。这里借用一个"道"字。

池：池塘，用来存水。这里借用一个"存"字。

此联貌似状景，但这里既无竹和径，也无栏与池，很不切景，也无内涵，只是上下联暗嵌"道""存"二字，以切"道存斋"之名而已。联中"竹"字古读入声，属仄。

此联化用陆游《绿净亭晚兴》诗中句，全诗是：绿净亭边物色奇，放翁睡起曳筇枝。新凉已似雁来后，微风却如梅熟时。绿竹成阴藏细栈，朱阑倒影入清池。登临独恨非吾土，不为城头画角悲。

道存斋东向匾

膏泽应时

膏泽：本为滋润作物的雨水。常用来比喻上对下、统治者对百姓的恩惠。《孟子·离娄下》："谏行言听，膏泽下于民。"汉·班固《西都赋》："功德著乎祖宗，膏泽洽乎黎庶。"

应时：及时、适时。宋·吴曾《能改斋漫录·事始二》："应时纳祜（hù，大福），与国同休。"

颐和园重修的时候，光绪皇帝已到亲政年龄，朝野官员对归政的呼声很高。慈禧太后也故作姿态，表示要归政养老。此匾便是对慈禧太后归政于帝的赞许之词。意思是说，太后此举是降福天下，很合时宜。

道存斋东向联

霏红花径和云扫

新绿瓜畦趁雨锄

霏红花径：落满花瓣的小路。霏，飘撒。红，泛指各色花瓣。南朝齐·谢朓《咏蔷薇》诗："发萼初攒紫，余采尚霏红。"杜甫《奉观严郑公厅事岷山沱江画图十韵》诗："霏红洲蕊乱，拂黛石萝长。"

和：这里用作介词，相当于"伴着""带着""冒着"，与下联"趁"字互文见义。

全联写清幽宁静的生活环境，抒发淡雅闲适的情怀。下联的"锄瓜"，用邵平种瓜的典故。《三辅黄图·都城十二门》载："广陵人邵平为秦东陵侯，秦破为布衣，种瓜青门外。瓜美，故时人谓之'东陵瓜'。"后常用为退官归隐田园的典故。唐·曹邺《老圃堂》诗："邵平瓜地接吾庐，谷雨干时手自锄。"宋·陆游《小园》诗："卧读陶诗未终卷，又乘微雨去锄瓜。"下联即由此句脱出。

云中扫花径、雨中锄绿瓜，分明是一幅"田园乐"图画。慈禧太后书写此联，摆出了一副归政养老、不问朝政的架式。可是细玩其味，话里却藏着玄机："路"该"扫"的时候，我还是要扫一扫；"瓜"该"锄"的时候，我还是要锄一锄的。

此联文字浅易，语气从容，意境清新，韵味深长。

此联演化自元·吕诚《访偶武孟簹（音 cāng，也读 qiāng）筤（音 láng）轩，时武孟制满求任》诗中句。全诗为：旧草溪东十里余，小桃源上见郊居。落红花径和云扫，新绿瓜畦趁雨锄。池上此君宜对酒，门前长者屡回车。此中未让商山老，见说王褒有荐书。

宜芸馆西厢题名匾

近西轩

近西轩在昆明湖东岸水边，同夕佳楼一样，也是观赏西山落日佳境的好地方。但在这里，从水中看西山落日的倒影，反而觉得比直接观看近了许多。故题名"近西"。乾隆《近西轩》诗说："轩对西山号近西，泉明诗意取为题。"

（泉，渊。泉明，即陶渊明。泉明诗意，见"夕佳楼"注）又，"西峰倒影来，明湖浸光起。混漾峭蒨间，想象难为拟"。又，"万寿山龙脉，原自西山来。昆明湖远之，东岸翻近哉。全体呈轩中，于夕更觉佳"。

近西轩东向匾

近西轩东向匾

藻绘呈瑞

藻绘：美丽的色彩，华丽的外貌。是说殿堂雕梁画栋，富丽堂皇。藻，本为水藻类植物，多用于建筑绘画题材。引申为华美。绘，原意为五彩的刺绣，引申为绘画、图画。

呈瑞：呈现祥瑞。

藻绘呈瑞是说，华美的殿堂建筑，描画着各种吉祥图案。

近西轩东向联

近西轩的周围是殿宇建筑群，此匾便是赞美这些殿堂建筑的华美。语出南朝梁·刘勰《文心雕龙·原道》："龙凤以藻绘呈瑞，虎豹以炳蔚凝姿。"

近西轩东向联

千条嫩柳垂青琐
百啭流莺入建章

青琐：古代宫门上刻成连环纹并涂成青色的一种图案。《汉书·元后传》："曲阳侯（王）根，骄奢僭上，赤墀（chí）青琐。"颜师古注引孟康曰："（青琐）以青画户边，镂中。天子之制也。"后常代指宫门。南朝梁·吴均《行路难》五首其二："青琐门外安石榴，连枝接叶夹御沟。"杜甫《宣政殿退朝晚出左掖》诗："侍臣缓步归青琐，退食从容出每迟。"

啭：音 zhuàn，鸟儿婉转地鸣叫。《玉篇·口部》："啭，鸟鸣也。"《正字通·口部》："啭，鸟声转也。黄莺声三十二啭，百舌声十二啭……古即借用转，加'口'者，俗增也。"北周·庚信《春赋》："新年鸟声千种啭，二月杨花满路飞。"宋·范成大《早发竹下》诗："清禽百啭似迎客，正在有情无思间。"

流莺：叫声婉转动听的黄莺。流，形容鸟鸣声清亮圆润。莺，鸟名，又名仓庚、黄鹂。因其初春始鸣，故又称告春鸟。又因其叫声婉转动听，所以古人诗词作品中常用"流莺"来渲染清幽宁静的环境氛围。李白《对酒》诗："流莺啼碧树，明月窥金罍。"宋·苏舜钦《夏意》诗："树阴满地日当午，梦觉流莺时一声。"这里"百啭流莺"是用反衬法衬托环境的幽静。正是"蝉噪林逾静，鸟鸣山更幽"（南朝梁·王籍《入若耶溪》诗）的意思。

入：指鸣叫声传入。

建章：汉代宫殿名，即建章宫。遗址在今陕西省西安市西。后世常用来代指皇宫或高大的皇家建筑。宋·梅尧臣《考试毕登铨楼》诗："春云浓淡日微光，双阙重门耸建章。"这里是代指颐和园内的宫殿建筑。

这副楹联用黄鹂鸣翠柳、柔丝荡春风，有声有色地描述了颐和园宫殿区清幽淡雅、生机盎然的美好环境。虽然带有粉饰太平的色彩，但还是给人以祥和宁静的感觉。

此联化用唐·贾至《早朝大明宫呈两省僚友》诗中句，全诗为：银烛熏天紫陌长，禁城春色晓苍苍。千条弱柳垂青琐，百啭流莺绕建章。剑佩声随玉墀步，衣冠身惹御炉香。共沐恩波凤池上，朝朝染翰侍君王。

近西轩西向匾

烟云献彩

烟云献彩：柔美的云气呈现出斑斓色彩。这是由近西轩西望见到的天空实景。献，呈现、显露。《左传·昭公二十七年》："羞者献体改服于门外。"明·徐宏祖《徐霞客游记·滇游日记》："烟树堤花，若献影镜中。"

匾语出自《隋书·音乐志下·文武歌辞》："烟云献彩，龟龙表异。"

近西轩西向联

彩云宝树琼田晓
仙霞琪花碧涧香

宝树：本指佛国生长的树木。《佛说大乘无量寿庄严清净平等觉经·宝树遍国第十四》："彼如来国，多诸宝树。"《西游记》第六十四回："金芝三秀诗坛瑞，宝树千花莲蕊香。"这里是对树木的美称。

琼田：由玉构成的田。即神话传说中生长灵草神芝的田。汉·东方朔《海内十洲记·祖洲》："东海祖洲上有不死之草，生琼田中。"后常用来形容河湖水面的宽广清澈。宋·欧阳修词《采桑子》："风清月白偏宜夜，一片琼田。"又，张孝祥词《念奴娇·过洞庭》："玉鉴琼田三万顷，着我扁舟一叶。"这里是借指昆明湖水面。

晓：明亮。《说文·日部》："晓，明也。"《庄子·天地》："冥冥之中，独见晓焉。"

仙霞：彩霞。（霞字，有人说应作"露"。仙露，即甘露、雨露。）

琪花：神话传说中仙界里的花。琪，美玉。这里是对花的美称。唐·王毂《梦仙谣》三首其一："前程渐觉风光好，琪花片片粘瑶草。"曹唐《小游仙诗》九十八首其二："万树琪花千圃药，心知不敢辄相形。"

碧涧：碧绿的溪水。涧，两山间的水沟。唐·储光羲《游茅山五首》其一："春山多秀木，碧涧尽清流。"王维《和太常韦主簿五郎温泉寓目》诗："青山尽是朱旗绕，碧涧翻从玉殿来。"

此联是在近西轩西望见到的实景实况。向上看，湛蓝的天空飘着朵朵白云放出异彩；向下看，地上奇花异木郁郁葱葱，明澈的湖水在阳光下闪着金光；傍晚，空中彩霞满天，联绵起伏的西山，在霞光的映照下稀疏的花树点缀其间，更显得苍翠浓郁，山涧中流淌着汩汩清泉，隐隐飘散着阵阵清香。

此联虽是状景之作，但处处充满了情感。云、霞、树、水、花本是寻常自然之物，经作者略加修饰，却变成了仙界之物，把读者引入了神仙般的境界。"晓""香"二字更是全联的点睛之笔，既表达了赞美之意，又抒发了热爱之情。

此联化自元·钱惟善《昭灵仙迹》诗中句："雨香宝穑琼田晓，露冷琪花碧涧春。"

近西轩是观景之所，其东、西两向的两匾和两副楹联共成一组，对其周围之景作了全方位、多层次的描述。从宫殿建筑的华美，到殿堂周围环境的清幽；从天空的云霞放彩，到地上的山水清秀；从碧涧清流到花木飘香，都囊括其中，紧扣"近西轩"这一主题，很是贴切，且调动了人的听觉（啭）、视觉（晓）和嗅觉（香），使联语文字更加活泼、色彩更加浓重、情感更加真诚，不落俗套。

备考：一方先生编辑的《颐和园匾额楹联》一书都是照片，所辑此联为：彩云宝树琼田绕；仙露琪花碧涧香。其中"绕""露"二字与实地悬挂的不符，孰是孰非，不得而知。愚意：上联"晓"字为正，"绕"字为误，因"绕"字是动词，与下联对应的形容词"香"字失于对仗。下联"露"字为正，"霞"字为误，因为霞与上联对应的云，意思太近（实为同一物），有"合掌"之嫌，为楹联所忌，此其一。其二，霞字平声，上联对应的云字也是平声，有平仄失谐之病。若将"霞"换成"露"，则诸病全失。

乐寿堂

乐寿堂在玉澜堂西侧，门前临湖。

乐寿堂题名匾

乐寿堂

乐：喜乐、心中欢喜。

寿堂：拜寿之堂。清·梁绍壬《两般秋雨庵随笔·寿堂》："今人于父母诞辰铺陈庆祝之地，名曰寿堂。"

乐寿亦兼含"知（智）者乐，仁者寿"之意。

乐寿堂匾

清漪园是乾隆皇帝为庆贺他母亲六十岁生日而建的，乐寿堂即是拜寿活动的主要场所。

乐寿堂门殿匾

水木自亲

水木：字面的意思是指水和草木。

自亲：天然形成的相互依存的亲密关系。出自《文选·（李康）运命论》："不介而自亲。"原文是这样说的："圣明之君，必有忠贤之臣。其所以相遇也，不求而自合；其所以相亲也，不介而自亲。唱之而必和，谋之而必从，道德玄同，曲折合符，得失不能疑其志，谗构不能离其交，然后得成功也。其所以得然者，岂徒人事哉！授之者天也，告之者神也，成之者运也。"（文中的"不介"，就是不用媒介。）

"水木自亲"匾挂在乐寿堂正门殿的南向，面向昆明湖。这里视野开阔，放眼望去，只见湖水茫茫，环湖沿岸，林木葱葱。湖水与林木相接相连，相依共存。"水木自亲"既符合自然法则，又切合眼前实景。这是"水木自亲"的表面意思。

然而"水木自亲"的主要意义还是用于比喻。按照古代"五行相生"说，水木就是水生木，比喻父子、母子关系。董仲舒《春秋繁露·五行之义》中说："天有五行，一曰木，二曰火，三曰土，四曰金，五曰水。木，五行之始也；水，五行之终也；土，五行之中也。此其天次之序也。""水生木……此其父子之序，天之道也。""故五行者，乃孝子忠臣之行也。"颐和园的前身是清漪园，是乾隆皇帝为庆祝其母孝圣皇太后六十大寿而在瓮山园的基础上改建扩建的。乐寿堂就是乾隆皇帝为给其母拜寿而建造的寿堂兼下榻之所。

在自己母亲的居所正门题写"水木自亲",自然是表示母子情深,相依共存。母子之亲,受之于天,故曰"自亲"。这是乾隆皇帝题写此匾的根本意图,体现了儒家的孝亲思想。

乐寿堂门前建有御舟码头,皇帝和后妃由水路来此,上岸或登舟都十分便利。有码头就必然有船要停靠。有一句成语说"木已成舟",船总是和水分不开的,是"自亲"的关系。所以"水木自亲"也喻指船和水的关系,与这里的御舟码头十分洽合。由此而引申,便会想到君王与百姓的关系。《孔子家语·五仪解》说:"夫君者,舟也;庶人者,水也。水所以载舟,亦所以覆舟。"又,该书《六本》中说:"舟非水不行,水入舟则没;君非民不治,民犯上则倾。"风华正茂、胸怀远志的一代封建帝王乾隆皇帝,一定会想到水和船之间这种载舟覆舟的关系,必然希望与"庶人"之间永久地保持像"水木"一样的"自亲",以使大清王朝长治久安。从这个角度说,"水木自亲"也是乾隆皇帝的自警之词。

乐寿堂门前就是昆明湖。"水木自亲"自然也喻指鱼和水这种天然依存的关系。由此则必然要联想到明君与贤臣的关系。《三国志·蜀志·诸葛亮传》:"先主(刘备)解之曰:'孤之有孔明,犹鱼之有水也。'"《贞观政要·论求谏第四》:"惟君臣相遇,有同鱼水,则海内可安。"这也正是本文开头所引李康《运命论》中所说"明圣之君"与"忠贤之臣"之间"道德玄同,曲折合符","不介而自亲"的关系。乾隆皇帝题写"水木自亲",不无自诩明君之意。

"水木自亲",无论是实指义还是喻指义,都是天授之,神告之,运成之,都包括在"水生木"的五行天道之中,是天经地义的。这便是"水木自亲"的根基所在。

此匾文字朴实,寓义深广,既切景又贴情,在颐和园诸多匾额中属上乘之作。

乐寿堂东配殿匾

乐寿堂东配殿匾

舒华布实（西向）

润璧怀山（东向）

舒华布实：开花结果。语出南朝梁·刘勰《文心雕龙·熔裁》："然后舒华布实，献替节文。"舒，伸展、展开，引申为开放。布，铺设、显露，引申为结出、长出。

润璧：美玉。润，温润、光滑细腻，形容玉质美好。璧，一种玉器，扁而平，圆形，中心有孔，且边阔大于孔径，古代贵族用作礼器或佩饰。这里泛指美玉。

怀山：思念产玉之山。美玉怀念产玉之山，表达一种不忘亲恩之情。

这两幅题额是光绪皇帝题写，意思是说，太后老佛爷对我培育十几年，如今我已经长大成人了，老人家的辛苦勤劳，也算是结出了硕果。我一定会像美玉怀山那样，永远不忘您的养育之恩。

光绪皇帝1871年生，四岁入宫即位。颐和园1886年动工修复，此时光绪皇帝正是十五六岁，到了亲政年龄，中外官员对"归政"呼声甚高，慈禧太后也表示要归政于帝。光绪皇帝用比喻的手法在慈禧太后的住所题写这些匾额，既表达了对慈禧太后的感谢之情，也隐隐约约地流露出对亲政的渴望之意。

乐寿堂西配殿匾

仁以山悦（东向）

此匾兼含二意。一是说太后的仁德之心像山那样高大厚重，天下之人无不心悦诚服。悦，悦服。《尔雅·释诂上》："悦，服也。"《书·武成》："大

赉于四海，而万姓悦服。"孔传："天下皆悦仁服德。"二是，含有"仁者乐山""仁者寿"（《论语·雍也》）之意。是说太后老佛爷是仁慈之人，一定会长命百岁。

此语出自晋·王济《平吴后三月三日华林园》诗："仁以山悦，水为智欢。清池流爵，秘乐通玄。"

景福来并（西向）

此匾意思是，"老佛爷"就要退出政坛，来这里颐养天年，我祝愿您老人家洪福齐天，福寿绵长。景福，大福、洪福。南朝齐·王融《三月三日曲水诗序》："上陈景福之赐，下献南山之寿。"并，聚拢、聚集。

匾语出自南朝梁·沈约《雅乐歌·牷雅》："多祉攸集，景福来并。"

以上四幅匾额，都是以光绪皇帝的口气题写，东配殿两匾是对慈禧太后的感谢之词；西配殿两匾是祝福之语。这四幅匾额与正门殿乾隆题写的匾额"水木自亲"都是表达母子之情的，相比之下，还是"水木自亲"感情真挚，情义深厚，是发自内心的情感，而这里的四幅题额则显得像是堂皇的官样文章了。

德和园

　　德和园在万寿山东南麓。清漪园时期，此处是一所前后两进的院落，主殿名怡春堂，道光二十四年正月初八（1844年2月25日）夜间失火被烧毁。慈禧重修颐和园时，因听鹂馆小戏楼不能满足需要，于是选定怡春堂遗址修建一组大型的戏楼建筑。光绪十六年底动工，光绪二十年竣工，命名为德和园。

　　德和：用歌舞、戏剧来陶冶性情，使心性平和。德，心意、心态。和，平和、和顺。我国古代非常重视礼乐的教化作用，认为推行乐教可以移风易俗，使人民归向正道，使天下得以安宁，从而使政权得到巩固。《左传·昭公二十年》说："先王之济五味、和五声也，以平其心，成其政也。声亦如味，一气、二

大戏楼

体、三类、四物、五声、六律、七音、八风、九歌，以相成也；清浊、小大、短长、疾徐、哀乐、刚柔、迟速、高下、出入、周疏，以相济也。君子听之，以平其心。心平，德和。"《礼记·乐记》中说："德者，性之端也。乐者，德之华也。金石丝竹，乐之器也。诗，言其志也；歌，咏其声也；舞，动其容也。三者本于心，然后乐器从之。是故情深而文明，气盛而化神，和顺积中而英华发外。"所以"乐行而伦清，耳目聪明，血气和平，移风易俗，天下皆宁"。

大戏楼
大戏楼下层匾

骦胪荣曝

骦：同"欢"，通"劝"，是勤勉、尽力的意思。清·朱骏声《说文通训定声·干部》："欢，假借为劝。"《韩非子·说林上》："齐攻宋，宋使臧孙子南求救于荆。荆大说（悦），许救之，甚欢。"陈其猷集释引顾广圻曰："欢，当从《策》（即《战国策》）作'劝'。高注：劝，力也。"（甚欢就是特别卖力）

大戏楼下层匾

大戏楼下层楹联

胪：陈列。引申为表现、施展。《汉书·礼乐志·郊祀歌》："遍胪欢，腾天歌。"颜师古注："胪，陈也；腾，升也。言陈其欢庆。"清·王端履《重论文斋笔录·卷九》："率土胪欢，普天同庆。"

骧胪，就是尽全力表演、施展才艺。

荣：快乐、高兴。《国语·晋语四》："吾来此也，非以狄为荣。"韦昭注："荣，乐也。"这里是指快乐地、高兴地。

曝：本义为太阳晒。引申为暴露、显示。《孔子家语·曲礼子夏问》："季平子卒，将以君之玙璠（美玉）敛，赠以珠玉。孔子……曰：'送而以宝玉，是犹曝尸于中原也。'"这里是指显示演技。也兼指"献曝"。典出《列子·杨朱》：宋国有一个田夫，长年穿着破烂衣服。到了春天，他在田间耕作时，太阳晒到后背上。他感到很温暖，很舒服，于是对妻子说："晒太阳很温暖，别人都不知道，我要把这件事献给君王，一定会得到重赏。"后遂以"献曝"指所献虽然微不足道，但出于一片赤诚之心。

"骧胪荣曝"是夸赞这里的演员尽心尽力地表演，诚心诚意地献艺。

大戏楼下层联

山水协清音龙会八风凤调九奏
宫商谐法曲象德流韵燕乐养和

山水协清音：自然界发出的清亮悦耳之音。语出晋·左思《招隐》诗："非必丝与竹，山水有清音。"这里是形容演员唱腔自然流畅、清晰纯正，即所谓"字正腔圆"。山水，指大自然。协，和谐流畅。清音，不用声带（或乐器）振动而发出的声音，即自然之音、纯正之音。晋·傅玄《鼓吹曲·玄云》："鹤鸣在后园，清音随风迈。"协字古读入声，属仄。

龙会八风：典出《吕氏春秋·古乐篇》："帝颛顼生自若水，实处空桑，乃登为帝。惟天之合，正风乃行，其音若熙熙、凄凄、锵锵。帝颛顼好其音，乃令飞龙作效八风之音，命之曰《承云》，以祭上帝。"意思是说，颛顼登上帝位以后，其德与天齐合，端正的民风行于天下。于是命臣子飞龙择取各方民歌之长，作《承云》曲，在祭祀昊天上帝时演唱。八风，旧解为八方之风或八卦之风。这里是借指多种风格，多种流派。"八"字古读入声，属仄。

凤调九奏：喻指演唱的曲调美妙动听，尽善尽美，完美无缺。凤调，泛指优美动人的音乐曲调。古人传说，凤鸣之声清亮悦耳，是天下最美之音，故多在声、音、曲、乐、调等字前冠一"凤"字以溢其美。南朝梁·江淹《灯赋》："命彩女兮，饵丹砂而学凤音。"唐·李治（高宗皇帝）《太子纳妃太平公主出降》诗："兰醑申芳宴，环阶凤乐陈。"沈佺期《奉和春初幸太平公主南庄应制》诗："自有神仙鸣凤曲，并将歌舞报恩晖。"李峤《长宁公主东庄侍宴》诗："长筵鹓鹭集，仙管凤凰调。"九奏，古代音乐奏完一章称作一成，奏完九成全曲才算完结。《书·益稷》："箫韶九成，凤凰来仪。"郑玄注："成，犹终也。每曲一终，必变更奏。故《经》言九成，《传》言九奏，《周礼》谓之九变。"这里是用"九奏"来形容演员的表演自始至终，完美无缺。

宫商：宫和商都是古代乐谱的五音之一。我国古代传统音乐有五个音阶，即宫、商、角、徵、羽，近似于现代音乐简谱的"1""2""3""5""6"。这里是代指用乐器演奏的乐曲。

谐：和合、符合。

法曲：一种古代乐曲。因其用于佛教法会而得名，原在西域地区流行。大约在南北朝时期传至中原地区，逐渐与汉族清商乐相结合。唐代又搀杂进道曲，使法曲发展至极盛，成为当时国家的标准性、规范性的乐曲。唐玄宗酷爱之，命梨园弟子学习，称为"法部"。"安史之乱"以后，法曲渐衰。这里是用来代指所奏之曲合乎法度、符合标准。

象德：优美的舞姿体现出高尚的道德。象，形貌、相貌，凡有形可见者皆曰象。《周易·系辞》："在天成象，在地成形，变化见矣。"宋·郭茂倩《乐府诗集》卷九《齐太庙乐歌·明德凯容乐》："观德在庙，象德在形。"

流韵：无穷的韵味。

燕乐：隋唐时期皇宫内廷演奏的乐曲。后泛指专供宫廷宴饮娱乐的音乐。

大戏楼中层匾

大戏楼中层联

养和：保养身心的平和之气。和，指人的元气。《后汉书·周磐传》："昔方回、支父啬神养和，不以荣利滑其生术。"《晋书·贺循传》："或有遐栖高蹈，轻举绝俗，逍遥养和，恬神自足。"

上联说的是，演员的演唱，发音纯正，自然流畅。虽然风格各异，流派不同，但都尽善尽美，完美无缺。下联说，演员优美的舞姿，伴随着精准的宫廷乐曲，韵味无穷，足以使人调神养性，心情愉悦。

大戏楼中层匾

承平豫泰

承平豫泰：天下太平，人民康乐；政令通畅，国泰民安。

承平：太平。《汉书·食货志上》："今累世承平，豪富吏民訾数巨万。"唐·薛能《省试夜》诗："白莲千朵照廊明，一片承平雅颂声。"

豫泰：欢乐、舒畅。豫，享乐、喜悦。《诗经·小雅·白驹》："尔公尔侯，逸豫无期。"汉·班固《〈两都赋〉序》："是以众庶悦豫，福应尤盛。"泰，安宁、通畅。《周易·泰·序卦》："履而泰，然后安，故受之以泰。泰者，通也。"《汉书·楚元王传》附刘向上封事："君子道长，小人道消。小人道消，则政日治，故曰'泰'。泰者，通而治也。"唐·白居易《采诗官》："采诗官，采诗听歌导人言。言者无罪闻者戒，下流上通上下泰。"

大戏楼中层联

七政衍玑衡珠联璧合
四时调律吕玉节金和

七政衍玑衡：语出《尚书·舜典》："在璇玑玉衡，以齐七政。"（"在"，察看。）

七政：七项政事。旧有二说。一说指日、月及金、木、水、火、土五星。一说指春、夏、秋、冬四季和天文、地理、人道。但江灏、钱宗武二先生在《今古文尚书全译》（贵州人民出版社1990年2月版）中，依《舜典》原文指为（1）祭祀天地神灵；（2）（3）（4）（5）东、南、西、北四方巡察；（6）辑瑞、班（通"颁"）瑞（瑞是代表诸侯权力地位的圭一类的玉器。远古时期，天子在适当的时候把四方诸侯的圭玉收敛起来，对诸侯的业绩进行考评，这叫作"辑瑞"。考核完毕后，选择吉月吉日，再把圭玉颁赐给各级诸侯，表示对诸侯级别地位的认可，这叫作"班瑞"。辑瑞、班瑞略似于现今的干部考核，是天子的一项重要工作，所以列为七政之列）；（7）归格艺祖（四方巡视回来后，到太庙祭祀祖先）。这里联中的"七政"是泛指国家的常规政务。"七"字古读入声，属仄。

衍：推演、按照。

玑衡：即璇玑、玉衡，指北斗星。《史记·天官书》："北斗七星，所谓'旋玑玉衡，以齐七政'。"北斗是在北天排成舀酒的斗（杓）形的七颗亮星。它们依次是（1）天枢，（2）天璇，（3）天玑，（4）天权，（5）玉衡，（6）开阳，（7）摇（或作"瑶"）光。其中（1）—（4）组成斗身，叫作"璇玑"，也叫"斗魁"，（5）—（7）连成斗柄，称作"玉衡"。北斗星是一组重要的星象，《史记·天官书》说："斗为帝车，运于中央，临制四乡。分阴阳，建四时，均五行，移节度，定诸纪，皆系于斗。"古人根据斗柄的指向来确定日常政务的终始。宋·晁公武《郡斋读书志》："犹坐璇玑，以窥七政之运，无不合者。"宋·王安石《谢赐历日表》："恭惟陛下躬包历数，政顺璇玑。"

珠联璧合：珍珠联成串，美玉合成双。比喻美好的事物汇聚到了一起。这里用作形容词，形容政令与天时配合得非常完美。语出《汉书·律历志上》："日月如合璧，五星如联珠。"璧，一种扁圆形、中心有孔的玉器，古人常用作礼器或饰品。"合"字古读入声，属仄。

四时调律吕：一年四季的变化与十二律符合。

四时：一年四季。《礼记·孔子闲居》："天有四时，春、夏、秋、冬。"

调：符合、合于。

律吕：我国古代音乐的十二个标准定音器，由十二根长度不等的竹（或金属）管制成。这十二根竹管叫律管。将律管由低音到高音依次排列，排在奇数位的为阳律，称"六律"。排在偶数位的为阴律，称"六吕"。六律、六吕简称"律吕"。古人还用十二律管测定一年四季的节候。《礼记·月令》孟春之月："律中太簇。"郑玄注："律，候气之管，以铜为之。"测定方法，是在一密室中，将十二律管按方位放置在木案上，"以葭莩灰（苇膜烧成的灰）抑其内端，案历而候之。"某节候一到，与其对应的律管内的葭莩灰即飞散。据说，"'气'至者灰动，其为'气'所动者其灰散，人及风所动者其灰聚。"（见《后汉书·律历志上》）这样，一年四季十二个月便与律吕对应起来了。

玉节金和：玉，石的美称。石与金都是古代制作乐器的八种材料之一。通常，金指钟，石指磬。《宋书·乐志一》："乐器凡八音，曰金，曰石，曰土，曰革，曰丝，曰木，曰匏，曰竹。八音一曰金。金，钟也。二曰石。石，磬也。"古代奏乐，先撞一下钟，然后众乐始奏。一阕终了时，击一下磬，众乐停止。此语化自成语"金声玉振"，语出《孟子·万章下》："集大成也者，金声而玉振之也。"《朱熹集注》："并奏八音，则于其未作，而先击镈钟（单独悬挂、体形较大的钟）以宣其声；俟其既阕，而后击特磬以收其韵。"钟、磬在古乐合奏中起着指挥的作用，控制节拍，使演奏有条不紊，不致杂乱。下联的"玉节金和"和上联的"珠联璧合"一样，用作形容词，充当状语，形容四时与律吕调配得有条不紊，非常合拍。"节"字古读入声，属仄。

上联是说，朝廷的政令与天象配合得完美无缺，正所谓"天文正应韶光转，设报悬知用此辰"。（唐·沈佺期诗句）下联是说，一年四季节候的变更与律吕（阴阳二气）完全相符，非常和谐。《汉书·律历志上》说："至治之世，天地之气合以生风，天地之风气正，十二律定。"颜师古注引孟康曰："律得风气而成声，风和乃律调也。"此联暗含天人合一、皇权神授的理念。

政令符合天文，政通人和；四季顺应阴阳，风调雨顺。盛世良辰，天作之美。此联用天象和天时比附政治和民生，似应挂在此楼最高层（象征天），与题额"庆演昌辰"匹配，方较妥帖。

大戏楼上层匾

庆演昌辰

庆演昌辰：欢乐地传颂这昌盛兴隆的好时日。庆，喜庆、快乐。演，推广、传布。辰，时光、时日。

大戏楼上层联

八方开域皆为寿
兆姓登台总是春

八方：极言地域之广。犹言"普天之下"。"八"字古读入声，属仄。

开域：即"开寿域"。开，展现、出现。寿域，指人人得尽天年的太平盛世。《汉书·礼乐志》："驱一世之民，跻之仁寿之域。"唐·杜牧《忍死留别献盐铁裴相公二十叔》诗："贤相辅明主，苍生寿域开。"

为寿：席间向尊长敬酒或赠送礼物，并祝其长寿。《史记·项羽本纪》："（范增对项庄说）'君王为人不忍，若（汝）入前为寿。'……庄则入为寿。"

兆姓：极言民众之多，犹言"百姓""万民"。也作"兆民"。兆，数词，古以十亿或万亿或亿亿为兆，今以百万为兆。通常用以极言众多。《尚书·吕刑》："一人有庆，兆民赖之，其宁惟永。"宋·苏轼《锡李干德制诰敕书》："朕子养兆姓，囊括四方。"

登台：即登春台，比喻盛世和乐的景象。春台，春季登眺览胜的高台。《老子》第二十章："众人熙熙，如享太牢，如春登台。"（"春登台"，后人引用多写作"登春台"）晋·潘岳《秋兴赋》："登春台之熙熙兮，珥金貂之炯炯。"

总：全部、全体。犹如说"人人"。

春：春风、春意。这里指喜悦欢乐的表情。宋·王安石《送潮州吕使君》诗："吕使揭阳去，笑谈面生春。"成语有"满面春风"。

全联的意思是，普天之下的老百姓都生活在美满幸福的太平盛世，人人都满面春风，喜笑颜开。正是"普天逢圣日，兆庶喜康哉"。（隋·薛道衡《和许给事善心戏场转韵》诗句）都祝愿"老佛爷"和皇上健康长寿。联中"皆"字古读入声，属仄。

联中"寿""春"二字都是一字二用，一明一暗，安排十分巧妙。

此联内容是写天下承平，百姓康乐。似应挂在中层，与匾额"承平豫泰"相配，较为允当。

此联摘引自清·爱新觉罗·胤禛为庆贺其父康熙皇帝六十寿诞而作《万寿诗》："和风瑞日启芳辰，阙下衣冠拜紫宸。锦绣花明朱槛畔，琉璃波暖碧湖滨。八荒开域皆为寿，兆姓登台总是春。分依子臣恩更厚，愿将遐算祝君亲。"

颐乐殿

德和园正殿题名匾

颐乐殿

颐乐殿在大戏楼的北面，正对大戏楼舞台，是慈禧太后看戏的地方。

颐乐：颐然而乐。颐然，有涵养的样子。

颐乐殿廊柱联

松柏霭长春画图集庆
蓬莱依胜境杰构灵光

霭：笼罩、围绕。南朝宋·颜延之《直东宫答郑尚书》诗："流云霭青阙，皓月鉴丹宫。"宋·郭茂倩《乐府诗集》十五卷《晋·朝飨乐章·群臣酒行歌》其三："玉墀留爱景，金殿蔼祥烟。"（蔼通"霭"）

长春：长春宫。唐时宫苑名，是唐玄宗李隆基教练梨园弟子的地方，类似现代的戏剧学校。这里代指德和园。

画图：山水美景。唐·元稹《春分投简阳明洞天作》诗："郡邑移仙界，山川展画图。"

集庆：汇聚着吉祥幸福。庆，福，幸福。《周易·坤》："积善之家，必有余庆。"《宋史·乐志十三》："皇扉四辟，导迎庆瑞。"

蓬莱：历史上以蓬莱命名的著名建筑有唐代的蓬莱宫和宋代的蓬莱阁。蓬莱宫在陕西省长安县东，原名大明宫，高宗时改为蓬莱宫。蓬莱阁在山东省蓬莱县北的丹崖山上，宋嘉祐年间（1056—1063）建。之所以用"蓬莱"命名，大约是源于神话传说中的蓬莱仙山，那是神仙住的地方，是想借点仙气吧！这里是代指大戏楼。

属于建筑门类的"蓬莱"与上联属于草木门类的"松柏"本不成对仗，但蓬莱又是蓬草蒿莱的合称，属于草木门，与松柏便可成对了。

依：助、助长、增添。《汉书·礼乐志》："声依咏，律和声。"颜师古注："依，助也。"

胜境：佳境。环境优美的地方。《南史·萧暎传》："胜境名山，多所寻履。"

杰构：高大的屋宇。这里指大戏楼。明·陈仁锡《纪游》："择危楼杰构，置酒凭栏，与客指点霞封绮错之奇。"杰，高大的样子。晋·潘岳《闲居赋》："灵台杰其高峙。"构，结构，指房屋等建筑物。李善注谢朓诗句"结构何迢递"曰："结构，谓结连构架以成屋宇也。"

灵光：神异的光芒。汉·王充《论衡·宣汉》："明年祭后土，灵光复至。"《三国志·蜀志·先帝传》："晖景烛燿，灵光彻天。"

上联赞美德和园所处的自然环境：苍松翠柏环绕四周，前有万顷碧波，后有郁郁青山，德和园在这山环水抱的美景中，充满了吉祥福瑞的气氛。下联是说，处在这仙境般的环境中，大戏楼更显得高大雄伟、美轮美奂。

颐乐殿门额匾

戴日腾愉

戴日腾愉：蒙受天恩，欢乐至极。戴日，即戴天，指蒙受天恩。腾愉，欢喜得手舞足蹈。腾，欢腾。愉，喜乐。宋·王禹偁《拟李靖破颉利可汗露布》："臣等无任乐圣戴天，抃（biàn，鼓掌）舞欢呼之至。"

颐乐殿门柱联

珠玉九天元音谐乐律
笙簧六籍太室饫谟觞

珠玉：即"咳珠唾玉"。形容诗歌、言词美妙。语本《庄子·秋水》："子不见夫唾者乎？喷则大者如珠，小者如雾。"后因以"咳珠唾玉"来称赞他人言语不凡、文词优美。李白《妾薄命》诗："咳唾落九天，随风生珠玉。"杜甫《奉和贾至舍人早朝大明宫》诗："朝罢香烟携满袖，诗成珠玉在挥毫。"

九天：古人对"九天"有多种说法，佛、道、儒各有所谓。这里是代指仙界。

元音：纯正而又完美的音调。

乐律：音乐上的律吕、宫调。

笙簧：代指演奏的乐曲。笙，一种传统的民族簧管乐器。簧，乐器里装用的靠振动而发声的薄片，通常用竹或金属材料制成。

按联中词义，"笙簧"二字应在上联，为"笙簧九天"。"珠玉"属下联，即"珠玉六籍"。之所以对调，是因为声调的需要。如果不对调，下联的四言句"珠玉六籍"声调是平仄仄仄（籍字古读入声，为仄），三个仄声连用，读起来很不顺畅。且全句"珠玉六籍太室饫谟觞"声调为平仄仄仄仄仄仄平平，六个仄声连用，更无旋律之美。"珠玉"与"笙簧"对调使用，成为"笙簧六籍"，声调是平平仄仄，上联四言句成为平仄仄平，读起来都无龃龉，于全联之义亦无大碍。故作者略加调整，两全其美。

六籍：即六经。指六部儒家经典著作：《诗经》《书》《易》《礼》《乐》《春秋》。汉·班固《东都赋》："盖六籍所不能谈，前圣靡得而言焉。"李善注："六籍，六经也。"这里是泛指儒家典范。

太室：古代太庙五室，中央之室曰太室，是祭祀帝王祖先的地方。《吕氏春秋·季夏纪》："天子居太庙太室。"高诱注："南向中央室曰太庙，又处其中央，故曰太室。"这里是代指祭祀祖先。室字古读入声，属仄。

饫：音 yù，古代帝王举行的家庭私宴。《尔雅·释言》："饫，私也。"邢昺疏引孙炎曰："饫非公朝，私饮酒也。"《诗经·小雅·常棣》："傧尔笾豆，饮酒之饫。兄弟既具，和乐且孺。"《毛传》："饫，私也。不脱履升堂谓之饫。"

谟：筹划、谋议（国家大事）。《说文·言部》："谟，议谋也。"李白《明堂赋》："虽暂劳而永固兮，始圣谟于我皇。"宋·章甫《即事》诗："精锐看诸将，谟谋仰大臣。"明·徐光启《大司马张海虹先生文集序》："其关于谋谟政治者，必足以瀹润庶类。"这里是代指国家的重大政治活动或庆典。

觞：盛满酒的酒杯。古代通常用满杯酒来祝人长寿。《韩非子·十过》："（晋）平公提觞而起，为师旷寿。"晋·潘岳《闲居赋》："称万寿以献觞，咸一惧而一喜。"唐·沈佺期《侍宴安乐公主新宅应制》诗："敬从乘舆来此地，称觞献寿乐钧天。"

上联说，大戏楼演奏的乐曲，声音纯正，优美动听，音调合乎乐律，简直就像九天仙乐。

下联是说，这里演出的剧目，唱词符合儒家典范，完全适合在祭祀祖先、皇家私宴、国家重大庆典和为君王祝寿等重要场合演唱。因为《诗经》中《雅》《颂》的每一首诗都是用来在宗庙祭祀、王族家宴、国家的重大庆典和为君王祝寿等活动时演唱的乐歌，所以这里是暗中表示，大戏楼演唱的乐词可与《诗经》中的《雅》《颂》诗篇媲美。

颐乐殿后厦匾

穰福申猷

穰福：祈求上天降福。穰，通"禳"，祈祷、向神祈求。《史记·滑稽列传》："今臣从东方来，见道旁有穰田者。"司马贞索隐："谓为田求福穰。"福，福运、福气，或用作动词，赐福、造福的意思。《左传·庄公十年》："小信未孚，神弗福也。"《明史·太祖纪》："若不能福民，则是弃君之命。"

申猷：连续不断。申，再、重复、持续。猷，用作副词，表示某种情况的持续。可译为"不断"。

穰福申猷：就是祈求上天持续不断地消灾赐福。

颐乐殿后厦联

八极咸周高悬轩镜朗
九成并奏静契舜琴和

八极：八方极远的地方。这里是代指四面八方。极字古读入声，属仄。

咸周：同义复词。咸与周同义，周遍、周围、周到的意思。《庄子·知北游》："周，遍，咸，三者异名同实，其指一也。"唐·武则天《唐大飨拜洛乐章·禋和》："奠享咸周，威仪毕备。"

轩镜：轩辕镜，泛指光亮如镜之物。这里代指舞台上的照明灯具。轩辕即黄帝。传说，镜是黄帝创制的。据《轩辕内传》说："（黄）帝会王母于王屋山，铸镜十二，随月用之。此镜之始也。"南朝梁·任昉《述异记》："饶州俗传轩辕氏铸镜于湖边，今有轩辕磨镜石，石上常洁，不生蔓草。"宋·赵希鹄《洞天清禄集》说："轩辕镜，其形如球，可作卧榻前悬挂，取以辟邪。"元·武汉臣杂剧《生金阁》第四折："只愿老爷怀中高揣轩辕镜，照察我这悲悲痛痛，酸酸楚楚，说无休，诉不尽的含冤负屈情。"

九成：犹言"九重""九层"，本是用来形容极高。汉·王延寿《鲁灵光殿赋》："渐台临池，层曲九成。"这里是借以形容乐器很多。

静契：无声契合，默契。

舜琴：相传为虞舜创制的五弦琴。汉·应劭《风俗通义·声音》："舜弹五弦之琴，歌南风之诗，而天下治。"这里是对琴的美称。

和：适中、恰到好处。

上联是说，戏台上和戏台周围，高高地悬挂着明亮的灯炬，把舞台照得朗然如昼。下联说，舞台上很多种乐器合奏，互相配合默契，琴声和雅，箫管谐协，曲调合律，节奏合拍。演奏的乐曲美妙动听。

庆善堂

庆善堂在颐乐殿后面，是慈禧太后来此看戏更衣的地方。

庆善堂匾

焕焯珍符

焕焯：光芒四射。《晋书·庾阐传》："焕乎若望，舒耀景而焯群星。"焕，放射光彩、明亮。《文选·（史孝山）出师颂》："皇运来授，万宝增焕。"宋·尚用之《和韵》诗："直疑星斗焕光芒。"焯，照耀。清·戴启文《圆明园词》："偶然润色到山川，留得天章焯云汉。"

珍符：上天显示的吉祥征兆，也作"祯符""天符"。符，本是古代一种行使权力的信物，最初是用圭玉制成的。古人把圭玉叫作"瑞"。《说文·土部》："圭，瑞玉也。"所以符也称"瑞"，或合称"符瑞"。符瑞被后世的术士附会为一种吉祥的征兆。汉·司马相如《封禅文》："且天为质暗，示珍符，固不可辞。"《后汉书·班彪传》："于是圣皇乃握干符，阐坤珍。"李善注："乾符、坤珍谓天地符瑞也。"唐·武则天《享昊天乐》第九："祯符降昊穹，大业光寰宇。"

焕焯珍符是说，上天非常明显地示现出了吉祥征兆。

庆善堂门柱联

庆善堂门柱联

　　天香低度金蚪暖
　　宫殿遥看彩凤飞

天香：宫廷中用的熏香、御香。这里是指散发出的香气。唐·李郢《江上逢羽林王将军》诗："雕没夜云知御苑，马随仙仗识天香。"唐·皮日休《送令狐补阙归朝》诗："朝衣正在天香里，谏草应焚禁漏中。"

低度：淡淡地飘散。低，细微。度，飘洒、发散。唐·李绅《城上蔷薇》诗："新蕊度香翻宿蝶，密房飘影戏晨禽。"

金蚪：用铜制成蝌蚪状的香炉或熏笼。这里是泛指熏笼。

暖：和暖。这里是指心情、情感上的暖意。

宫殿：指颐乐殿。

遥：本指距离远，这里引申指隐隐约约。

彩凤：色彩斑斓的凤凰。凤凰这种虚拟的美丽大鸟，在我国有着特定的文化内涵，它是皇帝配偶的象征。在慈禧太后执政期间，凤凰的象征义，更为慈禧太后所独占。在皇家建筑的石雕上，凡有龙凤图案的，都是凤在上龙

庆善堂东厢匾

庆善堂东厢联

在下，其象征意义是十分明显的。这里的"彩凤"当然也不例外。

全联是从演员的角度，述说在戏台上感受到的情形：由颐乐殿里的熏笼中飘散过来的淡淡香气，使人心中感到暖意洋洋；在颐乐殿中看戏的慈禧太后，衣着华丽，看上去隐隐约约就像一只由天上飞来的凤凰。

联中"看"字读阴平，如刊。

此联化自宋·曾巩《和史馆相公上元观灯》诗："九衢仙仗豫游归，宝烛星繁换夕辉。传盏未斜清禁月，散花还拂侍臣衣。天香暗度金虬暖，宫扇双开彩凤飞。法曲世人听未足，却迎朱辇下端闱。"

庆善堂东厢匾

春陶嘉月

春陶嘉月：欢乐地度过美好的岁月。春，喜色。陶，快乐、高兴。《礼记·檀弓下》："人喜则斯陶，陶斯咏。"（大意是，人遇到喜事就会高兴，高兴就要歌咏。）嘉月，美好的岁月。匾语的意思是说，慈禧太后的一生都是在美好的岁月中快乐地度过。题匾与楹联相配非常贴切。

庆善堂东厢联

上林万树连西掖
北极诸星拱太微

此联与排云殿院内的紫霄殿楹联相同。

上林：同义复合词。"上"和"林"义同，都是指君王、皇帝。《书·君陈》："违上所命，从厥攸好。"《史记·高祖本纪》："上问左右，左右欲击之。"《尔雅·释诂》："林，君也。"邢昺疏："皆天子诸侯南面之君异称也。"《诗经·小雅·宾之初筵》："百礼既至，有壬有林。"《毛传》："林，君也。"这里特指咸丰皇帝（慈禧太后的丈夫）。

树：门屏，照壁。《尔雅·释宫》："屏谓之树。"郭璞注："（屏），小墙当门中。"《孔子家语·曲礼子贡问》："旅树而反坫。"王肃注："树，屏也。天子外屏，诸侯内屏。"（天子的影壁在门外，诸侯的影壁在门内）《礼记·郊特牲》："台门而旅树……大夫之僭礼也。"郑玄注："屏谓之树，树所以蔽行道。"旧时宅院在院门里面筑一道小短墙，避免由院外直接看到院内（风水学认为可以"拢气"），北方民间称为影壁。这里代指宫廷内的院落，因为院落里住着嫔妃，所以又代指嫔妃。万树，是说嫔妃众多。

西掖：掖，原义是在旁扶持，引申泛指旁边、两旁。也指宫殿两旁的房舍。唐·郭元振《王昭君》诗："自嫁单于国，长衔汉掖悲。"《宣和遗事·前集》："至宣和殿，只三楹，左右掖亦三楹。"西掖就是西边近旁。三国魏·刘桢《赠徐干》诗："谁谓相去远，隔此西掖垣。"这里的西掖是指慈禧太后在皇宫内居住的西六宫，因其在皇帝寝宫（所谓的正宫）的西侧紧邻，故称西掖，俗称西宫。慈禧太后也因此被世人称为西太后。

拱：环绕、拱卫。晋·潘岳《籍田赋》："若湛露之晞朝阳，似众星之拱北辰也。"

太微：即太微垣，我国古代天文学星官名。古代天文学将天体划分为三垣、二十八宿共三十一个天区，每区以一垣或一宿为主体，包含其周围多少不等的星官。宋·王应麟《小学绀珠·天道》说："三垣：上垣太微（十星），中垣紫微（十五星），下垣天市（二十二星）。"太微垣是三垣中的上垣，有星十颗，从地面望去，呈屏藩形排列。古人认为，太微是三光之廷，即天庭，是天子的朝堂。《天官星占》说："太微之宫，天子之庭，五帝之坐也。"《淮南子·天文》："太微者，太一之庭也。"（《史记·天官书》张守节正义："泰一，天帝之别名也。"）这里是用来比喻慈禧太后的地位。

联中北极二字古代均读入声，属仄。

此联是对慈禧太后一生的高度概括。上联用写实的手法叙述了咸丰皇帝在世时，懿贵妃（慈禧）倍受宠爱的特殊地位：皇宫内的院落很多，慈禧住的西宫紧邻皇帝的寝宫。言外之意是后宫嫔妃众多，只有懿贵妃最受皇上宠爱。正如白居易在《长恨歌》中所说的"后宫佳丽三千人，三千宠爱在一身"。

庆善堂西厢匾

一个"连"字，不仅写出了两宫紧邻，而且表达了两心、两情紧密无间的情形，把宠爱和被宠爱刻画得十分鲜明。下联用比喻的手法描述了咸丰皇帝死后，慈禧太后一步登天，万人仰望，唯我独尊，位居人间极品地位的情形。扬扬得意之情溢于言表。

在慈禧太后看来，活到这把年纪（年近六旬），混到这个份上，也算是人生极品了。大概在享受闲暇娱乐之时和生日大典接受群臣叩拜之际，常回忆这些往事，心中不免产生沾沾自喜的满足之感，所以对这副楹联似乎情有独钟，不仅在这里悬挂，同时还挂在紫霄殿的门柱上。这种一联两挂的现象，在颐和园里是绝无仅有的。联中的"北"字，即古"背"字，背即指前后的后（繁体字写作"後"），后与"后"（皇帝的妻子）通。故此联用碎锦格明嵌西、太二字，暗嵌一个"后"字。

此联摘自明·曾棨《新馆内值》诗："华馆深沉直禁闱，彩甍丹碧焕翚飞。上林万树连西掖，北极诸星拱太微。绕砚龙香裁诏罢，隔帘莺语退朝归。应知几度青绫夜，月转金茎露满衣。"这里仅借其字，另寓新意。

庆善堂西厢匾

郁绕祥氲

郁绕：醇香四溢。这是对美酒的称赞。郁，香气浓郁。绕，缭绕。

祥氲：祥和的气氛。这是对饮酒和演出场面的赞许之辞。祥，祥和、祥和的气氛。氲，氤氲（叠韵联绵字），本为大气弥漫的样子。这里是气氛、氛围的意思。

郁绕祥氲，就是充满了欢乐祥和的气氛。这是对此处楹联意境的补充。

庆善堂西厢联

庆善堂西厢联

殿上尧尊倾北斗
楼前舜乐动南薰

尧尊：尧酒。尧，传说是上古时期的一位部落联盟首领，名放勋，号陶唐氏，史称唐尧。传说尧帝善饮酒。唐·徐坚《初学记·器物部·酒》引《孔丛子》说，有一次平原君强迫子高喝酒，并说："尧舜千钟，孔子百觚，子路嗑嗑，尚饮百榼。"后世遂有"尧酒千钟"之说。尊，酒器。《礼记·明堂位》："尊用牺、象、山罍。"郑玄注："尊，酒器也。"后来字写作"樽""罇"。古人常以"尊"代指酒。唐·郑还古《博异志·杨知春》："凶徒竞饮之，甘芳如人间上樽之味。"

倾北斗：用北斗七星组成的勺子舀酒、斟酒。极言饮酒之畅快。《诗经·小雅·大东》："维北有斗，不可以挹酒浆。"这里反用其意。《楚辞·九歌·东君》："援北斗兮酌桂浆。"李白《短歌行》诗："北斗酌美酒，劝龙各一觞。"

舜乐：舜作的《韶》乐。舜，传说是上古时期一位部落联盟首领，名重华，属有虞氏，史称虞舜。乐，韶乐。传说是虞舜所作。汉·应劭《风俗通义·声音》："夫乐者，圣人所以动天地，感鬼神，安万民，成性类者也……故尧作《大章》，舜作《韶》。"因为《论语·八佾》中说："子（孔子）谓《韶》，尽美矣，又尽善也。"所以这里的"舜乐"是用来形容所奏乐曲尽善尽美。

动南熏：歌唱《南风》之诗。动，劳作，这里指演唱、演奏。南熏，《南风》诗。因诗中有"南风之熏兮"句，故称。熏，温暖、和煦。《孔子家语·辩乐解》："昔者舜弹五弦之琴，造《南风》之诗。其诗曰：'南风之熏兮，可以解吾民之愠兮！南风之时兮，可以阜吾民之财兮！'"

上联说，殿堂上君臣酒逢知己，开怀畅饮。下联说，（大戏楼）舞台上，尽善尽美的乐曲伴奏着演唱歌功颂德的诗篇。联中把皇帝（慈禧太后）比作尧舜，暗示大清王朝统治的天下是尧天舜日的升平世界。唐·白居易《太平乐词二首》其二："湛露浮尧酒，熏风起舜歌。愿同尧舜意，所乐在人和。"这也正是此联要表达的意思。

此联化用唐·王维《大同殿柱产玉芝龙池上有庆云神光照殿百官共睹圣恩便赐宴乐敢书即事》诗中句。全诗是：欲笑周文歌宴镐，遥轻汉武乐横汾。岂知玉殿生三秀，讵有铜池生五云。陌上尧尊倾北斗，楼前舜乐动南熏。共欢天意同人意，万岁千秋奉圣君。

德和园本是供极少数人听戏娱乐、消愁解闷的地方，本没有什么更深的蕴涵之义。纵观德和园的匾额与楹联，所言之事甚简，所用语言却古奥深邃，不易弄懂。苏东坡在《与谢民师推官书》中批评西汉时期的扬雄，说："扬雄好为艰深之词，以文（写）浅易之说，若正言之，则人人知之矣。"这个评论用在这里也是比较恰当的。但就其创作艺术而言，所用典故、成语均贴切主题，自然得体，对仗工稳，语言流畅，显示了作者制联的高超造诣。然而，这些吉词丽句，无非是用来粉饰太平、掩盖朝廷内忧外患的局势，为统治者的极度奢华享乐进行开脱，却无法阻止，也不可能阻止王朝末日的降临。

长廊及万寿山山前景区

长廊

长廊

长廊是沿昆明湖北岸一条长长的游廊，东起邀月门，西至石丈亭，全长728米，共计273间，廊内外共绘有14000余幅彩画，是世界上最长的画廊。

邀月门
邀月门题名匾

邀月门

邀月：邀请明月。语出李白《月下独酌》诗："花间一壶酒，独酌无相亲。举杯邀明月，对影成三人。"邀月门居长廊最东端，是长廊的起点。朗月升

留佳亭匾

于东方，此门"先"得之。过了此门便进入了山水风景区，那湖光山色犹如一壶美酒，醇香四溢，邀月同饮，天人共享，以尽其乐。

留佳亭
留佳亭题名匾

留佳亭

留佳：春光长在。留，久、长久。《尔雅·释诂下》："留，久也。"佳，佳气，泛指美好的春光。唐·储光羲《洛阳道五首献吕四郎中》诗："大道直如发，春日佳气多。"

长廊自东向西分布四个亭子，有人说分别象征春、夏、秋、冬四季。留佳亭是东数第一亭，象征春季，也是赏春景的好地方。乾隆皇帝《留佳亭》诗中说："春景虽迟迟，春意亦融矣。柳绿及桃红，弗久应至耳。是亭曰留佳，盖因纳赏起。"

留佳亭匾（一）

草木贲华

草木贲华：草和树木开花，意为春天到了。贲，音 bì，美化、装饰。《广雅·释诂》："贲，美也。"王念孙疏证引《周易·序卦传》曰："贲者，饰也。"华，即花。

匾语源自《尚书·汤诰》："天命弗僭，贲若草木。"意思是天命不会有差错，按时节使草木繁荣。南朝梁·刘勰《文心雕龙·原道》引用此意作"草木贲华，无待锦匠之奇，夫岂外饰？盖自然耳。"大意是，草木开放鲜艳之花，不是靠织锦匠人的技巧加工而成的，是天然开放的，这是大自然的力量啊！

此匾引用作为叙景，表示春天降临，百花盛开。

留佳亭匾（二）

文思光被

文思光被：君王治理天下的才智与道德广布四方。文思，指才智与道德，古代专用以称颂帝王。光被，广施、布满。光，通"广"。被，遍布。

匾语源自《尚书·尧典》："帝尧曰放勋，钦明文思安安，允恭克让，光被四表，格于上下。"大意是，尧帝的名字叫放勋，他治理天下的才智和谦恭让贤的美德传布四方。后世遂用"文思光被"来颂扬君主才华出众、恭谨谦和的美德。《文心雕龙·时序》引此意作"今圣历方兴，文思光被，海岳降神，才英秀发"。

留佳亭匾（三）

璇题玉英

璇：一种玉，或仅次于玉的美石。《山海经·中山经》："（升山）黄酸之水出焉，而北流注于河，其中多璇玉。"

题：本义为额头，引申为屋檐的椽子头。南朝宋·鲍照《代君子有所思行》："绣甍结飞霞，璇题纳行月。"也叫"榱题"。《孟子·尽心下》："堂高数仞，榱题数尺。"

玉英：精美的玉。《楚辞·九章·涉江》："登昆仑兮食玉英，与天地兮同寿，与日月兮齐光。"洪兴祖补注引《援神契》曰："玉英，玉有英华之色。"

璇题玉英就是用美玉装饰房屋的椽头。语出《文选·（扬雄）甘泉赋》："珍台闲馆，璇题玉英。"李善注引应劭曰："题，头也。榱椽之头皆以玉饰，言其英华相烛也。"这里是用来赞美此处观察到的佛香阁建筑的豪华精美。

对鸥舫

对鸥舫是昆明湖北岸东部临湖的一个敞轩，北侧有步廊与长廊连接。

题名匾

对鸥舫

对鸥：就是与鸥鸟情投意合。对，投合。俗语把情投意合说成"对脾气"。

《醒世恒言·卖油郎独占花魁》："又有一等痴心的子弟，晓得小娘心肠不对他，偏要娶她回去。"对鸥，典出《列子·黄帝篇》："海上之人有好沤（亦作'鸥'，下同）鸟者，每旦之海上，从沤鸟游，沤鸟之至者百柱（数）而不止。其父曰：'吾闻沤鸟皆从汝游，汝取来，吾玩之。'明日之海上，沤鸟舞而不下也。"大意是说，有一个住在海边的人，很喜欢鸥鸟，每天早晨都来到海边与鸥鸟交游戏耍，鸥鸟到这里来的有数百只。有一天他的父亲对他说，"我听说鸥鸟都和你交往，你把它捉来，供我玩乐。"第二天，这个人来到海边，鸥鸟在空中飞舞，再也不下来了。关于这段故事，晋朝时期的张湛评论说，"心动于内，形变于外，禽鸟犹觉，人理岂可诈哉！"《三国志·魏志·高柔传》注引孙盛曰："机心（机巧诡诈之心）内萌，则鸥鸟不下。"这就是说，一个人如果萌生了机巧诡诈之心，他的外表是会表现出来的，连禽鸟都能察觉到，从而远离他。

后世常用此典劝谕人们不要存有心机，而应以亲善之心对待一切事物。杜甫《江村》诗："自去自来梁上燕，相亲相近水中鸥。"王维《积雨辋川庄作》诗："野老与人争席罢，海鸥何事更相疑？"李白《鸣皋歌送岑征君》："白鸥兮飞来，长与君兮相亲。"这里"对鸥舫"用此典，意在表明，来这里的人都是纯真质朴之人，不存机巧诡诈之心，与各类水鸟都相投合，鸥鸟尽可在这里自由翔翥。

对鸥舫是一处临湖敞轩，视野开阔，在这里观赏湖中水鸟自由飞翔嬉戏，便会自然而然联想到上面的这个典故。乾隆皇帝《对鸥舫》诗说："临水阁斋似舫浮，凭栏常见浴闲鸥。自缘观物化机寓，相狎宁希隐者流。"诗的后两句说的就是这个典故。

对鸥舫匾

函海养春

函海养春："函之如海，养之如春"的略语。意为像大海那样包容万物；像春天那样养育万物。语出《文选·（班固）答宾戏》："方今大汉，洒扫群秽，夷险芟荒……其君天下也，炎之如日，威之如神，函之如海，养之如春。是以六合之内，莫不同源共流。"

匾语意在借对大汉天子的颂扬之辞，培养坦荡开阔的胸襟。与题名匾的意思略同。

寄澜亭廊（一）

寄澜亭

寄澜亭是长廊东数第二亭。有人说象征夏季。

寄澜亭题名匾

寄澜亭

寄澜：寄情怀于波澜。乾隆皇帝在一首《寄澜亭口号》诗中说："观水曾闻曰有术，澜行亦复藉盈科。"由此可知，这里是用孟子观水养志之意。《孟子·尽心上》说："观水有术，必观其澜。……流水之为物也，不盈科不行；君子之志于道也，不成章不达。"意思是说，看水有方法，一定要看它壮阔的波澜。……流水这种东西，不把眼前的洼地灌满，它就不再向前流；君子有志于道，不取得一定成就，就不能通达。《孟子》这段观澜养志的话，被后人假托孔子之言，演绎成了君子以水比德、修身养性的一条准则。（参见第207页画中游石牌坊楹联注释"观水动"）

寄澜亭廊（一）

烟霞天成

烟霞：阳光照耀下飘荡缭绕的云气，用以形容山水景物优美。唐·殷尧藩《上巳日赠都上人》诗："吾师无所愿，惟愿老烟霞。"宋·柳永《望海潮》词："乘醉听箫鼓，吟赏烟霞。"

天成：不借助人工，天然成就。

烟霞天成：天然形成的山水胜景。

寄澜亭匾（二）　　　　　　　　　　　　寄澜亭匾（三）

寄澜亭匾（二）

夕云凝紫

夕云凝紫：夕阳西下时，云霞呈现出烂漫的紫红色。凝，积聚。唐·王勃《滕王阁序》："潦水尽而寒潭清，烟光凝而暮山紫。"

寄澜亭匾（三）

华阁缘云

缘云：上接云天。缘，攀登、攀缘。汉·王延寿《鲁灵光殿赋》："飞陛揭孽，缘云上征。"杜甫《丈人山》诗："丈人祠西佳气浓，缘云拟住最高峰。"

华阁缘云：华丽的楼阁高耸云霄。这是赞叹在此亭中所见佛香阁的壮观景象。语出曹植《七启》诗："华阁缘云，飞陛凌虚。"

秋水亭

秋水亭是长廊东数第三亭，象征秋季。

秋水亭题名匾

秋水亭

秋水：（观赏）秋季澄澈的湖水。取王勃《滕王阁序》"秋水共长天一色"句义。秋季风霜高洁，天澄水澈。古人在文学作品中，多用"秋水"来状写秋色之明丽。唐·张说《江上愁心赋寄赵子》："秋水平分若天。"李白《杜陵绝句》诗："秋水明落日，流光灭远山。"宋·辛弃疾《水调歌头》词："秋水见毛发，千尺定无鱼。"

秋水亭题名匾　　　　　　　　　　秋水亭匾（二）

秋水亭匾（一）

禀经制式

禀经制式：遵照经典来规范言行，制定法令、政令。禀，遵循。《汉书·礼乐志》："天禀其性而不能节也。"经，对典范著作和宗教典籍的尊称。这里是指儒家经典著作，即《诗经》《尚书》《礼》《易》《春秋》等。式，准则、法度、法规。语出刘勰《文心雕龙·宗经》："若禀经以制式，酌雅以富言。"《文心雕龙》是一部指导文学创作的理论著作。这句话是说，要根据经书来确定文章的格式。但刘勰在《宗经》这一章的开头就说，经是讲天、地、人常理的，是"恒久之至道，不刊之鸿教也。故象天地，效鬼神，参物序，制人纪"。意思是说，"经"是永恒的极精深微妙的道理，是伟大而不可磨灭的。经书取法于天地，征验于鬼神，洞察事物的基本规律，从而制定出人类的纲纪。这样说来，"经"就不仅仅限于指导写文章，还应该是人类纲纪的准则。所以这里引用的"禀经制式"的"式"，应该包含政令、法令及一切言行。

秋水亭匾（二）

德音汪濊

德音汪濊：这是一句颂扬君王声誉美好、仁德深广的话。

德音：含三个意思。（1）好名声、好品德。《诗经·小雅·南山有台》："乐只君子，德音不已。"又《鹿鸣》："我有嘉宾，德音孔昭。"《左传·昭公四年》："是以先王务修德音以亨神人。"（2）指合乎仁德的言词、教令。《国语·楚语上》："忠信以发之，德音以扬之。"《魏书·宗钦传》："足下兼爱为心，每能存顾，养之以风味，惠之以德音。"（3）指帝王所发的施恩宽恤的诏书。

秋水亭匾（三）

汉·桓宽《盐铁论·诏圣》："高皇帝时，天下初定，发德音，行一切之令，权也。"白居易《杜陵叟》诗："不知何人奏皇帝，帝心恻隐知人弊。白麻纸上书德音，京畿尽放今年税。"

汪濊：又深又广的样子。濊，音huì。汉·司马相如《难蜀父老》："威武纷纭，湛恩汪濊。"李善注："汪濊，深貌也。"《汉书·礼乐志·郊祀歌》："泽汪濊，辑万国。"颜师古注："汪濊，言饶多也。"

秋水亭匾（三）（北向）

三秀分荣

三秀：古人认为是灵芝草的别名。据说其一年开三次花，故称三秀。晋·嵇康《幽愤》诗："煌煌灵芝，一年三秀。"灵芝草，菌类植物，寄生于山地枯木上，可供药用，益精气，强筋骨，古人视为瑞草。明·李时珍《本草纲目·菜部·芝》引《瑞命记》云："王者仁慈，则芝草生。"《西游记》第六十四回："金芝三秀诗坛瑞，宝树千花莲蕊香。"

分荣：分枝连叶，长势繁荣茂盛。分，散开、分布、长出新的。唐·李亨（肃宗皇帝）《延英殿玉灵芝诗三章》其一："玉殿肃肃，灵芝煌煌。重英发秀，连叶分房。宗庙之福，垂其耿光。"（"连叶分房"即长势茂盛的意思）《西游记》第五回："白鹤声鸣振九皋，紫芝色秀分千叶。"也用来形容建筑群体的多而壮观。晋·何晏《景福殿赋》："故其增构如积，植木如林，区连域绝，叶比枝分。"（"叶比枝分"义同"分荣"）

这里"三秀分荣"，是称颂佛香阁、排云殿及其周围桂殿兰宫接檐连构的建筑群体，就像一株灵芝，分枝比叶，繁荣昌盛，呈现出一派祥瑞的景象。

匾语出自《宋史·乐志·乐章七》："晨敷表异，三秀分荣。书于瑞典，光我文明。"

其实，灵芝是不开花的，只在温度、湿度条件适宜时，由芝盖背面的缝隙中喷出粉状的种子，称为孢子粉。喷粉次数视条件而定，不一定每年三次。把灵芝称作三秀，大概是由东汉时的王逸注《楚辞》引起的。《楚辞·山鬼》有句曰"采三秀兮于山间"，王逸《楚辞章句》注解说："三秀，谓芝草也。"后人以此为据，便称灵芝草为三秀。到了清代，朱骏声指出这是一种误解，他在《说文通训定声》中说："灵芝之说起于汉，古芝即菌。王逸注：'三秀，芝草，失之。'"

鱼藻轩

鱼藻轩在长廊西段的南侧，临湖。有短廊与长廊相连。

鱼藻轩题名匾

鱼藻轩

鱼藻：是鱼在水中吞食和嬉戏的情形，也是《诗经·小雅》中的篇名，全诗三章，均以"鱼在在藻"起兴。其第一章是"鱼在在藻，有颁（音 fén，头大的样子）其首。王在在镐，岂（通'恺'，安乐）乐饮酒。"全诗是赞美周武王灭殷后在镐京宴饮安乐。藻，一种低等自养（有叶绿素可以自己制造养料）的植物，种类很多。这里指水藻，是鱼类的主要饵料。乾隆皇帝以"鱼藻"名此轩，既写出了鱼在水草中游乐的眼前实景，也暗寓了自己可比周武王。

鱼藻轩匾（一）

鞶鉴可征

"鞶鉴可征"出自南朝梁·刘勰《文心雕龙·铭箴》："及崔、胡补缀，总称《百官》，指事配位，鞶鉴可征。"《铭箴》一文是讲如何写好铭文和箴文的。这段话是说，（扬雄模仿古《虞人之箴》写了各种官吏的箴文二十五篇）后来崔骃、崔瑗父子和胡广等人又加以补充，共四十八篇，总称为《百官箴》，按照不同的官位，提出应该箴戒的事项，真正起到了鉴察往事、警戒未来的作用。

鞶：古人系在腰间用来束衣的大带。常用佩玉饰。男子的鞶带是用皮革制的。《说文·革部》："鞶，大带也。《周易》曰：'或锡之鞶带。'男子带鞶，妇人带丝。"

鞶鉴：《左传·庄公二十一年》："郑伯之享王也，王以后之鞶鉴予之。"杜预注："鞶带而以鉴为饰也。"孔颖达正义曰："鞶是带也，鉴是镜也。此与定六年传皆鞶鉴双言，则鞶鉴一物，故知以镜饰带。"这句话译成口语是："鞶"是大带子，"鉴"就是镜子。这里说的"王以后之鞶鉴予之"和《左传·定公六年》中说的"定（卫定公）之鞶鉴"句，都是将鞶和鉴两个字放在一起，就可以断定鞶鉴是为一个物件，因而知道鞶是用镜子装饰的带子。杨伯峻先生《春秋左传注》也说："鞶是大带，亦名绅带。鉴，镜也。鞶鉴为一物，大带而饰之以鉴者。"又说："然至今未见实物。"以上诸家都说鞶鉴是装饰着镜子的束腰大带（按，古镜均为铜制，如此重物挂在腰间，甚感不便，故此说颇值得怀疑），但至今考古发掘未见实物。鞶鉴，又可引申为"明显"，《文心雕龙·铭箴》篇即用此义，"鞶鉴可征"就是鉴察往事、警戒未来的意思。

"鞶鉴"一词，本为偏正结构，此处匾额引用当为偏义复词，偏重指鉴，与束腰用的大带子已无瓜葛。鉴，这里既是名词"镜"，又作动词"照""察"，引申为借鉴，用作比喻。古人用镜作喻，由来已久。《尚书·酒诰》中就说："古人有言曰：'人无于水监，当于民监。'"（监通'鉴'。下同）意思是说，人不要只用水察照自己，应当用民情来察看自己。同样的意思，《墨子·非攻》说得更详细一些："古者有语曰：'君子不镜于水而镜于人，镜于水，见面之容，镜于人则知吉与凶。'"一代明君李世民和他的朝廷班子对鉴借十分重视。魏征曾向李世民建议，以隋朝的灭亡为借鉴，他说："夫监形之美恶，必就止水；监政之安危，必取亡国。《诗经》曰：'殷鉴不远，在夏后之世。'臣愿当今之动静，以隋为鉴，则存亡治乱可得而知。"（《新唐书·魏征传》）魏征死后，唐太宗感到自己痛失一镜，悲痛不已，他说："以铜为鉴，可正衣冠；以古为鉴，可知兴替；以人为鉴，可明得失。朕尝保此三鉴，内防己过。今魏征逝，一鉴亡矣！"白居易对唐太宗的"三鉴"之说推崇备至，专门写诗赞扬："太宗常以人为镜，鉴古鉴今不鉴容。四海安危居掌内，百王治乱悬心中。乃知天子别有镜，不是扬州百炼铜。"（《百炼镜》）

征：征信、凭据、凭证。《左传·昭公八年》："叔向曰：'子野之言君子哉！君子之言，信而有征，故怨远于其身。小人之言，僭而无征，故怨咎及之。'"

"鞶鉴可征"匾悬挂在鱼藻轩北向，再向前走几步便到了水边。此匾意

清遥亭匾

在警示皇帝及后世子孙（或许还有陪同来此的大臣），要遵循古训，不能只以水（铜）为镜，应该以民为镜，以古为镜，以人为镜，方能成就帝德。

鱼藻轩匾（二）

芳风咏时

芳风咏时： 用高雅的诗文颂扬当今美好的时代。

芳风： 花的香气。常用来比喻格调高雅的诗文。晋·潘尼《赠陆机出为吴王郎中令》诗："玩尔清藻，味尔芳风，泳之弥广，挹之弥冲。"

此匾表面说风光，实为赞时政。

清遥亭

清遥亭是长廊东数第四亭，象征冬季。

清遥亭题名匾

清遥亭

清： 纯净、明澈。也指天空晴朗空气清新。

遥： 距离远、时间久。

这里"清遥"一语，含有多层意思。

（1）指昆明湖湖水清澈，湖面宽广。这是眼前实景。

（2）指天高气爽，景物清新，登此亭远望，水天一色，悠悠无际。晋·湛方生《天晴》诗："清气朗山壑，千里遥相见。"陶潜《己酉岁九月九日》诗："清气澄余滓，杳然天界高。"与此意境略同。

（3）暗指大清王朝政治清明，可以子孙万代永久地传下去。

清遥亭匾（二）

此匾既道出了眼前实景，也赞誉当朝时政。

清遥亭匾（一）

云郁河清

云郁河清：彩云纷呈，黄河水变清。这是对君王和王朝的溢美之词。出自《北齐明堂乐歌·武德乐》："丹书入告，玄玉来呈。露甘泉白，云郁河清。"（宋·郭茂倩《乐府诗集》卷三）

云郁：云气聚集、升腾。《神仙传·巫炎》："武帝出见子都于渭桥，其头上郁郁紫气高丈余。"

河清：黄河水变清。喻圣君临世，天下太平。河，古代专称黄河。黄河水本混浊，但也偶有变清的时候，古人认为这是君王圣明、世道升平的征兆。《易乾凿度》卷下说："天之将降嘉瑞应，河水清三日。"明·张居正《承天大志纪赞·龙飞纪》："吾圣主始生，此河清者三日。黄河清，圣人出，今果然矣。"

清遥亭匾（二）

俯镜清流

俯：本为低头。又与"腑"同音。借为"腑"，喻指内心、胸怀。

镜：本为照察。又与"境"同音。借为"境"，境地、境界。

俯镜：低头照视。谐音双关，又为"腑境"，即内心境界。

清流：清澈的流水。也喻指品行端正、盛负名望之人。

俯镜清流，表面上是说低头照水，实则在劝谕人们应该做一个品行端庄、内心境界高远、众望所归的人。

清遥亭匾（三）

长廊西端匾

此匾运用谐音双关词格，言在此而意在彼，含蓄曲折，意蕴深长。

汉·班固《西都赋》的"祛褵（qū fù）帐，镜清流，靡微风，澹淡浮"，晋·潘岳《怀旧赋》的"仰睎归云，俯镜泉流"，晋·闾丘冲《三月三日应诏诗》二首其一，"临川挹盥，濯故洁新。俯镜清流，仰睎天津"，均为本匾语所本。

清遥亭匾（三）

斧藻群言

斧藻群言：借取众人之言，弥补自己的缺失，修养自己的品性。

斧藻：斧削藻饰。意为修改、加工、润色。《文选·（张华）女史箴》："斧之藻之，克念作圣。"南朝齐·王融《三月三日曲水诗序》："斧藻至德，琢磨令范。"

群言：各种人物的话。

此匾挂在清遥亭北向，正对听鹂馆，听鹂馆是皇帝听戏的地方。匾意便是针对戏剧而言。在戏剧人物中，上自帝王将相，下至平民百姓、三教九流，五行八作无所不包，各种言论都会出现，其中不乏对自己有所裨益者，故有此题。

匾语出自刘勰《文心雕龙·原道》："重以公旦多材，振其徽烈，制《诗》缉《颂》，斧藻群言。"

长廊西端匾

化动八风

化：教化，教育感化。《汉书·文帝纪赞》："（孝文皇帝）专务以德化民，是以海内殷富……呜呼，仁哉！"

动：变化、使之变化、改变。宋·郭茂倩《乐府诗集》卷八曹毗《晋江左宗庙歌·歌高祖宣皇帝》："勋格宇宙，化动八区。"

八风：八方（即天下，指政权所达之处）之民的风俗。《文选·（班固）东都赋》："痛乎风俗之移人也。"李善注引《汉书》曰："人有刚柔缓急，音声不同，系水土之风气，故谓之风；好恶取舍，动静嗜欲，故谓之俗。"《华阳国志》说："古者天子有輶车之使。自汉兴以来，刘向之徒但闻其官，不详其职，惟（林）闾与严君平知之，曰：'此使考八方之风雅，通九州之异同，主海内之音韵，使人主居高堂，知天下之风俗也。'"

此匾挂在长廊最西端，其北侧不远处即听鹂馆。和"斧藻群言"匾一样，也是针对戏曲而言的。老话儿说得好，说书唱戏是劝人的方儿。戏曲的教化作用，是其他形式不能取代的。它用生动形象的形式宣扬忠孝节义，正风化而匡人心，使人心向善，移风易俗，促社会安宁。"为政之要，辩风正俗，最其上也。"（汉·应劭《风俗通义序》）统治者的第一要务就是教化，此匾语便是对戏曲教化作用的肯定。

匾语出自南朝梁·刘勰《文心雕龙·乐府》："敷训胄子，必歌九德，故能情感七始，化动八风。"

石丈亭

石丈亭内之奇石

石丈：代指体积较大的奇石、美石。用宋代米芾拜石的典故。米芾（1051—1107），一名黻，字元章。丹徒（今江苏镇江）人，世居太原，后徙襄阳，故也叫米襄阳、米南宫。因行为举止怪异，世又称"米颠"。曾以太常博士出知无为军。能诗文，擅书画，召为书画学博士。书工行草，与蔡襄、苏轼、黄庭坚合称宋四家。平生酷爱奇石，据叶梦得《石林燕语》卷十载："米芾诙谲好奇……知（主管）无为（地名，在安徽省）军，初入州廨（xiè，官署），见石颇奇，喜曰：此足以当吾拜。遂命左右取袍笏（官服）拜之。每（常常）呼曰'石丈'。"后世遂以"石丈"为奇石的代称。清·查慎行《卢肇宅石笋一株犹存，相传唐时故物也》诗："地以名流著，人探古迹来。便应呼石丈，幸不中碑材。"

石丈亭院内竖一奇石，高丈余，骨势嶙峋，蜂穴栉比，集瘦、漏、透、皱于一身，弥足珍贵。

养云轩

养云轩门楼

正殿匾

养云轩

养云：意为蓄云施雨，滋润稼禾，企望丰年。体现了重农桑、恤民本的思想。《孟子·梁惠王上》"天油然作云，沛然下雨，则苗浡（bó）然兴之矣"，宋·王庭珪《和周秀实〈田家行〉》诗"连宵作雨知丰年，老妻饱饭儿童喜"，说的都是旱而得雨的喜悦心情，与"养云"的思想感情是一致的。由于有这种思想，乾隆一辈子都对地方旱涝晴雨、收成丰歉极为关注，他曾说："忧愁二字，朕惟于望雨悯农用之。于军务亦未至于忧愁困苦。"

养云的目的是为了降雨，然而不该下的雨不是好雨，甚至会酿成灾害，只有恰逢其时、应时而降的才是好雨。杜甫《春夜喜雨》诗说："好雨知时节，当春乃发生。随风潜入夜，润物细无声。"乾隆皇帝也说："蓄以发应时，为霖利大田。"（乾隆二十年《养云轩》诗）为了表示"养云"降的都是好雨，乾隆皇帝特意将养云轩院门楼建成坐钟的样式。钟是用来指示时间的，代指"知时"，与轩名"养云"匹配，表明了所养之云降的都是"利大田"的"知时"好雨。

养云轩门楼题额

川泳云飞

川泳云飞：河水不断地流淌；云彩仍在空中飞扬。这是述说下雨天的情形。说明雨量充沛，丰年有望。泳，泛指在水中或水上浮行。《尔雅·释言》："泳，游也。"这里引申为流淌。

唐·韩愈《徐、泗、濠三州节度掌书记厅石记》："鱼川泳而鸟云飞也。"或为此额文字所本。

养云轩门楼联

天外是银河　烟波宛转
云中开翠幄　香雨霏微

烟波：雾霭苍茫的水面。唐·崔颢《黄鹤楼》诗："日暮乡关何处是，烟波江上使人愁。"白居易《西湖晚归回望孤山寺赠诸客》诗："烟波澹荡摇空碧，楼殿参差倚夕阳。"

宛转：回旋、盘曲、蜿蜒曲折。唐·张若虚《春江花月夜》诗："江流宛转绕芳甸，月照花林皆似霰。"

翠幄：华美的帐幕。《文选·（左思）吴都赋》："蔼蔼翠幄，袅袅素女。"翠，形容华美。幄，帷帐。这里比喻密布的阴云。三国魏·徐干《齐都赋》："翠幄浮游。"

香雨：好雨、喜雨。唐·李贺《河南府试十二月乐词·四月》："依微香雨青氛氲，腻叶蟠花照曲门。"香，赞美之词。

霏微：迷蒙的样子。元·方回《春晚杂兴》诗："霏微小雨初晴处，暗数青梅立树阴。"清朝爱新觉罗·玄烨（康熙皇帝）《登灵岩》诗："霏微灵雨散春烟，按辔逍遥陟翠巅。"

此联和题额一样，说的也是下雨的情形。全联是说，雨像是从天外的银河那里倾泻下来，使河湖水面苍茫一片；天空的云彩像是开启了幔帐，把雨"放"了出来，使迷蒙的喜雨下个不停。

全联围绕"雨"构思，雨是核心，是实质。作者知道，不下雨，养云是没有用的，正如他（乾隆皇帝）在一首《养云轩》诗中所说"养而施为益（谓作雨——作者自注，下同），养而靳为损（谓弗雨）。"（乾隆五十年作。靳，音 jìn，吝惜，不肯给予）联中用了"天外""银河""云中""翠幄"等字眼，使联语波澜壮阔，气势磅礴，而"宛转""霏微"又把雨、水描摹得细致入微，造成全联语气跌宕起伏，极具声色。下联的"香"字，更是点睛传神之笔，把作者对天降甘霖的喜悦和对五谷丰登的企盼之情，表达得淋漓尽致。

无尽意轩

正殿匾

无尽意轩

无尽意：意趣无穷尽。按照乾隆皇帝的意思，这里的"意"有二解。一指情趣、意味。是就自然风景而言。无尽意轩在养云轩之西邻，是一个背山面水、环境清幽的小四合院。门前有一湾荷花池。每逢盛夏，水清荷艳，清香四溢。透过长廊便见湖水茫茫，水禽嬉戏，菰蒲婆娑。大自然呈现出万种风光，无尽意趣。这就是乾隆皇帝在《无尽意轩自颂》诗中所说："轩窗纳万景，故名无尽意。"在另一首《无尽意轩》中又说："轩纳湖山景，其意本

无尽意轩匾

无尽。四序以时殊，万状更日引。""意"的另一个意思是想法、见解，是就人对事物的认识过程而言的。人对客观事物的认识总是由表及里、由浅入深，不断有新的见解、新的认识，不会一下子就看得十分透彻。乾隆皇帝在《无尽意轩作歌》诗中举了一些例子来说明人的这种认识过程。他说："轩称无尽意，无尽意堪味。譬学然后知不足，其不足即无尽意。又如莅政与临民，实鲜一劳永逸事。小之问景与阅画，一往穷焉有何致。"大意是，这个轩的名字叫无尽意，这"无尽意"三个字是很耐人寻味的。譬如《礼记·学记》中说，"学，然后知不足"。这"知不足"就是无尽意。又如，从大处说，处理国家及民众之事，很少有一个一劳永逸的办法；从小处说，观赏一处风景或看一幅画儿，也不会一下子就把其中的真意看透。认识事物总是逐步深入，不断进化，永无止境。

此处无尽意轩的"无尽意"与含新亭的"含新"，可作为姊妹篇读。

清华轩

清华轩在排云殿西侧，一墙之隔，背山面水，环境清幽。原为五百罗汉堂，1860年毁于英法联军。光绪时重建，改作生活起居之用，并命为今名。

清华轩正殿题名匾

清华轩

清华：景物清秀，空气清新。南朝宋·谢混《游西池》诗："景昃鸣禽集，水木湛清华。"唐·李世民（太宗皇帝）《大唐三藏圣教序》："松风水月，未足比其清华。"宋·苏辙《贺赵少保启》："呼吸清华，有以期百年之寿。"

清华轩正殿联　　　　　　　　清华轩东厢联

清华轩正殿联

梅花古春　柏叶长寿
云霞异彩　山水清音

这副楹联由四个省略了谓语的短语构成。补全了当为：

梅花报古春　柏叶祝长寿
云霞生异彩　山水有清音

古：起始、开端。《广雅·释诂一》："古，始也。"古春即初春、早春。

柏叶：古代风俗，因柏叶耐寒后凋，古人遂用以泡酒，元旦共饮，以祈长寿。

有：产生、发生、富足。

清音：清越之音。晋·左思《招隐》诗："非必丝与竹，山水有清音。"

下联引自清·梁章钜《楹联丛话》卷十一："怀仁《圣教序》本，集右军遗字而成，近复有集序中字作楹帖者，古雅可喜。五言云：'……云霞生异彩；山水有清音。'"

清华轩东厢联

怀抱同欣　兰幽竹静
觞咏所会　日永风和

怀抱：心胸、心意。晋·王羲之《兰亭集序》："或取诸怀抱，晤言一室之内。"南朝宋·谢灵运《相逢行》诗："邂逅赏心人，与我倾怀抱。"

同：会合、聚集。唐·钱起《送钟评事应宏词下第东归》诗："劝君稍尽离筵酒，千里佳期难再同。"

欣：心中喜乐高兴的样子。晋·陶潜《五柳先生传》："好读书，不求甚解，每有会意，便欣然忘食。"王羲之《兰亭集序》："当其欣于所遇，暂得于己，快然自足。"

兰、竹：代指君子。

幽：高雅、闲适。王羲之《兰亭集序》："一觞一咏，亦足以畅叙幽情。"唐·萧颖士《仰答韦司业垂访》五首其一："主人有幽意，将以充林泉。"

静：恬淡、平和、庄重。唐·方干《书桃花坞周处士壁》诗："自学古贤修静节，唯应野鹤识高情。"

觞咏：饮酒唱歌。觞，盛满了酒的酒杯，代指饮酒。咏，歌唱、曼声长吟。《礼记·乐记》："诗言其志也，歌咏其声也。"王羲之《兰亭集序》："虽无丝竹管弦之盛，一觞一咏，亦足以畅叙幽情。"

会：会意、领悟、理解。《世说新语·言语》："会心处，不必在远，翳然林水便自有濠濮间想也。"宋·陈亮《念奴娇·登多景楼》词："危楼还望，叹此意、今古几人曾会！"

日永：白昼时间漫长。这里引申为阳光灿烂。永，长。

风和：微风和畅。

上联是说，心中总是充满了喜悦之情，那是由于具有像君子那样优雅恬淡的情怀；

下联是说，在一觞一咏之中，心中彻悟了某种道理，使块垒尽消、茅塞顿开，心胸顿觉像阳光灿烂、惠风和畅那样舒爽豁亮。

"觞咏所会"似由欧阳修《采桑子》词十三首前《西湖念语》中"曲水临流，自可一觞而一咏。至欢然而会意，亦旁若于无人"句化出。

"日永风和"由王羲之《兰亭集序》中"天朗气清，惠风和畅"句化出。

清华轩西厢联

清华轩西厢联

玉韫珠怀　山川辉媚
琼滋芝秀　花草精神

韫、怀：蕴藏、包含、含有。

媚：美好、可爱。

上联用晋·陆机《文赋》"石韫玉而山辉，水怀珠而川媚"句义。意思是说，山石中藏有美玉，使山岭增辉；水中含有珍珠，河湖便更加秀美。《荀子·劝学》"玉在山而草木润，渊生珠而崖不枯"，似为《文赋》之句所引。

琼：美玉。常用以比喻美好的事物。这里指花，是花的美称。宋·梅尧臣《依韵和叔治晚春梅花》诗："常是腊前混雪色，却惊春半见琼姿。"（琼姿，指梅花美好的姿色。）

滋：本义为滋生、生长。这里引申为繁茂。

芝：芝草。这里泛指草，做草的美称。

秀：本义为谷类作物抽穗开花。这里引申为长势旺盛。与"滋"互文见义。

精神：形容物有生气。这里形容草木生机勃勃。宋·范成大《再题瓶中梅花》诗："风袂挽香虽淡薄，月窗横影已精神。"

下联说，这里的一草一木都长势旺盛，透出灵气。

这里的三副楹联从不同角度、不同层次描绘了此处清新幽静的自然景况和格调高雅的人文氛围，是对"清华"二字的全面注释。

山色湖光共一楼

山色湖光共一楼

在长廊西段北侧，是一座八面二层三重檐楼阁，其南向悬挂一匾：

山色湖光共一楼

此匾意为，登楼而望，无限风光一览无余，暗寓大清王朝万里江山尽在心中。反映了作者皇权至上的大一统思想意识。

听鹂馆

听鹂馆

听鹂馆题名匾

听鹂舘

鹂：鸟名，即黄鹂鸟，又名楚雀、鸧鹒。因其通体为黄色，故又叫黄鸟、黄莺，俗又称黄栗留、金衣公子等。夏季分布于我国、韩国、日本等地，冬季迁往南亚一带。因其羽色美观，鸣叫声婉转清脆，故常被人们视为观赏鸟。杜甫《江畔独步寻花》诗："流连戏蝶时时舞，自在娇莺恰恰啼。"宋·欧阳修《啼鸟》诗："黄鹂颜色已可爱，舌端哑咤如娇婴。"

听鹂：本为听黄鹂鸣叫之声。这里只借用其字，另寓别意。有个典故，出自唐·冯贽《云仙散记·卷二》，是说，戴颙（378—441，字仲若，谯郡铚县人）春天带上两个柑橘和一壶酒出去，有人问他到哪里去，他说："去听黄鹂的鸣叫声，那声音足以激发我的诗兴。"后世遂常用"双柑斗酒听黄鹂"来代指春日雅游行乐。明·刘泰《春日湖上》诗："明日重来应烂熳，双柑斗酒听黄鹂。"又，王毓岱《乙卯自述一百四十韵》："三窟休营兔，双柑往听鹂。"但乾隆皇帝没有这样的雅兴。他在历年所写的以听鹂馆为题的诗中，一再明确地表示，这里的"听鹂"不含有仿效戴颙携柑酒听鹂声的意思，他说："笑我本非高逸者，双柑何必袭风流。"又，"不是铚人戴仲若，双柑底用寄高情。"又，"岂学双柑戴仲若，只疑唤雨作鸠声。"又，"如簧似管彼常负，斗酒双柑我不为。"他甚至认为，如果谁把这里的"听鹂"理解为含有听黄鹂鸟的鸣叫声，那将是最大的误解，使我的孝母之心大打折扣，简直就是我的一种悲哀。正如他在一首诗中所说，"谁知假借称原幻，戴句无端引我悲。"那么乾隆皇帝用"听鹂"名此馆，用意何在呢？原来听鹂馆是乾隆皇帝为孝敬母亲而建的听曲观剧之所，院内有一座二层戏台。"听鹂"是假借黄鹂鸟的鸣叫声，比喻戏曲曲调的委婉动听和梨园子弟（演员）歌唱的声音清脆嘹亮。用他自己的诗句说，"山馆因何名听鹂？梨园兹向奉慈禧。"（"慈禧"二字是乾隆皇帝对他母亲的敬称，非指后世的西人后。禧，或作"嬉"。）

听鹂馆正门匾

金支秀华

金支秀华：乐器上装饰的华美佩饰，用来形容乐器的精美豪华。金支，乐器上装饰的一种用黄金制成的枝蔓向下呈弯弯曲曲形状的花形饰物。《汉书·礼乐志》："金支秀华，庶旄翠旌。"颜师古注引臣瓒曰："乐上众饰有流遡（sù）羽葆，以黄金为支，其首敷散，若草木之秀华也。"王先谦补注："薛综云：'金作华（花）形，茎皆低曲。'支，古同枝，薛（综）所谓茎也。"杜甫《渼陂行》诗："湘妃汉女出歌舞，金支翠旗光有无。"秀华，开花。

此匾以装饰之精美，状乐器之精良；以乐器之精良，状演奏之精妙。

承荫轩

承荫轩匾

承荫轩在听鹂馆西旁。

承荫轩院门匾

怀仁憬集

怀仁：归服于仁德。怀，归顺。《礼记·礼器》："故君子有礼，则外谐而内无怨，故物无不怀仁。"《文选·（范蔚宗）逸民传论》："群方咸遂，志士怀仁。"唐·李世民（太宗皇帝）《赠萧瑀》诗："勇夫安识义，智者必怀仁。"

憬：远行的样子，也指远方，通常指自远方而来。《诗经·鲁颂·泮水》："憬彼淮夷，来献其琛。"

怀仁憬集，语出南朝宋·颜延之《皇太子释奠会作》诗："怀仁憬集，抱智麇（jūn）至。"意为四方边远之人都归服于仁德之君。寓涵君王圣明，朝政清明。《孔子家语·王言解》说："近者悦服，远者来附，政之致也。"《孟子·梁惠王上》："今王发政施仁，使天下仕者皆欲立于王之朝，耕者皆欲耕于王之野，商贾皆欲藏于王之市，行旅皆欲出于王之涂（途），天下之欲疾（恨）其君者皆欲赴愬（sù，诉，控告）于王。其若是，孰能御之！"汉·王褒《圣主得贤臣颂》："世平主圣，俊乂（yì，才德过人之人）将自至，若尧、舜、禹、汤、文、武之君，获稷、契、皋陶、伊尹、吕望之臣。"唐·王维《送綦毋潜落第还乡》诗："圣代无隐者，英灵尽来归。"这些说的都是"怀仁憬集"这个意思。这是一种理想的社会环境，但对于晚清政权而言，已是可望而不可及了。这块牌子既是自我安慰之辞，也是一种自我嘲讽。

排云殿及佛香阁建筑群

排云殿建筑组群

排云殿建筑组群

　　排云殿是颐和园的核心建筑群，建在万寿山中部。原址为乾隆时期的大报恩延寿寺，原建筑毁于兵火。光绪年间在此废墟上进行改建。改建后的建筑以主殿排云殿为核心，包括排云门及门前牌坊、云锦殿、玉华殿、二宫门、紫霄殿、芳辉殿、德晖殿等，是慈禧太后用来庆贺自己生日的场所。

排云门前牌坊（北向）

排云门前牌坊（南向）

排云门匾

排云门前牌坊

题额

云辉玉宇（北向）
星拱瑶枢（南向）

云辉玉宇：字面意思是，在晴朗的天空中，朵朵白云闪耀光辉。这是说白天天空的景象。云辉，云彩生辉，说明天空晴朗，艳阳高照，白云亮丽。玉宇，指天空。南朝宋·刘铄《拟明月何皎皎》诗："玉宇来清风，罗帐延秋月。"宋·陆游《十月十四夜终夜如昼》诗："西行到峨眉，玉宇万里宽。"

云辉玉宇也喻指排云殿这组华丽的殿堂像是有祥云缭绕的天堂。云辉，指祥云缭绕。玉宇，代指华丽的宫殿或传说中天帝或神仙的居所。唐·李华《含元殿赋》："玉宇璇阶，云门露阙。"《云笈七签》卷八《三十九章经》："金房在明霞之上，九户在琼阙之内，此皆太微之所馆，天帝之玉宇也。"

星拱瑶枢：群星环绕着北斗星和北极星。这是夜晚星空的景象。

拱：环绕、拱卫。

瑶枢：瑶和枢是北斗七星中的两颗星名，瑶，即瑶光星；枢，即天枢星。北斗七星的七颗星，在北方天空排列成滔酒的斗（或称杓）形，其第七星（柄端星）称瑶光。汉·张衡《西京赋》："正睹瑶光与玉绳。"李善注引《春秋运斗枢》曰："北斗七星，第七曰瑶光。"其第一星（杓端星）称天枢星。这里"瑶"和"枢"合称代指北斗星。

星拱瑶枢，字面上说的是夜间天空的景象。其实这里包含了三个比喻义。

（1）比喻广大信众对佛的礼拜。佛教密宗认为，北斗七星是东方七佛的化身，对其十分崇敬。《北斗七星护摩秘要仪轨》称："谓北斗七星者，日、月、五星之精也。囊括七曜，照临八方，上曜于天神，下直于人间，以司善恶而分祸福。群星所朝宗，万灵所俯仰。若有人能礼拜供养，长寿富贵。"认为祈念北斗，可以求得吉祥、延命、消灾。（2）比喻明君与贤臣的关系。《论语·为政》："为政以德，譬如北辰，居其所而众星共（拱）之。"晋·傅云《明君篇》："忠臣遇明君，乾乾惟日新。群目统在纲，众星拱北辰。"这反映了帝王以我为尊，皇帝高于一切的理念。（3）比喻一组建筑中的周围建筑围绕中心建筑的气势。汉·张衡《西京赋》："麒麟朱鸟，龙兴含章。譬众星之环极。"薛综注："言宫观台榭楼阁之周于正殿，如众星之绕北极也。"这也反映出排云殿、佛香阁建筑组群的规模与气势。

云辉玉宇牌坊是万寿山南北中轴线的起点。在这个中轴线上，由南向北，因山就势，梯次建有排云殿、佛香阁、智慧海等主体建筑。这些建筑，建造华丽，装饰考究，色调辉煌，巍峨壮观，称其为琼楼玉宇毫不为过。以这些主体建筑为中心，向前后左右延展的各色亭台楼阁是不可缺少的陪衬，在这中轴线景区乃至整个颐和园内形成了有如群星拱北斗一样的建筑群体。其中的佛香阁、众香界、智慧海、五方阁、敷华亭、撷秀亭、转轮藏等都与佛教有关，置身于此，就是到了佛国仙境，景仰之情便油然而生。云辉玉宇牌坊是这组建筑群的开端。牌坊上的这两个题额，表面上是描述日、夜间天空的自然景象，实则是全面地概述了这里佛教、政治、建筑规模以及天、地、人之关系等丰富的文化内涵。

排云门

排云门是排云殿建筑组群的正门。

排云门匾

万象光昭

万象光昭：世间万物都得到照耀，从而彰明显现，发扬光大。这是对佛祖的颂扬之词，也是对慈禧太后的阿谀之辞。

万象：自然界各种景物的形象。唐·温庭筠《七夕》诗："金风入树千门夜，银汉横空万象秋。"《全唐诗》卷七八七无名氏《秋日悬清光》诗："圆光含万象，碎影入闲流。"

光昭：照耀、彰显、发扬光大。《左传·隐公三年》："光昭先君之令德，可不务乎？"曹操《秋胡行》："明明日月光，何所不光昭。"

匾语出自南朝宋·谢灵运《从游京口北固应诏》诗："皇心美阳泽，万象咸光昭。"

排云门联（一）

复旦引星辰珠联璧合
顺时调律吕玉节金和

复旦：太阳又出来了，天又亮了。旦，日出。《古诗源》卷一《卿云歌》题解引《尚书大传》曰："舜将禅禹，于时俊乂（yì）百工，相和而歌《卿云》。帝乃载歌曰：'卿云烂兮，纠缦缦兮。日月光华，旦复旦兮。'"

引：退、退去。《孙子兵法·地形》："若敌先居之，引而去之，勿从也。"《史记·李将军列传》："（李陵）且引且战，连斗八日。"

复旦引星辰：意思是说，太阳又出来了，星辰都退去了。化用宋太祖赵匡胤《咏初日》诗意，诗为："太阳初出光赫赫，千山万山如火发。一轮顷刻上天衢，逐退群星与残月。"（见清·厉鹗《宋诗纪事·卷一》）

珠联璧合：珍珠粒粒连成串，璧玉合成双。比喻众多美事集中在一起，各种事物完美无缺。语出《汉书·律历志上》："日月如合璧，五星如连珠。"合字古读入声，属仄。

顺时：按时、适时。《左传·成公十六年》："礼以顺时，信以守物……时顺而物成，上下和睦。"

调：调节、调序，使四时调和有序。兼有"符合"义。

律吕：指节候变化的准则。律吕本为我国古代音乐的十二个标准定音器，由十二根长度不等的竹（或铜）管制成，称为律管。将律管由低音到高音依次排列，排在奇数位的为阳律，称为"六律"，排在偶数位的为阴律，称作"六吕"。六律、六吕简称"律吕"。古人还用十二律管测定一年四季的节候。《礼记·月令》："孟春之月律中太簇。"郑玄注："律，候气之管，以铜为之。"据说用律管测定节候，准确无误，所以律吕就成了节候变化的准则。这样，一年四季十二个月的节候变化便与律吕对应起来了。如：孟春一月，辰位在寅，对应律吕是太簇；仲春二月，辰位在卯，对应律吕是夹钟；季春三月，辰位在辰，对应律吕是姑洗。

玉节金和：在钟磬的节制指挥下，乐曲和谐流畅、节拍合度。玉，石的美称。石和金都是古代制作乐器的八种材料之一。金指钟，石（玉）指磬。《宋书·乐志一》："乐器凡八音，曰金、曰石、曰土、曰革、曰丝、曰木、曰匏、曰竹。八音一曰金。金，钟也。……二曰石，石，磬也。"古代奏乐，先撞一下钟，然后众乐始奏。奏完一阕终了时击一下磬，众乐停止。语出《孟子·万章下》："集大成也者，金声而玉振之也。"朱熹注："并奏八音，则于其未作，而先击镈钟（单独悬挂，体型较大的钟）以宣其声；俟其既阕，而后击特磬收其韵。"钟、磬在古乐合奏中用以控制节拍，使演奏不致杂乱，起着指挥的作用。"节"字古读入声，属仄。"和"字读平声。

全联的意思是说，太阳又升起来了，天又亮了，星辰退去了。日夜往复交替，配合得天衣无缝，就像珍珠连成串、璧玉合成双那样完美无缺；一年四季，寒来暑往，节候的调节变化完全符合律吕这个准则，各个星体当出者出，当入者入，不悖其时，不违其处，有条不紊，井然有序，就如同演奏乐曲，各种乐器在钟磬的引导指挥下舒卷合拍，抑扬适度，配奏克谐，雅合宫调。

此联是说天时运转的，中心意思表明，天时运转正常合度，天道降祥，佑护万民，可无天灾之虞。

排云门联（二）

青琐朗晨光尘澂六幕
紫渊回斗极瑞辑三阶

青琐：古代宫门上装饰的一种涂成青色的连环状花纹，常用以代指宫门、宫殿。唐·令孤楚《宫中乐》诗五首其五："九重青琐闼，百尺碧云楼。"杜甫《秋兴》诗："一卧沧江惊晚岁，几回青琐点朝班。"

朗：明亮。本为形容词，这里用如动词，使动用法，意为照亮，使……明亮。

尘：长久、久远。这里引申为远、深远。《尔雅·释诂下》："尘，久也。"宋·吴潜《二郎神》词："嗟往事未尘，新愁还织，怎堪重诉。"清·吴翌凤《云南普尔府知府汪君墓志铭》："郡守固公契君才，有尘案难理者，悉以委君。"
（尘案，积久未结的案件。）

澂：音chéng，同"澄"，澄清，使……变清。这里引申为明亮、使……明亮。《后汉书·儒林传赞》："千载不作，渊源谁澂？"柳宗元《湘口馆潇湘二水所会》诗："兹辰始澂霁，纤云尽褰开。"

六幕：指天地和东西南北四方。也称"六合"。《汉书·礼乐志·郊祀歌》："专精厉意逝九阂，纷云六幕浮大海。"颜师古注："六幕，犹言六合也。"《史记·秦始皇本纪》："六合之内，皇帝之土。"

上联与宋太祖赵匡胤诗句"未离海底千山墨，才到天中万国明"（见清·厉鹗《宋诗纪事·卷一》）意境差不多，诗指月出，这里借指日出。

紫渊：渊，深潭。紫，表示贵重，亦特指为皇家所有。中国古代天文学称天上有一个天区叫紫微垣，传说那是天帝住的地方。人间的皇帝自称是天子，皇帝居住之处自然也要加一个"紫"来称呼，如紫台、紫闱、紫庭、紫闼、紫禁城等。"紫"几乎被皇家独霸。"紫渊"是指皇家的水潭、池沼。这里具体是指昆明湖。

回：运行，回转。《诗经·大雅·云汉》："倬彼云汉，昭回于天。"郑玄笺："昭，光也……精光转运于天。"《淮南子·原道训》："动不失时，与万物回周旋转。"

斗极：北斗星和北极星。这里是借以泛指星空。极字古读入声，属仄。

瑞辑：祥瑞聚集。瑞，吉祥。辑，同"集"，聚合，集聚。辑字古读入声，属仄。

三阶：指天子、百官、百姓三个阶级。三阶本为我国古代天文学的星名，也叫"三台""泰阶"，属太微垣，共有星六颗，看上去呈阶梯状排列。古星相家将天上的星象与人间的官阶地位类比，认为星光的变化与地上的吉凶祸福是对应的。《汉书·东方朔传》："愿陈《泰阶六符》，以观天变。"颜师古注引应劭曰："《黄帝泰阶六符经》曰，'泰阶者，天之三阶也'。上阶为天子，中阶为诸侯、公卿、大夫，下阶为士、庶人。""三阶平，则阴阳和，风雨时，社稷神祇咸获其宜，天下大安，是为太平。"

全联用比拟的手法，大意是说：清晨，阳光照亮了宫殿大门，也使天地四方都得到光明；夜晚，璀璨的群星，倒映在明澂的湖水中，有序运行。天

子、百官、百姓都和睦相处，生活于吉祥幸福之中。暗示了社会清明，君臣和睦，百姓和合。意在表明人道和顺，国家无祸乱之虑。

排云门联（三）（北向）

迎辇花红星云争烂漫
当阶草碧风雨协和甘

迎辇花：一种产于嵩山深处的花。据颜师古《大业拾遗记》中说，"洛阳（有人）进合蒂迎辇花，云得之嵩山坞中，人不知名，采者异而贡之。会帝（指隋炀帝）驾适至，因以'迎辇'名之"。这里是借指奇花，泛指花。辇，秦汉以后专供帝王、后妃乘坐的车。

星云：云雾状的星团。形容物多而密集。

争烂漫：争奇斗艳。韩愈《晚春》诗中说"百般红紫斗芳菲"即此意。

当阶草：古代传说中一种叫作"蓂荚"的瑞草。因夹阶而生，故也叫"阶蓂"。据《竹书纪年·帝尧陶唐氏》说，尧帝时期，"有草夹阶而生，月朔始生一荚，月半而生十五荚；十六日以后，日落一荚，及晦而尽；月小则一荚焦而不落。名曰蓂荚，一曰历荚。"这里是借指异草，泛指草。阶，殿堂的台阶。当阶，指台阶周围。

风雨协和甘：风和雨调配得当、适时。协和，配合适当。甘，美好，引申为适时，恰到好处。协字古读入声，属仄。

全联大意是说，花草植物长势繁茂旺盛，争奇斗艳。意味着土地肥沃，水质甘美，风雨适时。暗寓得地利之宜，民无饥馑之忧。

排云门的三副楹联组成一个整体，句式是相同的，内容是连贯的，撰联

排云门北向匾

手法也是一样的。就内容而言，三副楹联的中心意思是说，上占天时，下禀地利，中得人和。这是古代国君立国必须具备的三个条件，春秋初期的管仲称之为"三度"，他在《管子·五辅》中说："所谓三度者何？曰：上度之天祥，下度之地宜，中度之人顺，此所谓三度。故曰：天时不祥则有水旱；地道不宜则有饥馑；人道不顺则有祸乱。此三者之来也，政召之。"这三副楹联从正面表达了这个"三度"的意思。天时，地利，人和，三者相贯，不可缺一，基本涵盖了排云门内以排云殿佛香阁为中心的建筑群体的内在理念。

排云门北向匾

多祉攸集

多祉攸集：吉祥福气聚集之处。祉，福运。攸，助词，相当于"所"。匾语出自南朝梁·沈约《雅乐歌·牷雅》："多祉攸集，景福来并。"

排云殿、紫霄殿、芳辉殿、云锦殿及玉华殿

排云殿一组殿堂是万寿山中轴线上的主体建筑之一，建在南山坡上，由一座主殿四座配殿组成。其旧址是明朝时期的圆静寺，清乾隆皇帝为了庆祝其母六十岁生日，改建为大报恩延寿寺，咸丰十年（1860年）被英法联军烧毁。光绪十八年（1892年）重建为现在的规模形制，用作为慈禧太后贺寿的场所，并取晋郭璞《游仙》诗中"神仙排云出，但见金银台"的意境，改为今名。

排云殿组群的五座殿堂题名

排云殿　　主殿

紫霄殿　　西配殿

芳辉殿　　东配殿

云锦殿 二宫门外西配殿

玉华殿 二宫门外东配殿

这五座殿堂的名称都出自郭璞《游仙》诗中句："神仙排云出，但见金银台。"

排云殿

排云：排开云遮雾障而显现。

"排云"二字，出于上述郭璞《游仙》诗中句，这是直接的、明显的引用。其余四座配殿的命名也是出自这两句诗，只不过是比较曲折委婉的引用罢了。

紫霄殿

紫霄：道教所说的天空九霄之一。九霄在九天云霄之外，是天空极高极远处，是神仙居住的地方。道经说，九霄各有天帝主之。紫霄由"合景"大帝主管。这里是用"紫霄"代指"神仙"二字。

玉华殿匾

芳辉殿匾

云锦殿匾

芳辉殿

芳辉：美妙的光辉，艳丽的光彩。芳，美好。辉，光辉、光彩。佛教认为，佛是有身光的，身光光芒四射，象征佛法恩及四方。所以每当神佛出现，便会伴随着光芒四射、光艳夺目的美妙光辉。这里是用"芳辉"表示神仙出现了，用以代表"神仙排云出"的"出"字。

（二宫门外）

云锦殿

云锦："云霞似锦"的缩语，意为云霞像锦缎一样艳美。云霞似锦之美艳，是由日光斜照形成的，所以"云锦"便表示日光照耀，云锦殿就是日光照耀之殿。因为日光色彩亮丽如金，故古人常用"金"称呼日，如金乌、金轮、金鸦等。唐·韩愈《李花赠张十一署》诗："金乌海底初飞来，朱辉散射青霞开。"南朝齐·萧悫《和崔侍中从驾经山寺》诗："云表金轮见，岩端画栱明。"宋·杨万里《题朱伯勤千峰紫翠楼》诗："客来欲识楼中景，只等金鸦浴海时。"云锦殿便是象征"金台"。

玉华殿

玉华：月亮的光辉。玉，常用来比喻晶莹如玉之物，这里是代指月亮。宋·黄庭坚《念奴娇·断虹霁雨》词："万里青天，姮娥何处，驾此一轮玉。"华，光彩。玉华即月华、月光。李白《峨眉山月歌送蜀僧晏入中京》诗："黄鹤楼前月华白，此中忽见峨眉客。"宋·范仲淹《御街行》词："年年今夜，月华如练，长是人千里。"玉华殿就是月光之殿。月光洁白如银，古人常用银来比月，如银蟾、银兔、银钩等。敦煌曲子词《望江南》："天上月，遥望似一团银。"唐·姚合《对月》诗："银轮玉兔向东流，莹净三更正好游。"宋·晁端礼《鸭头绿》词："烂银盘，来从海底，皓色千里澄辉。"苏舜钦《垂虹亭观月》诗："佛氏解为银世界，仙家多住玉华宫。"月亮被称为"银世界"，则玉华殿便是象征"银台"。

将这五座大殿题名的含义，按郭璞诗句的字序排列，便是：

紫霄殿	神仙
排云殿	排云
芳辉殿	出（现）
（二宫门外）	（但见）
云锦殿	金台
玉华殿	银台

排云殿这组建筑，用为慈禧太后举行万寿庆典的殿堂，气势宏伟，富丽堂皇，颇具王者气派，大有佛经中描绘的仙山琼阁的天国境界。用"神仙排云出，但见金银台"的意境命名，既烘托了建筑规模的壮观，又兼寓自比神仙之意，充分体现了天人合一、皇权神授的理念，同时暗借郭璞《游仙诗》的诗意，表达了祝愿主人像仙人一样长生不老的寓义。可谓"软件""硬件"匹配完美，相得益彰。

玉华殿匾

珠纬联辉

珠纬联辉：指金、木、水、火、土五行星像明珠一样联成一串。纬，即五纬，指五颗行星。《史记·天官书》："水、火、金、木、填（土）星，此五星者，天之五佐，为纬。"贾公彦疏："五纬即五星……言纬者，二十八宿随天左转为经，五星右旋为纬。"我国古代天文学将五行星同时出现在天空同一方的现象称为五星联珠。《史记·律历志上》说："日月如合璧，五星如联珠。"因为五星联珠的现象不常发生，所以古人迷信地认为它是吉祥的征兆。《文选·（陆机）汉高祖功臣颂》："仰察五纬。"李善注引《易乾凿度》曰："五纬顺轨，四时和肃。"这里"珠纬联辉"犹如"吉星高照"，是一句吉祥话。

玉华殿联

九陌春生调玉律
千门瑞绕发琼枝

九陌：指广阔的田野。九，虚指数，形容极多。陌，本为井田制的田界，后指田间小路，通常南北方向称"阡"，东西方向称"陌"，引申指田野。宋·苏轼《次韵蒋颖叔钱穆父驾从景灵宫二首》其一："雨收九陌丰登后，日丽三元下降辰。"

春生：呈现春暖花开的景象。春，也表示心中喜悦。生，显现、出现。

调：读 tiáo，动词，使动用法，义为合于、调节使合于……指阴阳风雨调节适度。宋·苏辙《生日谢表》："香稻来牟，皆调节登丰之报。"

玉律：玉制的律管。可用来测定节候，故代指节令气候。晋·王嘉《拾遗记》："轩辕吹玉律，正璇衡。"唐·顾况《送从兄使新罗》诗："六气铜浑转，三光玉律调。"（参见第108页排云门联（一）注释"律吕"）

千门：形容人家众多。汉·王延寿《鲁灵光殿赋》："千门相似，万户如一。"张载注："千门万户，言众多也。"唐·李白《狱中上崔相涣》诗："千门闭秋景，万姓危朝霜。"宋·欧阳修《夫人阁帖子》："千门永昼春岑寂，不用车前插竹枝。"

瑞绕：祥瑞环绕。瑞，吉祥的征兆。汉·王充《论衡·指瑞篇》："王者受富贵之命，故其动出（活动、外出），见吉祥异物。见则谓之瑞。"

琼枝：玉树，传说中的神树。常用来形容事物的嘉美。《玉篇·玉部》"琼"字条："庄子云，积石为树，名曰琼枝，其高一百二十仞，大三十围，以琅玕为之宝。"《楚辞·离骚》："溘吾游此春宫兮，折琼枝以继佩。"唐·王涯《望禁门松雪》诗："金阙晴光照，琼枝瑞色封。"

联中"发"字古读入声，属仄。

全联大意是，天下广阔的原野，按天时节序显现出美好的春光，百姓们人人都喜形于色；家家户户都出现祥瑞之象。和这里的题匾一样，也是两句吉祥话，意在给太后的寿诞造成祥和的气氛。

云锦殿联

凤曲登歌调令序
龙文集舞氾祥风

这是一副描述寿庆典礼上文武百官拜寿情形的楹联。

凤曲：美妙动听的乐曲。据汉·刘向《列仙传·萧史》载：传说春秋时期，秦国有一个叫萧史的人，善吹箫，秦穆公的女儿弄玉非常敬慕他，秦穆公就将弄玉嫁给了萧史。萧史每天教弄玉吹箫作凤鸣声，数年后凤凰飞至其家。后世遂将美妙的乐曲称为凤曲。唐·沈佺期《奉和春初幸太平公主南庄应制》诗："自有神仙鸣凤曲，并将歌舞报恩晖。"（参见第55页大戏楼下层联注释"凤调九奏"）

登歌：古代举行祭典、大朝会时，乐师登堂而歌，称登歌。唐·徐坚《初学记·乐部·歌》引梁元帝《纂要》曰："堂上奏乐而歌曰登歌，亦曰升歌。"《礼记·文王世子》："登歌《清庙》，既歌而语，以成之也。"这里指歌唱。

调：调配、调度。

令：口令。指赞礼官（司仪，通常由礼部官员充任）唱赞。

序：程序、顺序。

龙文：汉代著名的良马名。《汉书·西域传赞》："蒲梢、龙文、鱼目、汗血之马，充于黄门。"后世用以比喻才华出众之人。《北齐书·杨愔传》："愔从父兄黄门侍郎昱，特相器重，曾谓人曰：'此儿驹齿未落，已是我家龙文，更十岁后，当求之千里外。'"杜甫《戏为六绝句》诗："龙文虎脊皆君驭，历块过都见尔曹。"元·柳贯《次韵伯庸待制上京寓直书事因以为寄》诗："一代词华归篆刻，龙文还欲映雕戈。"这里是比喻文武群臣都是才华出众之人。

集：聚合一处。

舞：拜舞，磕头叩拜。《吴越春秋·勾践归国外传》："群臣拜舞天颜舒，我王何忧不能移。"唐·李商隐《韩碑》诗："（帝曰）汝从事愈宜为辞，愈拜稽首蹈且舞。"（愈，指韩愈）

汜：音 fàn，（此字实挂联中误为"汜"，音 sì）本义为水漫溢。这里借作"泛"，是浮现、显现、盛多的意思。唐·陈羽《送友人及第归江东》诗："五陵春色泛花枝。"

祥风：幸福、祥和的气氛。风，景象。也指风度、风范。

此联艺术地描述了慈禧太后寿诞庆典活动中百官拜寿的场景：在阵阵乐曲和赞歌声中，赞礼官按照事先编排好的程序进行唱赞；才华出众的文武百官们遵从口令，按照品级地位一拨一拨地叩拜如仪，整个场面透出一派祥和、热烈的气氛。

此联化自唐《郊庙歌辞·雩祀乐章·舒和》："凤曲登歌调令序，龙雩集舞汜祥风。彩旟云回昭睿德，朱干电发表神功。"

云锦殿匾

祥映昌基

映：遮盖、笼罩。

昌基：兴盛发达的国家基业。宋·郭茂倩《乐府诗集》卷二《齐南郊乐歌·（谢超宗）嘉胙乐》："圣蔼耀昌基，融祉晖世历。"又，卷五《唐祀昊天乐章·凯安》："堂堂圣祖兴，赫赫昌基泰。"这里是说，德才兼备的文武百官是国家昌盛发达的基础。

匾语出自《宋书·礼志》："祥映昌基，系发篆素。"

二宫门匾

万寿无疆

这虽然只是一句司空见惯的祝寿颂词，却是整个排云殿建筑组群的核心内容，是这里的主题。至于"万寿无疆"与国家民族利益、百姓利益有何关系，举两个小故事或可略见一斑。其一是，光绪二十年（1894年），甲午战争爆发，日军大举进攻，清军常常望风而逃，一溃千里。当此之时，慈禧太后却不顾国家危亡，一心只想着自己的六十大寿，拼命追求奢华。有人便在北京的城墙上贴了一副对联：万寿无疆普天同庆；三军败绩割地求和。其二是清末文人辜鸿铭写的一则小品《爱国歌》：壬寅年（按，即光绪二十八年，公元1901年）张文襄（张之洞）督鄂（做湖北都督）时，举行孝钦皇太后（即慈禧太后）万寿，各衙署悬灯结彩，铺张扬历，费资巨万，邀请各国领事，大开筵宴。并招致军界、学界奏西乐，唱新编《爱国歌》。余（辜鸿铭自称。下同。）时在座陪宴，谓学堂监督梁某曰："满街都是唱《爱国歌》，未闻有人唱《爱民歌》者。"梁某曰："君胡（何）不试编之。"余略一伫思，曰："余已得佳句四，君愿闻之否？"曰："愿闻。"余曰："天子万年，百姓花钱；万寿无疆，百姓遭殃。"座客哗然。

二宫门联

宝祚无疆万年绵莆禄
天颜有喜四海庆蕃釐

宝祚：王朝的地位；皇帝之位。祚，帝位。《周书·宣帝纪》大象元年二月诏："朕以眇身，祗承宝祚。"唐《郊庙歌辞·享章怀太子庙乐章·武舞作》："宝祚长无极，歌舞盛今朝。"

绵：绵长，延续不断。汉·张衡《思玄赋》："潜服膺以永靓兮，绵日月而不衰。"旧注："绵，连也。"

莆禄：福运。莆，通"福"。禄，福运。《诗经·大雅·卷阿》："尔受命长矣，莆禄尔康矣。"郑玄笺："莆，福也。"

天颜：君王的脸色，指面部表情。杜甫《紫宸殿退朝口号》："昼漏稀闻高阁报，天颜有喜近臣知。"宋·杨万里《题望韶亭》诗："天颜有喜后夔知，一奏云韶供亚饭。"

四海：指全国。古人认为中国四方有四海环绕，故称全国为四海。《尚书·大禹谟》："文命敷于四海，祗承于帝。"《礼记·祭义》："曾子曰：夫孝，置之而塞乎天地，溥之而横乎四海。"这里是指"四海之民"，即全国百姓。

蕃釐：多福、洪福。蕃，音 fán，繁多、茂盛。釐，音 xī，福运、吉祥。（这个意思的"釐"不可简化为"厘"）《汉书·礼乐志·郊祀歌·惟泰元》："惟泰元尊，媪神蕃釐。"颜师古注："蕃，多也。釐，福也。"《宋史·乐志》："既右飨之，翕受蕃釐。"

此联是说，从皇帝到全国百姓，都非常高兴地祝愿这里的主人（慈禧太后）长寿永存，福运连绵。

排云殿匾

大圆宝镜

大圆宝镜：犹如说"明镜高悬"，意思是明察秋毫。（参见第21页仁寿殿匾注释"大圆宝镜"）

排云殿楹柱联

崧岳大云垂九如献颂
瀛洲甘雨润五色呈祥

崧岳：崧同"嵩"。嵩岳，同义复词。嵩和岳都是山高且大的意思。《诗经·大雅·崧高》："崧高维岳，骏极于天。"

大云垂：垂天之云，形容云层厚而广阔，覆盖天下。垂，覆盖、笼罩。唐·韩愈《贺雨表》："中使才出于九门，阴云已垂于四野。"《庄子·逍遥游》："怒而飞，其翼若垂天之云。"《文选·（陆机）演连珠五十首》其三十二："身足于荫，无假垂天之云。"李善注："垂天，言云之大也。"这里比喻慈善之心如垂天之云。《鸡跖集》曰："如来慈心，如彼大云，荫注世界。"

九如：《诗经·小雅·天保》："如山如阜，如冈如陵。如川之方至，以莫不增……如月之恒，如日之升，如南山之寿，不骞不崩。如松柏之茂，无不尔或承。"这是一首臣子祝颂君主福寿绵长的诗，共用了九个"如"字。

后世遂以"天保九如"作为祝寿颂词。这里是借"九如"中的日、月、山、川、岗、陵、松、柏等泛指万里河山，天下大地。

献颂：祝颂吉祥美好。这里是祝愿长寿之意。

瀛洲：传说中神仙居住的十个海岛之一。汉·东方朔《海内十洲记》说："瀛洲在东海中，上生神芝仙草。又有玉石，高且千丈。出泉如酒，味甘，名之为玉醴泉，饮之数升辄醉，令人长生。洲上多仙家，风俗似吴人，山川如中国也。"这里借指全国。

甘雨：适时的好雨。《诗经·小雅·甫田》："以祈甘雨，以介我稷黍。"《尔雅·释天》："甘雨时降，万物以嘉。"

五色：古代以青赤黄白黑五种颜色代表东南中西北五方。这里是代指五方之民，即天下百姓。

呈：显现，露出。

按照联意，"呈祥"二字应属上联，即"九如呈祥"；"献颂"二字应属下联，即"五色献颂"。因为"五色献颂"四个字都是仄声，没有音韵之美，也不符合楹联的下联收于平声之常规。故将"呈祥""献颂"对调成现在这样，便使上下联的两个四字句都音韵和谐，也无损联意。

此联是对慈禧太后的美化之词。意思是说，太后的慈心就像垂天大云一样呵护着天下万物，天下万里江山呈现一派祥和美好的景象；太后的恩泽就像及时好雨滋润万物一样，施及天下万民，普天下的百姓都祝愿太后万寿无疆。

排云殿门柱联

叠石起璚峦如山之寿
引泉通玉液有泽皆春

璚峦：山的美称。璚，音qióng，同"琼"，美玉。

玉液：泉水的美称。

泽：水汇聚处。这里泛指水。泽字古读入声，属仄。

春：生长、生机。唐·刘禹锡《酬乐天扬州初逢席上见赠》诗："沉舟侧畔千帆过，病树前头万木春。"宋·范成大《雨后戏书》诗："司花好事相邀勤，不著笙歌不肯春。"

此联看似是称美万寿山和昆明湖，实则是两句祝寿颂词，和"寿比南山；

福如东海"的意思差不多。联中"叠""石"二字古读入声，属仄。

排云殿东耳殿联

露气渐移高阁漏
日华初照御阶松

露气：雾气。

移：离去、消散。《楚辞·大招》："魂乎归来！思怨移只。"

高阁：借指佛香阁、排云殿等宫殿建筑。阁字古读入声，属仄。

漏：渗漏、因漏出而显现。唐·秦韬玉《题竹》诗："卷帘阴薄漏山色，欹枕韵寒宜雨声。"宋·王禹偁《泛吴淞江》诗："苇蓬疏薄漏斜阳，半日孤吟未过江。"陆游《晚步湖上》诗："云薄漏春晖，湖空弄夕霏。"

日华：日光。谢朓《和徐都曹》诗："日华川上动，风光草际浮。"（诗中"华"与"光"对文互义。）

御阶：皇宫内建筑物的台阶。这里泛指殿宇周围、御道两侧。御，皇帝所用之物的专称。

此处楹联与匾额都是描写庆寿大典之日的天气情况。太后华诞盛典之日，天公很是作美，一大早雾气就渐渐地消散了，高大的佛香阁身影逐渐地显露出来；天空现出艳丽的彩霞，太阳冉冉升起，金色的阳光洒在了宫苑内的树冠上，显示出这一天是个晴朗的好天气。联中的"漏"字下得极妙，它与"渐"字紧密相扣，把雾气消散、高阁显露的过程刻画得十分逼真，使人如临其境。

此联化自明·倪岳《孟春奉陪庙享纪事而作》诗中句，全诗为：祠殿森严楯陛重，雍歌初彻燎烟浓。虞周典礼千年合，文武衣冠百辟从。旧影渐移高阁漏，露华犹拂御阶松。却瞻天仗东风里，冉冉霓旌导六龙。

排云殿东耳殿匾

凤藻腾文

凤藻：华美的纹饰。这里借指朝霞。凤，凤凰，传说中的神鸟，羽毛艳丽多彩。藻，藻类植物。古人专指水藻。因为藻的茎"一节长数寸，长者二三十节，细茸如丝，圆绕可爱"，常用来作艺术品的花边图案。（参见北齐·颜之推《颜氏家训·书证》）

腾：升腾、腾空。《礼记·月令》："是月也，天气下降，地气上腾。"南朝梁·沈约《前缓声歌》："琼浆且未洽，羽辔已腾空。"

文：通"纹"。指带有彩色花纹的华丽的丝织品。这里是用来比喻彩霞。

凤藻腾文，是说像锦绣一般绚丽的朝霞升起在天空，就像金凤在空中翱翔。说明今天（慈禧太后寿诞之日）一定是个好天气。与此处楹联意境一致，是楹联内容的补充。

排云殿西耳殿联

捧日云霞三岛见
随风珠玉九霄闻

捧：搀扶、簇拥。唐·元稹《莺莺传》："俄而红娘捧崔氏而至。"《水浒传》九十一回："只听得鼙鼓冬冬，陵川阵中捧出一员将来。"

日：喻指帝王。这里是暗喻慈禧太后。

云霞：古人常用来比拟服装多彩艳丽。《楚辞·东君》："青云衣兮白霓裳。"李白《清平调词》三首其一："云想衣裳花想容。"白居易《送毛仙翁》诗："肌肤冰雪莹，衣服云霞鲜。"毛泽东《七律·答友人》："斑竹一枝千滴泪，红霞万朵百重衣。"这里是形容随从人员（包括仪仗队）众多，且服装多彩艳丽，仪仗鲜明。

三岛：指昆明湖中象征海上三神山（蓬莱、瀛洲、方丈）的三个小岛，即南湖岛、藻鉴堂岛、治镜阁岛。

珠玉："珠圆玉润"的缩语。语本唐·张文琮《咏水》诗："方流涵玉润，圆折动珠光。"本为形容流水，这里用来指清亮、婉转的歌乐之音。《礼记·乐记》："故歌者上如抗，下如队（坠），曲如折，止如槁木……累累乎端如贯珠。"李白《妾薄命》："咳唾落九天，随风生珠玉。"白居易《琵琶行》诗："嘈嘈切切错杂弹，大珠小珠落玉盘。"

九霄：道教用语。指天空极高处，是九天仙人居住的地方。晋·葛洪《抱朴子·畅玄》："其高则冠盖乎九霄，其旷则笼罩乎八隅。"唐·李绅《悲善才》诗："三月曲江春草绿，九霄天乐下云端。"

闻：听到。

这副楹联是用比喻的手法，生动地描述了老寿星慈禧太后来到庆寿现场

芳辉殿联

时的场景：皇太后容光焕发，缓步走在中间，众多服饰华丽的官员和太监、宫女等随侍人员扶拥左右，旗罗伞盖各式仪仗前呼后拥，花团锦簇，如同彩云飘荡。这情景，远在昆明湖中的小岛上都看得很清楚；庆寿现场，歌声悠扬，乐音嘹亮，响彻云霄。场面壮观，气氛热烈，有声有色，俨然一个"神仙排云出"的场景。

此联文字，虽用比喻，却不晦涩；虽然夸张，却不失实。不露斧凿之痕，没有造作之感，足显撰联者功底之深厚。

排云殿西耳殿匾

光绚春华

光绚春华：光彩靓丽的容颜。相当于说"容光焕发"。光绚，光彩绚丽。春华，喻指女子娇艳的容颜。明·何景明《明月篇》："红闺貌减落春华。"

此匾是说慈禧太后来到庆寿现场时面色红润，容光焕发，流露出志得意满的喜悦心情。

匾语与此处楹联相配合，是楹联内容的补充。

芳辉殿联

西山晓日临天仗
北阙晴云捧紫闱

西山：颐和园西面诸山，俗统称西山。

晓日：明亮的太阳。晓，明亮。《说文·日部》："晓，明也。"《庄子·天地》："冥冥之中独见晓焉。"日，喻指帝王，这里喻指慈禧太后。

西山晓日：明亮的太阳升到了西山（在颐和园西边）上空。就方位而言，日已偏西。就时序而言，时已过午。俗话说，人过四十天过午。用"西山晓日"比喻年近六旬而又地位最高的人，很是恰当。中国人常用太阳所处方位来比喻人的年龄段，如，"你们像早晨八九点钟的太阳"（毛泽东语），"日薄西山，气息奄奄"（晋·李密《陈情表》）。

临：居上视下、视角向下地面对着。《诗经·大雅·大明》："上帝临女（汝），无贰尔心。"三国魏·阮籍《咏怀诗八十二首》其十三："登高临四野，北望青山阿。"

天仗：又称仙仗。天子出行时的仪仗，借指天子。唐·岑参《寄左省杜拾遗》诗："晓随天仗入，暮惹御香归。"明·黄闰《拟唐人长安春望》诗："天抱帝城双阙迥，日临仙仗五云多。"这里代指光绪皇帝。

北阙：阙，古代宫禁、祠庙、陵墓前的建筑物，通常左右各一，建成高台，台上起楼观。因两楼之间的间隔处为通道形成空缺，故名阙。通常代指宫门。北阙，这里是指王府的宫门及皇族近支宗亲府第的大门。因为清代王公府第（如醇亲王府、恭亲王府、庆亲王府、钟郡王府、泽公府等）都在皇宫（现在的故宫）以北，故称。

晴云：晴天里飘在高空的朵朵白云。喻指地位很高的王公贵戚。"晴"字指青天白日。暗喻大清王朝和慈禧太后。

捧：仰承、侍奉，表示敬意，用于下对上。这里是指叩拜。杜甫《至日遣兴奉寄北省旧阁老两院故人二首》其一："去岁兹辰捧御床，五更三点入鹓行。"

紫闱：后妃所居的宫殿。代指后妃。这里借指慈禧太后。紫，君王所用、所居称紫。也表示贵重。闱，古代后妃所居的宫殿。《后汉书·皇后纪序》："后（指王后）正位宫闱，同体天王。"南朝宋·颜延之《宋文皇帝元皇后哀策文》："释位公宫，登曜紫闱。"

这副楹联用比喻的手法，生动地描述了光绪皇帝和皇室近支王公给慈禧太后拜寿时的情景：慈禧太后端坐在宝座上，眼睛（视角）向下地看着光绪皇帝跪在她面前顶礼膜拜。下联是说，那些品位很高的王公贵戚们像白云依日一样跪在太后面前行三跪九叩大礼。联中的"临"字下得极妙，它把慈禧太后的身份地位和当时心满意得、居高自傲的心境表达得淋漓尽致，是全联的"眼"，全联出情、出景、出神、出彩皆赖此字。

此联借改唐·岑参《和祠部王员外雪后早朝即事》诗中句"西山落月临天仗，北阙晴云捧禁闱"而成。全诗为："长安雪后似春归，积素凝华连曙晖。色借玉珂迷晓骑，光添银烛晃朝衣。西山落月临天仗，北阙晴云捧禁闱。闻道仙郎歌白雪，由来此曲和人稀。"改"西山落月"为"西山晓日"用于此联中，既合情合理又形象生动。

芳辉殿匾

齐荣敷芳

齐荣敷芳：鲜花一起盛开，共同繁茂，香气四溢。齐，共同，暗指慈禧太后和光绪皇帝（也包含那些近支王公们）。

紫霄殿联

上林万树连西掖
北极诸星拱太微

解释见第66页。慈禧非常喜欢这副楹联，不惜一联两挂。

紫霄殿匾

登祥荐祉

登祥荐祉：吉祥逐步增多，福运接连不断。《全唐诗·郊庙歌辞·祭太社乐章·舒和》："纬武经文隆景化，登祥荐祉启丰年。"登，上升、增加。《左传·昭公三年》："陈氏三量，皆登一焉，钟乃大矣。"杜预注："登，加也。"荐，副词，表示频度，相当于"频繁""接连不断"。《诗经·大雅·云汉》："天降丧乱，饥馑荐臻。"（荐臻，频繁地到来）宋·吴曾《能改斋漫录·神仙鬼怪》："又前期累日，甘露荐降。"祉，福。《诗经·周颂·烈文》："烈文辟公，锡（赐）兹祉福。"《全唐诗·郊庙歌辞·仪坤庙乐章·迎神》："瑶台荐祉，金屋延祥。"

此匾语是此处楹联内容的补充，是夸耀之语，意思是说慈禧太后一生总是福运不断。

排云殿后厦匾

天乐人和

天乐人和：上顺应天道，下与万民和合。语出《庄子·天道》："与人和者，谓之人乐；与天和者，谓之天乐。"又"以虚静推于天地，通于万物，此之谓天乐。天乐者，圣人之心，以蓄天下也"。成玄英疏："俯同尘俗，且适人世之欢；仰合自然，方欣天道之乐也。"又，"用虚静之智，推寻二仪之理，通达万物之情，随物变转而未尝不适，故谓之天乐也"。意思是说，对下与百姓同俗，就会得到人世间的欢乐；行为合乎自然发展的规律，才能享有天道之乐。具体来说，就是用虚空宁静的心，推求天地变化之理，通达万物之情，顺应天道变化，这就是天乐。所谓天乐，就是用圣人的仁爱之心，养育天下万民，使众人得以和谐相处，达到天下大治的目的。同时，自己也会得到身心和乐之趣。

排云殿后厦联

佳霭集彤闱花皆益寿
祥光凝紫禁树尽恒春

佳霭：和美祥瑞之气。霭，本义为云气。这里代指一种抽象的"气"，意近于"气数""运气"。

彤闱：涂红色油漆的宫门。这里是以偏概全，代指皇宫。彤，红色。汉·班固《西都赋》："玉阶彤庭。"张铣注："彤，赤色也。以丹漆饰庭。"闱，宫门。汉·张衡《西京赋》："天梁之宫，实开高闱。"薛综注："宫中之门谓之闱。"

花皆益寿：为避重字，语后省去一个"花"字，应是"花皆益寿花"。意为这里的花都是增寿之花。益寿花，本无此花，虚拟以取"益寿"之吉利。皆字古读入声，属仄。

祥光：祥瑞之光。象征吉利。南朝梁·任昉《宣德皇后敦劝梁王令》："是以祥光总至，休气四塞。"（休气与"佳霭"义同）

凝：积聚。

紫禁：指皇宫。我国古代以天上的紫薇星垣比喻皇帝的居所，所以称皇宫大内为紫禁宫或紫禁城。

树尽恒春：这个短语末省略一个"树"字，应是"树尽恒春树"。意为

这里的树都是常春树。恒,长久。《玉篇·心部》:"恒,常也,久也。"恒春树,又名常春树,神话传说中的一种四季都开花的常青树。南朝梁·任昉《述异记·卷下》:"燕昭王种长春树,叶如莲花,树身似桂树,花随四时之色。春生碧花,春尽则落;夏生红花,夏末则凋;秋生白花,秋残则萎;冬生紫花,遇雪则谢。故号为长春树。"

此联是对贺寿现场周围环境概括抽象的描述,也是祝颂吉祥长寿之语,没什么太深的意思,只是讨老太太欢心而已。

德晖殿

德晖殿是介于排云殿和佛香阁之间的过渡性建筑,起着承上启下的作用。上面的佛香阁是乾隆皇帝为母而建,下面的排云殿是光绪皇帝为母而建,都是为了报答母恩,故名之为"德晖"。取义于唐·孟郊《游子吟》诗:"慈母手中线,游子身上衣。临行密密缝,意恐迟迟归。谁言寸草心,报得三春晖。"

德晖殿题名匾

德晖殿

德晖:报答慈母之恩。德,感恩,感激。引申为报答。《左传·僖公二四年》："王德狄人，将以其女为后。"《韩非子·外储说（左下）》："以功受赏，臣不德君。"晖，本义特指日光，常用来比喻慈母或慈母之恩。明·朱鼎《玉镜台记·寄家书》："还待要报答春晖，克全子道。"

德晖殿门柱联

备天宝九如春华秋实
启建章万户霞蔚云蒸

备：齐备、完全。

天宝：上天赐予的宝物、天然的宝物，指《诗经·小雅·天保》中所说的九种天然之物，即山、阜、岗、陵、川、日、月、南山、松柏。这是天地之间的主要物象。

九如：《诗经·小雅·天保》中所说天然之物前都有一个"如"字，共计九个，故称"九如"。如，好像、就像。

春华秋实：春天开花了，秋天结果了，比喻事物有了圆满的结果。这里是说"九如"全部都兑现了。

《诗经》中说的"九如"，内容是：

原文	译成现代语（用程俊英先生译语）
如山如阜，	恰如巍巍丘陵，
如冈如陵。	又如高高山岗。
如川之方至，	如水滚滚而来，
以莫不增。	永远不断增长。
如月之恒，	您像新月渐盈，
如日之升，	您像旭日东升，
如南山之寿，	您像南山高寿，
不骞不崩。	永不亏损塌崩。
如松柏之茂，	您像松柏常青，
无不尔或承。	子孙永远继承。

启：敞开、通畅。

建章：即建章宫，汉宫殿名。《三辅黄图·卷二》："武帝太初元年（前

104年），柏梁殿灾……帝于是作建章宫，度为千门万户。"这里借来泛指皇宫。

万户：形容人家众多。意为天下人家。

霞蔚云蒸：彩霞遍布，云气升腾。形容景象光辉灿烂。也作"云兴霞蔚""云蒸霞蔚"。语出南朝宋·刘义庆《世说新语·言语》："顾长康（恺之）从会稽还，人问山川之美，顾云：'千岩竞秀，万壑争流，草木蒙笼其上，若云兴霞蔚。'"明·张岱《龙山文帝祠募疏》："爱自云蒸霞蔚，岩壑自有文章。"

上联的意思是：诗经中所说"九如"的内容，在太后身上全部齐备而且都实现了。这是借《诗经》的内容，用比喻的手法赞颂太后之"德"充满天地之间。

下联是说，太后所施的恩德使天下千家万户都沐浴在灿烂的阳光之中。

上联紧扣"德"字，下联紧扣"晖"字。

德晖殿廊柱联

苑启宜春曈昽朝日丽
宫开仁寿挹注醴泉甘

苑启宜春：敞开宜春苑。苑，古代帝王或贵族的园林。宜春苑，古代苑囿名。秦、汉及宋代都建有宜春苑。这里是借指光绪皇帝住的宫苑（因光绪皇帝此时正值青春年少，故选用冠以"宜春"二字的苑囿指称）。

曈昽：旭日初出，越来越明亮的样子。《说文·日部》："曈昽，日欲明也。"唐·权德舆《奉和韦曲庄言怀》诗："骖驭出国门，晨曦正曈昽。"也指初出的太阳，即旭日。唐·纥干俞《登天山望海日初出赋》："登岩嶕之峻极，见曈昽之初出。"这里是喻指光绪皇帝。

宫开仁寿：敞开仁寿宫。宫，皇宫。仁寿宫，古宫殿名，始建于隋开皇十三年（593年），唐改名为九成宫。这里是借指慈禧太后住的皇宫（因慈禧太后年事已高，故选用冠以"仁寿"二字的宫殿指称）。

挹注："挹彼注此"的缩略语。挹，用瓢（或杓）舀取。语出《诗经·大雅·泂酌》："泂酌彼行潦，挹彼注兹。"意思是说，舀取别处的水而注于此。后世用来比喻取一方之有余，补另一方之不足。这里喻指光绪皇帝是由别处

过继来做儿子的。光绪皇帝名爱新觉罗·载湉，是咸丰皇帝的弟弟醇亲王奕
譞的长子。母亲那拉氏是慈禧太后的妹妹，生于同治十年（1871年）。同治
十三年阴历腊月初五（1875年1月12日）同治皇帝载淳死，因无子，故将载
湉过继来作为咸丰皇帝的嗣子继承皇位，年号光绪。由慈禧太后扶养长大。

醴泉：甘甜的泉水。《礼记·礼运》："故天降膏露，地出醴泉。"

此联全用比喻。上联是说，光绪皇帝年富力强，就像刚刚升起的太阳放
射出万丈光芒。下联是赞美太后之德。大意是说，光绪皇帝虽然是过继来的
儿子，但太后就像用甘甜的泉水浇灌幼苗一样，对他呵护有加，倍加爱护，
给了他吉祥幸福，使他茁壮地成长起来，长大成人。

德晖殿匾

敷光荣庆

敷光：阳光普照。敷，传布，遍布。《诗经·周颂·赍》："敷时绎思，
我徂维求定。"郑玄笺："敷，犹遍也。"孔颖达疏："敷训为布，是广及之义。"

荣：本为形容词，是旺盛、茂盛的意思。《黄帝内经·素问·四季调神
大论》："春三月，此为发陈，天地俱生，万物以荣。"这里用作使动词，即
"使……旺盛"。

庆：赏赐。《礼记·月令》孟春之月："行庆施惠，下及兆民。"《孟子·告
子下》："入其疆，土地辟……则有庆，庆以地。"赵岐注："庆，赏也。"还
兼有"福运"的意思。《广韵·去声·映韵》："庆，福也。"《周易·坤卦》：
"积善之家，必有余庆。"

敷光荣庆：比喻皇太后所施予的恩德像阳光普照一样，全面地呵护、培
育了光绪皇帝，使其获得福运，茁壮地成长起来。匾语紧扣"德晖"二字。
匾语出自南朝宋郊庙歌辞《章庙乐舞歌·章德凯容乐》："翊载徽文，敷光崇
庆。"

德晖殿的这两副楹联和题匾表达了同一个主题，都是赞颂母德、报答母
恩的意思。

总括起来，排云殿组群的楹联只写了两项内容，一是描述了拜寿的场景，
二是为慈禧太后歌功颂德。其核心主题就是"万寿无疆"。

佛香阁

佛香阁

佛香阁位于德晖殿的后面，建在一个高台之上，是万寿山南北中轴线的主要建筑之一。是乾隆皇帝为给他母亲祝寿而建，属于原大报恩延寿寺的配套建筑。原建筑毁于咸丰十年（1860年）英法联军之手，光绪时期依原样重建。

佛香阁
佛香阁题名匾

佛香阁

佛：即佛陀，梵语音译。亦译作佛驮、浮陀、浮图、浮屠等。意译为觉者。觉，就是自觉，觉他，觉行圆满。就是说，佛是圆满觉悟了宇宙人生实相的大圣人，并能引导众生达到圆满觉悟。小乘佛教所指的佛，主要是释迦牟尼佛。大乘主张多佛说，认为十方世界有无量诸佛。但从佛教的整体而言，佛是以释迦牟尼为本，或主要指释迦牟尼。汉传佛教通常供养三世佛。三世佛又分横三世和竖三世。横三世是指三个佛世界的佛，即东方净琉璃世界的药师佛、娑婆世界的释迦牟尼佛、西方极乐世界的阿弥陀佛。竖三世是指过去、现在、未来三世之佛，即过去佛迦叶诸佛（寺院塑像中一般特指燃灯佛）、现在佛释迦牟尼佛、未来佛弥勒尊佛。

香：佛教所说的香，通常有两种指称。（1）佛的功德，包含佛法、佛所说法及佛本身。常用香味来比符。《维摩诘经·观众生品》中说："若入此室，但闻佛功德之香……入此室者，闻斯上人讲说正法，皆乐佛功德之香，发心而出。"又《香积佛品》说："我土如来，无文字说，但以众香，令诸天人得入律行。"（2）指供佛、礼佛时的一种供养品，是佛教诸多供养品中最重要的三种（香、花、灯）之一。《华严经》中的"香偈"说："戒香、定香、解脱香，光明云台遍法界。供养十方无量佛，见闻普熏证寂灭。"《大日经疏》对此解释说："烧香是遍至法界义。如天树王开敷时，香气逆风、顺风自然遍布，菩提香亦乐，随一一功德，即为慧火所烧，解脱风所吹，随悲愿力自在而转，普熏一切，故曰烧香。"现代中国佛教把香炉、花瓶和烛台视为佛前三大供养，称为"三具足。"

佛香阁，就其建筑实体而言，就是供佛、礼佛的楼阁。唐·王勃《游梵宇三觉寺》诗："香阁披青磴，雕台控紫岑。"也称"香台"。唐·卢照邻《游昌华山精舍》诗："宝地乘峰出，香台接汉高。"（汉，银河。）就其蕴含而言，是说佛的功德无量无边。

佛香阁是颐和园中的标志性建筑，雄伟高大，富丽堂皇，金顶绿檐红柱，在阳光照耀下熠熠生辉，无论从哪个角度看，都非常显眼。颐和园中，有数块牌匾是赞美佛香阁建筑的辉煌景象的，它们分别挂在不同的地方，是从所挂之处欣赏到的佛香阁的壮丽景况。

"丹楼映日"挂在夕佳楼西向楼上。

"璇题玉英"挂在长廊留佳亭北向。

"高阁缘云"挂在长廊寄澜亭北向。

佛香阁山门匾

"三秀分荣"挂在长廊秋水亭北向。

佛香阁山门匾

导养正性

导养正性：修养身心，以固纯正之心性。

导养：本为道教用语，是道家强身除病的一种养生方法。《庄子·刻意》："此道（借为'导'）引之士，养形之人，彭祖寿考者之所好也。"成玄英疏："导引神气，以养形魄，延年之道，驻形之术。"晋·嵇康《琴赋序》："可以导养神气，宣和情志。"李善注引《管子》曰："导血气而求长年。"佛香阁是佛教建筑，佛理本不探求人的强身长寿问题，这里只是借用，体现了佛道互相包容、融合的理念。

正性：纯正的心性。正，纯一不杂。性，心性、心念，总称为"心"。

中国佛教认为，人的本性都是清净不动，无生无灭，具有先天觉悟的，称为"本觉"。而外界的色、香、声、味、触"五境"的物质现象，通过众生的眼、耳、鼻、舌、身、意"六识"会造出种种"业"来。而这种种的业，全是依心而起。心有"真心"和"妄心"两种，真心创造出善业来，妄心会造出恶业来。所以佛教认为，凡发心学佛者，要住真心降妄心。妄心真心实为一心，盘缘执着，随情动乱，即成妄心；远尘离垢，绝虑止息，即成真心。所以住心降心都是修心，而修心即是导养正性，是修行的根本目的。《般若经》中说："于一切法，心为善导。若能知心，悉知众法。种种世法，皆由心。"《心地观经》说："能观心者，究竟解脱，不能观者，究竟沉沦。"

此匾语和此处楹联均出自唐·魏征《九成宫醴泉铭》："其清若镜，味甘如醴。南注丹霄之右，东流度于双阙。贯穿青琐，萦带紫房；激扬清波，涤荡瑕秽。可以导养正性，可以澄莹心神。鉴映群形，润生万物。同湛恩之不竭，将玄泽于常流。匪唯乾象之精，盖亦坤灵之宝。"

佛香阁廊柱联

鉴映群形润生万物
贯穿青琐萦带紫房

鉴映：审识辨别，明察洞彻，看穿看透的意思。

群形：千姿万态，多种多样的形体。晋·张华《鹪鹩赋》："何造化之多端兮，播群形于万类。"

润生：滋润使生长。生，动词，使动用法，即"使……生长"。

青琐：代指皇宫。（见"近西轩"东向联注）

萦带：环绕。三国魏·陈琳《为曹洪与魏文帝书》："萦带为垣，高不可登。"明·张岱《陶庵梦忆·日月湖》："城下密密植桃柳，四围湖岸，亦间植名花果木以萦带之。"

紫房：旧时称皇太后居住的宫室为紫房。《宋书·乐志》："母临万宇，训蔼紫房。"

此联也是颂扬佛祖功德。上联说佛的神明，能洞察世间一切有形之物的真假、善恶、美丑；佛的恩泽，能滋润世间一切众生。下联说，佛的恩惠护佑，无时不有，无处不在，也遍布在母后的宫苑殿宇之中。

佛香阁下层匾

云外天香

云外：云天之外，形容极高远。唐·元稹《玉泉道中作》诗："遐想云外寺，峰峦渺相望。"南唐·李璟《摊破浣溪沙》词："青鸟不传云外信，丁香空结雨中愁。"

天香：比喻佛祖的功德。北周·庾信《奉和同泰寺浮图》诗："天香下桂殿，仙梵入伊笙。"

云外天香，是说佛祖的功德播散云天之外，遍布宇宙。

此语化用唐·宋之问《灵隐寺》诗中句"桂子月中落，天香云外飘"。

佛香阁下层匾

佛香阁中层匾

气象昭回

气象："气"的景象。这里是指一种抽象的、虚幻的景象。古人迷信地认为，大富大贵之人的周围，或藏有宝物的地方上空，都会出现一种异常的景象，这种景象平常人是看不到的，只有会"望气"的专业人员才能见到。《史记·项羽本纪》："吾令人望其气，皆为龙虎，成五采，此天子气也。"明·沈榜《宛署杂记·志遗三》录王鏊《游京城西山》诗："金阙五云浮王气，玉亭千古识龙颜。"这里是指吉祥的景象。

昭回：回旋、缭绕。

"气象昭回"是说，这里总是呈现出幸福吉祥的景象。

佛香阁上层匾

式扬风教

式：发语词。没有实际意思。

扬：振扬、传布。

风：音 fěng（讽），讽谕，用委婉的言语进行劝说。《诗经·小雅·北山》："或出入风议，或靡事不为。"陆德明释文："风，音讽。"《史记·樊郦滕灌列传》："风齐王以诛吕氏事。"《聊斋志异·侠女》："明日当往拜其母，便风以意。"

教：教育感化。

式扬风教的意思是说，佛教可以教育、劝说万民移风易俗，使人心向善。这是对佛教的赞扬和肯定。

撷秀亭

敷华亭

敷华亭与撷秀亭

佛香阁东西两侧石山上各有一亭，东侧亭题额"敷华"；西侧亭题额"撷秀"。

敷华　撷秀

敷华：散花（贺寿）。敷，散布。《书·大禹谟》："文命敷于四海，祗承于帝。"华，"花"的古字。

撷秀：持花（祝寿）。撷，采摘。引申为持、拿着。秀，本义为谷类作物抽穗开花。引申指花朵。这里特指莲花。

敷华、撷秀是两个佛教典故。

敷华指"天女散花"的典故。据《维摩诘经·观众生品》中说：维摩诘居士的室内有一位天女，他见诸天人都在精神专注地听维摩诘居士说法，便现出身相，将天花撒在诸位菩萨和大弟子身上。花落在诸菩萨身上，立即掉了下去，落在大弟子身上，便附着不堕。一切弟子想用神力把花去掉，但总也去不掉。

撷秀指"借花献佛"的典故，是佛本生故事。据《过去现在因果经·卷一》载，释迦牟尼前世曾为善慧仙人，他听说普光如来出世，心大欢喜，欲行供养。一次，灯照国王礼请普光佛入城供养，将国内名花搜寻一空。善慧仙人觅花献佛不得，偶遇青衣人密藏七茎莲花从身边经过，便想购买，青衣人说此花当送宫内献佛，不卖。善慧乃求以五百钱买五茎莲花供佛。青衣人感动，赠以五茎莲，又托以二花献佛。善慧至普光佛住所，散五茎花，花在空中化为花台。后散二茎花，又止于空中，夹佛两边。普光佛便授记善慧，使其将来成佛，号释迦牟尼。

　　乾隆皇帝借用这两个典故，是表示献花贺寿，祝他母亲福寿绵长。他在《御制万寿山大报恩延寿寺碑记》中说："维时十方界，无不生欢喜。……天女散香花，众花纷纷下，拈花虔顶礼，敬上无量寿。……最后如来佛，降自忉利天，手持千叶莲，敬上无量寿。圣寿本无量，更有无量加。无量复无边，万万千千岁。"其中"天女散香花"即"敷华"；"手持千叶莲"即"撷秀"。敷华、撷秀都是为了"敬上无量寿"。这两个亭子是佛香阁的附属建筑，是乾隆皇帝为庆贺他母亲六十大寿而建，故有此题。

　　从建筑景观上看，这两个亭子紧依佛香阁，体量较大，又建在高高的叠石座上，既不喧宾夺主，又从视觉上消除了佛香阁建筑的突兀孤寂之感。从建筑内涵来说，佛香阁有这两个亭子做陪衬，更增加了祝寿的气氛。

转轮藏

转轮藏位于佛香阁东侧。

转轮藏

转轮：即转法轮。法轮是佛法的喻称。意思是佛法如转轮圣王的"轮宝"转动，无坚不摧，能摧破众生烦恼无明，摧灭一切邪见。《大智度论》卷二十二说："佛转法轮，如转轮圣王转宝轮……手转宝轮，空中无碍；佛转法轮，一切世间天及人中，无碍无遮……遇佛法轮，一切邪见、疑悔、灾害皆悉消灭。"

藏：音 zàng，就是藏（cáng）的意思。本为储存东西的地方，有包含、蕴积的意义。佛教、道教经典自认为包含蕴积无量法义，所以总称为"藏"。

转轮藏除了上面所说的含义外，还是一种木制经橱的名称。这种经橱下大上小，呈塔形，中心有轴，可以转动。藏身经橱制成很多格子，格子内贮放各种经藏，故称"转轮藏"，也叫"经轮藏"，或简称"轮藏"。据唐代楼颖所著《善慧大士录》记载，转轮藏是南朝梁代的善慧大士傅翕（497—569）首创。他鉴于老弱妇孺不识字，无法读佛经，于是想了个办法，将经、律、论三藏（后世也有加上杂藏的，合称四藏）放在这转轮藏的格子中，信者用手推转，"即与持诵诸经功德无异"。《释门正统塔庙志》说："信心者推之一匝，则与看读同功。……又能旋转不计数者，是人所积功德，则与诵经无异。"这与喇嘛庙里的嘛呢桶和藏族地区手持的嘛呢轮意思差不多。

这里的转轮藏很高大，轮藏下有地下室。当皇帝或后妃们用手轻轻推转时，地下室的人就配合推动，使其旋转不停，就表示皇帝或后妃们念过这些经了。

宝云阁

在佛香阁西侧，有一组类似四合院式的建筑群，由五方阁、宝云阁、角楼、游廊、门殿、石牌坊、大影壁组成。因为院落的主体建筑是宝云阁（铜亭），所以整座院落也习惯上称为宝云阁。

五方阁和宝云阁命名理据

在宝云阁院落的最后面是五方阁，建在高高的绝壁之上。五方，指东、南、西、北和中央五个方位，这里是特指五方佛。五方佛是大日如来的化身。据佛书上说，大日如来（佛教密宗至高无上的本尊，密宗所有的佛和菩萨皆自其所出）为了教化众生，将自己所具有的五种智慧化作五尊佛，分主五方，称为五方佛，也称五智如来。由于佛教流派不同，五方佛的名号也不尽相同。密宗金刚界所奉的五方佛是：东方阿閦（chù）佛、南方宝生佛、西方阿弥陀佛、北方不空成就佛、中央毗卢遮那佛（即大日如来法身佛）。密宗胎藏界所立的五方佛是：天鼓雷音佛、宝生佛、阿弥陀佛、开敷华王佛、毗卢遮那佛。五方阁不是礼佛的场所，里面既无佛像也不设供具，可视为五方佛的假想"居所"。

宝云阁是一座亭子，处在院子的中央，它的全部构件，包括匾额和楹联，都是由铜铸造而成，所以又俗称铜亭。它建造于乾隆二十年（1755年），命名宝云阁，安放在一个由大理石雕砌的方形坛上，气势颇显壮观。宝云阁的建造和命名是因了一个典故。据晋·王嘉《拾遗记》卷一说，很久很久以前，有个地方叫丹丘。丹丘之野多鬼血，化为丹石，这就是玛瑙。这种玛瑙"不可斫削雕琢，乃可铸以为器也"，就是不能用刀凿斧锯等工具砍削加工，只能用铸造的方法制成器物。黄帝之时，丹丘进献了一个玛瑙瓮，到尧帝时这个瓮还在，里面装满了甘露，叫作宝露。舜帝时，将宝瓮迁到衡山上，还专门砌了一个宝露坛来安置它，又在坛下建了一座月馆。舜帝南巡来到衡山，将宝露赐给官员和各部落首领。这时，有云气不断从露坛上的宝瓮中生出来。不久，又迁宝瓮于零陵之上。舜帝死了以后，宝瓮沦于地下。到了秦始皇时期，在舜庙堂前挖出了赤玉瓮，但没有人知道它的来历。直到汉武帝时期，东方朔了解它的情况，便写了一篇《宝瓮铭》说："宝云生于露坛，祥风起于月馆。望三壶如盈尺，视八鸿如萦带。"意思是说，乘着宝瓮生出的宝云，随着月馆吹起的祥风，升起在高空，望见东海中的方丈、蓬莱、瀛洲三座神山，只有一尺那样大小；看到大地八方极远处，就像一条带子围绕在大地边缘。这个典故便是宝云阁铸造和命名的理据。宝云阁便是能生出"宝云"的器物。所谓宝云，是一种特殊的云，是神佛（这里特指五方佛）出行巡游时乘驾的交通工具。它可以随乘驾者的意念任意启停、升降、变速、转向。乾隆皇帝铸造宝云阁，并让它生出宝云，意欲何为呢？读了石牌坊上的楹联，这个问题便迎刃而解了。

宝云阁石牌坊楹联

在宝云阁院落南门阶下，有一座三间四柱的高大石牌坊，牌坊的楹柱及枋额上均有题刻，这些题刻按两两成对来数，共计七对，实际是七副楹联。有的虽然横向题刻在枋额上，但南北两向相对共成一副，是横向书写的楹联。这七副楹联按内容可分为三组，排列是有顺序的，阅读时先后次序不能乱，否则意境全失。

第一组　　1. 暮霭朝岚常自写
　　　　　　　侧峰横岭尽来参

　　　　　　2. 众皱峰如能变化
　　　　　　　太空云与作沉浮

　　　　　　3. 苔雪溪山吴苑画
　　　　　　　潇湘烟雨楚天云

第二组　　4. 川岩独钟秀
　　　　　　　天地不言工

第三组　　5. 几许崇情托远迹
　　　　　　　无边清况惬幽襟

　　　　　　6. 境自远尘皆入咏
　　　　　　　物含妙理总堪寻

　　　　　　7. 山色因心远
　　　　　　　泉声入目凉

第一组三副楹联都是作者"亲身"感受到的实景实况，但这不是从平常视觉角度感受到的，而是从高空中领略到的。

楹联一

暮霭朝岚常自写
侧峰横岭尽来参

上联是说，"作者"升起在高空，面对南方，先向左右察看。此时正值白日当空，向左看，东方极远处，那里是红日西坠，已经到了晚上（暮）；向右看，西方极远处则是旭日初升，正值早晨（朝）。不论是东方还是西方，那里的云气和雾气都在不停地翻腾变幻，或舒或卷，变化无常。联中，霭，是云气。（东方是无边的大海，故用"霭"）岚，山林中的雾气。（西方是联绵不断的群山，故用"岚"）常，不断、不停。写，音 xiè，通"泻"，宣泄、倾泻、流淌的意思，这里引申为翻腾、涌动。《诗经·小雅·蓼萧》："既见君子，我心写兮。"《周礼·地官·稻人》："以浍写水。"《管子·度地》："内为落渠之写，因大川而注焉。"

下联说，"作者"（在高空向左右察看以后）快速向前（南方）行进。边前行边向下俯看，见到众多山峰一团一簇迎面而来，就像是臣子们一拨一伙前来参见朝拜。这里"侧峰横岭"用苏轼《题西林壁》诗中"横看成岭侧成峰，远近高低各不同"句义，形容山峰众多。

楹联二

众皱峰如能变化
太空云与作沉浮

此联承续上联，"作者"继续前行，（刚才看到的群山还像是臣子们前来参拜，而此时）只见无数连绵起伏的山峰，急速涌来，争前恐后，堆挤叠叠，参差错落，看上去已经像衣服或纸张被揉弄成一片褶皱的样子了（山峦本来就是地壳的褶皱）；就连身边一掠而过的高高低低的云朵，也像是一沉一浮上下跃动。说明观察者的位置更高，速度更快了。这里的"众皱"，语出韩愈《南山诗》："前低划开阔，烂漫堆众皱。"韩诗中用了大量的比喻来描述终南山诸峰"皱"的态势。"如能"，就是"如此这般"的意思，在句中充当"变化"的状语，表示变化之快的程度。

楹联三

苕霅溪山吴苑画
潇湘烟雨楚天云

苕霅：浙江省北部的两条水名，即苕（tiáo）溪和霅（zhà）溪。苕溪有二源，出天目山之南的称东苕溪，出天目山之北的称西苕溪，两溪流至吴兴县境内汇合后称霅溪，注入太湖。苕溪霅溪流域以山川景物清幽绝美闻名于世。宋·陈尧佐《湖洲碧澜堂》诗曰："苕溪清浅霅溪斜，碧玉光寒照万家。谁向月明终夜听，洞庭渔笛隔芦花。"

吴苑：本指春秋时期吴王游猎的范围，也称长洲苑，故址在今江苏省苏州市西南。这里是泛指浙江省北部和江苏省中南部一带地方，因为古属吴地，故称。

画：山水图画。形容自然景色优美。唐·杜牧《池州送孟迟先辈》诗："溪山好画图，洞壑深闺闼。"元·吴讷《宿承天观用杨廉夫韵》诗："承天观里开图画，吴越山河一览中。"

潇湘：指潇水和湘水汇合的地区。潇水和湘水是湖南省境内两条主要河流。潇水发源于湖南宁远县南的武巉山，流至零陵县西北汇入湘水。湘水又称湘川，今名湘江，源出广西壮族自治区灵川县海阳山，东北流贯湖南省东部，至湘阴县入洞庭湖。潇湘流域以景色秀美著称于世，前人多有赞美。据宋·沈括《梦溪笔谈·书画》载，宋代著名画家宋迪曾以潇湘美景为题作"潇湘夜雨""洞庭秋月"等八幅图画，是有名的平远山水画，被后人美称为潇湘八景图。元·卢挚《双调·沉醉东风·秋景》曲："夜静云帆月影低，载我在潇湘画里。"

烟雨：像烟雾一样轻柔的绵绵细雨。

楚天：楚地的天空。楚地指湖南、湖北及其周围一带地方。因为这一带春秋战国时期属楚国，所以后世习惯上称为楚地。唐·杜甫《暮春》诗："楚天不断四时雨，巫峡常吹千里风。"宋·辛弃疾《水龙吟·登建康赏心亭》词："楚天千里清秋，水随天去秋无际。"张孝祥《浣溪沙·洞庭》词："行尽潇湘到洞庭，楚天阔处数峰青。"

全联是说，"作者"转瞬间来到吴楚之地。先在吴地上空作短时停留，向下俯视，但见苕溪霅溪一带山川景物优美异常，把整个吴苑大地装点得简直就是一幅美不胜收的山水画。随后，又来到楚地上空。很不凑巧，此时楚地的天空布满了阴云，潇湘一带的迷人景色看不到了，那里正在下着绵绵细雨。作者对潇湘山水美景没有进行直接描述，而是匠心独运，巧作安排，采取了不见之见、不言之言的手法，让潇湘处于迷蒙的烟雨之中（实际上"潇湘烟雨"也是潇湘美景之一），给它蒙上了一层薄薄的面纱，这又恰好为潇湘美景注入了神秘色彩。潇湘到底有多美，任凭读者去想象，但肯定要比如图如画的吴苑更美。

上述第一组三副楹联，是作者从空中领略到的景象。在没有任何载人飞行器的二百五十多年前，作者是凭借什么来到高空并做高速运行的呢？是云，是宝云阁生出的宝云。有了宝云，由谁去乘驾升空呢？楹联是乾隆皇帝写的，所述景象也是乾隆皇帝"领略"到的。难道乾隆皇帝让自己乘驾宝云吗？当然是不行的。于是他便找了一个替身——佛，并顺理成章地选择了分治五方的五方佛，这和皇帝治理天下的身份是吻合的。由于是到南方巡察，所以确切地说，应该是五方佛中的南方宝生佛更为合乎"情理"。宝生佛的"宝"字，又一字双关，乾隆皇帝即位前曾被封为宝亲王，这其中的暗示就不言而喻了。

这三副楹联是作者假借五方佛乘宝云出巡这个虚拟的事由，用写实的手法，生动地描绘了大清山河壮丽的景象。作者把握整体气势，从大处着眼，以极其丰富的想象力，用浪漫的笔法，转瞬间将天下山河揽于怀中，将吴楚大地运于掌上，充分体现了作者宏伟的气魄和博大的胸怀。

这组楹联文字朴实自然，不用艳丽词藻，没有矫情炫饰。用拟人的手法，生动活泼，动感强烈，气势奔放，场面壮观，意境深远，使作者热爱祖国河山、热爱大自然的深厚情感跃然而出。

第二组

楹联四

川岩独钟秀
天地不言工

川岩：泛指河山。川，有两个意思。一指河流。《庄子·秋水》："秋水时至，百川灌河。"一指原野。宋·王安石《出郊》诗："川原一片绿交加，深树冥冥不见花。"岩，山。《楚辞·天问》："阻穷西征，岩何越焉？"唐·李白《永王东巡歌》："千岩烽火连沧海，两岸旌旗绕碧山。"

独：通"犹"，副词，相当于"依然""始终""总是"。隋·江总《遇长安使寄裴尚书》诗："北风尚嘶马，南冠独不归。"唐·杜甫《上牛头寺》诗："何处啼莺切，移时独未休。"

钟秀：聚集灵秀之气。钟，汇聚、集中。秀，秀美、灵秀。唐·柳宗元《邕州柳中丞作马退山茅亭记》："苍翠诡状，绮缛绣错，盖天钟秀于是，不限于遐裔也。"唐·杜甫《望月》诗："造化钟神秀，阴阳割昏晓。"

不言：不用语言，不依靠语言。《老子·第五十六章》："知者不言，言者不知。"《庄子·知北游》："天地有大美而不言，四时有明法而不议，万物有成理而不说。"又《齐物论》："夫大道不称，大辩不言。"成玄英疏："妙悟真宗，无可称说，故辩雕万物，而言无所言。"

工：通"功"。清·朱骏声《说文通训定声·丰部》："工，假借为功。"功，功力、本领。这里是指天覆地载，万物化生的功力，即天地造化之功。《书·皋陶谟》："天工，人其代之。"汉·贾谊《鵩鸟赋》："且夫天地为炉兮，造化为工。"唐·柳宗元《巽公院五咏·芙蓉亭》："尝闻色空喻，造物谁为工？"

此联是在第一组楹联的基础上，作者"见到"山河宏伟壮丽，原野异彩纷呈，情有所感，心有所动而发出的感慨之词。意思是说，这大好的万里河山，总是凝聚着灵秀之气，这是天地创造化育的功力啊！言语中饱含了作者对天地自然的崇敬之情。

这副楹联是第一组楹联述景与第三组楹联抒情之间的过渡，起承上启下的作用。

第三组

楹联五

几许崇情托远迹
无边清况惬幽襟

几许：估计数量词。相当于"多少""若干"。张相《诗词曲语辞汇释》卷三："许，估计数量之辞。凡云'几许'，犹云'多少'也。"唐·韩愈《桃园图》诗："当时万事皆眼见，不知几许犹流传。"宋·苏轼《观潮》诗："欲识潮头高几许，越山浑在浪花中。"这里含有由少变多、扩展、提高的意思。

崇情：崇高的思想境界。崇，高。情，精神、志向。

托远迹：托，寄托、依赖。《说文·言部》："托，寄也。"《楚辞·（宋玉）招魂》："魂兮归来！东方不可以托些。"清·黄宗羲《两异人传》："乃有谢绝世事，托迹深山穷谷者。"远迹，足迹到达远方。也指远离世俗。晋·张华《凯歌二首·命将出征歌》："远迹由斯举，永世无风尘。"《宋书·雷次宗传》："虽在童稚之年，已怀远迹之意。"这里具体指第一组楹联所述的到南方远行。

清况：清秀明丽、清幽静谧的风光景况。具体指这次到南方远行见到的景象。

惬：快意、满足。南朝宋·谢灵运《石壁精舍还湖中作》诗："虑澹物自轻，意惬理无违。"唐·白居易《和梦游春诗一百韵》："恍若有所遇，似惬平生欲。"

幽襟：犹"幽怀"，内心深处的情感。杜甫《奉观严郑公厅事岷山沱江图画》诗："绘事功殊绝，幽襟兴激昂。"清·邢昉《九江城南楼晚眺》诗："昔人此宴赏，嘉月陶幽襟。"

全联意思是说，这次到南方巡行，使我的思想境界大为提高；那无边无际的山山水水、自然风光，让我内心深处的情怀得到充分的满足。

楹联六

境自远尘皆入咏
物含妙理总堪寻

境：心境、境界。这里是指高尚的志趣、情操。

远尘：志存高远，脱离世俗。尘，指追名逐利之心。晋·陶潜《归园田居五首》其二："白日掩荆扉，虚室绝尘想。"宋·苏舜钦《游招隐道中》诗："扬鞭望招隐，尘思漠然收。"

入：进入、达到（某种境界）。

咏：咏叹、歌颂、赞美。汉·班固《东都赋》："下舞上歌，蹈德咏仁。"唐·张籍《和裴司空酬满城杨少尹》诗："圣朝偏重大司空，人咏元和第一功。"

物含妙理：事物固有的发展规律，亦兼指人生哲理。宋·朱熹《朱子语类》："凡眼前无非是物，物物皆有理。"含，蕴藏。妙理，玄妙的自然属性。《唐郊庙歌辞·太清宫乐章·序入破第一奏》："真宗开妙理，冲教统清虚。"也称"物理"。杜甫《曲江二首》其一："细推物理须行乐，何用浮名绊此身。"《西游记》第七十七回："明示开天生物理，细言辟地化身文。"

堪：助动词。相当于"可以""能够"。南唐·冯延巳《金错刀》词："春光堪赏还堪玩，恼煞东风误少年。"

寻：探求。

此联叙述了南巡的收获体会之一，体现了作者居心高远、不溺于俗的思想境和探求自然之理及人生真谛的进取精神。

楹联七

楹联七

山色因心远
泉声入目凉

山色：山的景象。唐·王维《汉江临眺》诗："江流天地外，山色有无中。"

因心：亲善友爱之心。《诗经·大雅·皇矣》："维此王季（季历，周文王之父），因心则友。"唐·杜羔《郊庙歌辞·享惠昭太子庙乐章·登歌》："因心克孝，位震遗芬。"

远：扩展、广大。《汉书·韦玄成传》："四垂无事，斥地远境。"颜师古注："远，广也。"

入目：泉声本应入耳，这里用通感的修词手法改为入目，因为眼睛更能体现心灵。常言道，眼睛是心灵的窗口。入目，犹如说"入心"。

凉：清爽。形容心情平静不躁。

此联的意思是说，那连绵不断的群山景象，使我的亲善友爱之心得到了升华；那不断流淌的泉水让我的心情舒爽平和。这是作者通过这次"南巡"见到了山水的本色以后，内心深处的感受。所谓山水本色，汉·刘向在《说苑·杂言》中说：山，高峻险要，为万民所仰望，为草木生长、动物繁衍、禽鸟聚集、野兽栖息创造了良好的条件；山养育万物而不厌倦，四面八方的人各取所需而不吝啬；它出产宝藏供人类利用；为高洁之士提供隐居的场所；出云生风，使大气在天地间流通；因为有了山，国家便得以稳固。此联作者作为意气风发、胸怀远志的一代帝王，正是看到了山的这种亲善万物、友爱众生、无私奉献的本色，所以自己的友善仁爱之心也得到了扩展和提高。孔子说，"仁者乐山"；《孟子》说，"仁者爱人"，上联即暗寓了这个意思。《说苑·杂言》又说：泉水流淌，日夜不停，就像是一个精力充沛的人；水按照一定的规则流动，任何小的地方都能流到，就像一个公平的人；它总是由高处向低处流动，很像有礼貌的人；遇到万丈深渊也毫不犹豫地冲下去，很像勇敢的人；遇到堤坝的阻挡就平静下来，让杂质沉淀，使自己的体质变清，就像知天命的人；它滋润万物，就像乐善好施的人。因为有了水，国家才能稳固。此联作者看到水有如此多的美德，是涵养心性的榜样，所以心中戒除了骄躁而变得平和。孔子说，"智者乐水"；老子说，"上善若水"，下联便暗寓了这个意思。

此联是这七副楹联的结尾。作者用"因心远""入目凉"总括全文，点明主旨，表达了寄情山水，陶冶情操，修心炼性，开拓胸襟，从而达到大仁大智这一儒家思想最高境界的心境。

这七副楹联共同组成了一篇文章，全文有述景，有抒情，有过渡，有结尾，结构完备，层次清晰，主题鲜明，且文字简洁，语言朴实，引喻恰当，构思奇特，是一篇游记性的好文章。为了做好这篇文章，乾隆皇帝精心地作了铺垫，这个铺垫不是用文字写出来的，而是由五方阁、宝云阁的建造及命名构成的。有了这个铺垫，这篇文章才算是木之有本、水之有源了。

在此之前，乾隆皇帝至少已经有过一次南巡的经历（即清漪园破土动工之后不久，乾隆十六年正月至四月首次南巡），看来这次南巡给他留下了深刻的印象，故有此题。

这七副楹联都是乾隆皇帝从自己前几年所作诗中摘录的。各诗附录于下。

楹联一摘自乾隆十二年作《玉华寺皋涂精舍》：山椒卜筑傍僧庵，一室虚明万景涵。暮霭朝岚常自写，横峰侧岭尽来参。杏花已放甜山色，桂子还韬宝月馣。游历每教成小憩，天然佳句座中探。

楹联二摘自乾隆十三年登泰山作《恭依皇祖登岱诗韵》：天齐才让天居上，进步竿寻百尺头。众𡺾峰如能变化，太空云与作沉浮。岂缘乘兴凌千仞，敬识凭高御九州。继述何能蘉敢不，乾坤亭里久延留。

楹联三摘自乾隆十三年祭泰山途中作《赵北口即景》：燕南赵北旧曾闻，历览真逢意所欣。笤雪溪山吴苑画，潇湘烟雨楚天云。渔歌隔浦惊鸥阵，客舍开窗数雁群。方喜湖光涤尘埃，何来诗思与平分。

楹联四摘自乾隆十二年赴承德途中作《滦阳别墅》：湍流无略彴，济渡

宝云阁（铜亭）匾

一舟通。每到消尘念，从知秘化工。川岩独钟秀，天地不言功。欲学轩辕访，瞠乎拜下风。

楹联五摘自乾隆御制诗《秋季御园即景杂咏》：莫谩霜华屟齿侵，午亭闲趁一幽寻。楼台入画成蓬阆，山水当秋效静深。几许崇情托远迹，无边清况惬幽襟。小斋新构名无倦，拟欲书屏大宝箴。

楹联六摘自乾隆御制诗《夏日建福宫》：丹枫底事慕山林，无那松篁潇洒心。境自远尘皆入咏，物含妙理总堪寻。金城漏永芙蓉静，玉宇宵明象纬沉。正是南薰长养候，好将解阜验鸣琴。

楹联七摘自乾隆御制诗《项圣谟松涛散仙图即用自题原韵》：山色因心远，泉声入目凉。萧斋背嘉树，素馆倚崇冈。结构无遗憾，筌蹄想并忘。延平合招隐，共入石渠藏。

宝云阁山门殿匾

浮岚暖翠

浮岚暖翠：山间云气缭绕，草木茂盛苍翠欲滴。岚，山间的云雾之气。暖翠，谓春水或草木翠绿喜人。这里说的是佛教圣地的一般环境。

宝云阁（铜亭）匾

大光明藏

大光明：所放之光明亮无比，遍照一切。《阿弥陀经·卷上》说："彼佛光明无量，照十方国，无所障碍。"《大智度论·释放光》中说："从是诸光出大光明，遍照三千大千世界。从三千大千世界遍照东方，如恒河沙等诸世界。"

藏：佛教经典的总称。分为经、律、论三藏。其中经藏总说根本教义，是佛说的各种经；律藏记述戒规威仪，是信徒们应该遵守的各种戒规；论藏阐明经义，解说佛法的道理。这里的"藏"是泛指佛法。大光明藏是说佛法光明无比，遍照一切。

宝云阁（铜铸）联

慧日扬辉千界晓
慈云垂润万方春

慧日：佛及佛的智慧、法慧如日光明，遍照一切。《法华经·普门品》："无垢清净光，慧日破诸暗。"佛教所说的"日"，和我们自然界的太阳是不同的。自然界的太阳不仅会落下山去，有暗夜之时，而且照物有阴影，阴天或室内和深邃的洞中都不能照到。而佛教所说的"日"，无遮无障，可照一切处，使之永远光明。据《大日经疏》卷一载："梵音毗卢遮那者，是日之别名，即除暗遍明之义也。……然世间日则有方分，若照其外，不及其内，明在一边，不至（另）一边。又唯在昼，光不烛夜。如来智慧日光则不如是，遍一切处，所作大光明矣，无有内外、方所昼夜之别。""如来日光遍照法界，亦能平等开发无量众生之善根，乃至世间、出世间殊胜事业，莫不由之而得成办。"

扬辉：发出光辉。扬，炽盛放光。《诗经·小雅·正月》："燎之方扬，宁或灭之。"《楚辞·天问》："羲和之未扬，若华何光？"

千界：佛教用语，即大千世界，是"三千大千世界"的略语。据《长阿含经》卷十八载，以须弥山为中心，以铁围山为外廓，同一日月所照的四天下为一"小世界"，一千个小世界为一"小千世界"，一千个小千世界为一"中千世界"，一千个中千世界为一"大千世界"。因大千世界有小、中、大三种"千"世界，故称"三千大千世界"。佛教认为，宇宙是由无数个大千世界构成的无限空间，一个大千世界为一佛土。千界，就是广阔无边的意思。

晓：明亮。

慈云：比喻佛的大慈大悲之心广大无比，覆盖一切，譬之如云。《鸡跖集》曰："如来慈心，如彼大云，荫注世界。"唐·李世民（太宗皇帝）《三藏圣教序》："引慈云于西极，注法雨于东陲。"

垂：覆盖、笼罩。韩愈《贺雨表》："中使才出于九门，阴云已垂于四野。"

润：滋润。引申为恩泽、惠及、扶助、使得到益处。《淮南子·泰族训》："尧治天下，政教平，德润洽。"《汉书·路温舒传》："泽加百姓，功润诸侯。"

万方：天下万民。指全国百姓。

春：这里指喜色。唐·孟郊《古意》诗："人颜不再春，桃色有再浓。"宋·王安石《送潮州吕使君》诗："吕使揭阳去，笑谈面生春。"

此联是说，佛光普照，天下光明；佛施慈悲，万民欢乐。

五方阁联

百川同源万物斯睹
二仪成象四大居贞

百川：江河湖泽的总称。《诗经·小雅·十月之交》："百川沸腾，山冢崒崩。"

源：来源、原始、根源。《韩非子·主道》："道者，万物之始，是非之纪也。是以明君守始，以知万物之源。"唐·徐贤妃《谏太宗息兵罢役疏》："地广非常安之术，人劳乃易乱之源。"这里的源是指下联所说的"四大"。

万物：统指宇宙间的一切事物。《周易·屯·序卦传》："有天地然后万物生焉。盈天地之间者，唯万物。"

斯：分开、分散、分裂。这个意思的"斯"如今写作"撕"。《广雅·释诂一》："斯，分也。"又，"斯，裂也。"《庄子·则阳》："斯而析之，精至于无伦，大至于不可围。"《水经注·沂水》："水出鹿岭山东南流，……右则诸葛泉源，斯奔乱流……"这里引申指衍变、发展成多种多样。

睹：显现、显示、暴露。《荀子·天论》："珠玉不睹乎外，则王公不以为宝。"

斯睹：显现出各种各样的形态。

二仪：两仪。指阴阳、天地。《周易·系辞上》："易有太极，是生两仪。两仪生四象，四象生八卦。"意思是说，最原始的混沌之气的运动，分化出阴阳，阴阳二气相激而产生春夏秋冬四季的变化，继而生出万物及各种自然现象。班固《典引》："太极之元，两仪始分。烟烟煴煴，有沈（同"沉"，下同）而奥（浊也），有浮而清。沉浮交错，庶类混成。"蔡邕注："两仪始分之时，其气和同。沉而浊者为地，浮而清者为天。沉浮交错，庶类混成。

地体沉而气升，天道浮而气降，升降交错，则众类同矣。”

成象：成为感官可以觉知的形象或现象。《周易·系辞上》：“在天成象，在地成形，变化见矣。”北周·庾信《祀圆丘歌·昭夏》：“瑞形成象，璧气含春。”

二仪成象：这里是指二仪成象之时，即天地始分之时，犹如说“开天辟地”，表示年代极为久远。

四大：佛教名词。指构成物质现象的地、水、火、风四种基本原素。佛教认为，地大性坚载万物；水大性湿润万物；火大性热可熟物；风大性动生万物。四大是构成物质界的基础，也是构成人身的基础，世界万物和人的身体均由四大和合而成。晋·慧远《明报应论》：“夫四大之体，即地、水、火、风耳，结而成身，以为神宅。”此处的“四大”即是上联所说的“源”。

居贞：处在正位，即主宰的地位。居，处于。贞，正。《书·太甲下》：“一人元良，万邦以贞。”孔颖达传：“贞，正也。”《周易·颐》：“居贞之吉，顺以从上也。”《全唐诗·郊庙歌辞·五郊乐章·黄帝宫音》：“黄中正位，含章居贞。”

此联大意是，江河湖泽虽然众多，但其来源是同一的；世间万物，虽然各呈不同的形态，但其根源都是相同的；自打开天辟地以来，地、水、火、风这四大根本要素，就在包括人体在内的物质界处于主宰地位。上联从空间（横向）上，下联从时间（纵向）上，对包括人体在内的物质界进行推本溯源，主旨落在“居贞”二字上，其根本目的是要表明：皇帝处于治理天下主宰一切的地位是由来已久、天经地义的。

此联切合五方佛之名：虽是五方之佛，但都是大日如来所化。

智慧海

智慧海是一座佛殿，建在佛香阁后面的万寿山山顶上，由一座主殿和一座琉璃牌坊组成。

琉璃牌坊
琉璃牌坊南向题额

众香界

众香：代指佛国、佛土，引自佛经《维摩诘经》。该经的《香积佛品》中说，距我们所住的这个娑婆世界上方四十二个恒河（印度境内最大的一条河）沙数（全部沙粒数）佛土之外，有一个叫"众香"的佛土，住在此土的佛，佛号叫"香积"。

琉璃牌坊北向题额

香积佛国中的亭台楼阁都以馨香做成，这香味胜过十方世界一切佛国中人世、天界的任何香味。香积佛宣讲佛法，"无文字说，但以众香，令诸天人得入律行"。

众香界：指佛的法身境界。也称涅槃境界。佛教将宇宙的境界分为两部分，并喻称为"此岸"和"彼岸"。此岸，即众生所住的世界。这个世界又从低到高划分为三个层次，称为"三界"。佛教认为，三界是迷界，是苦海，各类众生在未进入涅槃获得彻底解脱之前，总是依其前世所造之"业"，在这三界之中不停地生死轮回。彼岸，是指涅槃境界，也称"出世间"或"灭"，即脱离生死轮回、熄灭一切烦恼和无明所证得的一种宁静的精神境界。作为佛教的彼岸世界，涅槃是永恒寂静、神秘莫测的，只有成佛才能达到这种境界。"界"，还含有界限、分界之意。意思是以此牌坊为界，按照建筑地域划分，牌坊以南属于包括娑婆世界在内的此岸"三界"，过了牌坊便是脱离苦海进入彼岸的涅槃境界。通常牌坊立柱间是不装门的，而这个牌坊的三个孔洞都装上了大门，实际是牌坊兼山门。这三个门象征"三解脱门"，即空门、无相门、无作门，分别表示观人、法二空；观诸法无相，本无差别；观生死可厌，不可愿求。佛教称之为入涅槃之门。

琉璃牌坊北向题额

祇树林

祇树林：祇树如林。祇树，也称祇园，代指佛寺，全称"祇树给孤独园"，印度佛教圣地之一，是最早的佛教寺院。相传释迦牟尼成道后，古印度桥萨罗国舍卫城有一长者名叫须达多，平生好善乐施，常以财物周济孤独贫弱，故得善名"给孤独"。一次他闻佛说法，心开意解，善根发现，于是邀请佛光临舍卫城。佛问有无精舍，须达多说："如见垂顾，便当营办。"佛便接受了邀请。须达多回舍卫城择地选址。偌大舍卫城，只有波斯匿王之子祇陀太子在城南的一处园林方广严洁，可容佛僧。须达多长者亲往议买，太子开玩笑说："若布金满地，厚敷五寸，时即卖之。"长者便回家运金，果然铺满了园地。太子深受感动，也想做一件功德，便称园中树木根部黄金未能铺上。所以园虽卖出，树仍属己。他将园中树木献给了佛。于是此园便以两个人的名字命名为祇树给孤独园。（参见《弥勒上生经疏·上》）以后园中又建了房屋精舍，迎请释迦牟尼来此说法。据说，佛祖曾在此园居住说法二十余年。林，形容很多，茂盛。

此处题额"祇树林"，表示佛寺圣地众多，佛教兴盛发达。祇，音 qí。

智慧海

智慧海佛殿题额

智慧海

智慧海：智慧如海。佛的智慧像大海一样深广无边。佛教所说的智慧，不是指世俗人的聪明才智，而是梵语"般若"的意译，是指以"缘起性空"理论去观察认识一切现象的特殊观点和方法，是以超越世俗的一种虚幻认识来达到把握"真理"的能力。《大智度论》卷四三说："般若者，一切诸智慧中最为第一，无上无比无等，更无胜者，穷尽到边。"认为此智慧非世俗人所能有，乃成佛所需的特殊认识。般若智慧的获得，唯有通过对世俗认识之否定才有可能。

智慧海佛殿北向题额

吉祥云

吉祥云：吉祥如云。

吉祥：中国佛教四大菩萨之一的文殊师利，译成汉语为妙吉祥。他的密号称为吉祥金刚，他是释迦牟尼佛的左胁侍，专司智慧。又，吉祥也是元代授予僧人的美号。《元史·仁宗纪三》：延祐六年（1319年），"特授僧人从吉祥（从吉祥是僧人名）荣禄大夫、大司空。加荣禄大夫、大司徒僧文吉祥（文吉祥也是僧人名）开府仪同三司"。清·钱大昕在《十驾斋养新录·僧称吉祥》中说："知元时以吉祥为僧之美号。"文殊师利菩萨和广大僧众都是佛家弟子，所以这里的"吉祥"是代指佛弟子。

云：比喻盛多。《诗经·齐风·敝笱》："齐子归止，其从如云。"

吉祥云是说佛的弟子像烟云一样众多。言下之意，是佛法得到了广泛的传播。

万寿山景区

紫气东来城关

紫气东来城关题额

紫气东来（南向）

赤城霞起（北向）

紫气东来：紫气从东方而来。古代迷信认为，紫气的出现，表示有祥瑞降临。用老子西游出函谷关（一说散关）的典故。《艺文类聚》卷七八引《关令内传》云："关令尹喜，周之大夫也……（老子）未至九十日，关令登楼四望，见东极有紫气西迈，喜曰：'夫阳气尽九，星宿值合，岁月并王，复九十日之外，法应有圣人经过京邑。'至期，乃斋戒，其日果见老子。"《史

记·老子韩非列传》："老子至关，关令尹喜曰：'子将隐矣，强为我著书。'于是老子乃著书上下篇，言道德之意五千言而去。"这就是《道德经》。这是一个著名的典故，后被道教利用。道教奉老子为教祖，尊称为太上老君。《道德经》成了道家的基本经典。"紫气东来"便被后人用来表示祥瑞降临或有圣贤到来的吉祥话。杜甫《秋兴》诗："西望瑶池降王母，东来紫气满函关。"清·陈确《酬同年友韩子有五十寿诗》："侧身长向关门望，紫气东来万丈余。"

赤城霞起：赤城山的山石像云霞一样壮丽。语出晋·孙绰《游天台山赋》："赤城霞起而建标。"李善注引孔灵符《会稽记》曰："赤城山石色皆赤，状似云霞。"《方舆胜览》说："赤城山在台州天台县北六里，一名烧山，其上石壁皆如霞色，望之如雉堞然，故人以此名山。"赤城山在今浙江省天台县北，是通往天台山的必经之路，因为山石略带红色，从远处望去，就像彩霞一般，山石起伏又很像城墙上的女墙，所以名此山为赤城。赤城山风景非常壮观，历来是文人骚客的游览胜地。古人对赤城的"霞光"之色也多有赞美称誉。唐·皮日休《寒日书斋即事》诗："江汉欲归应未得，夜来频梦赤城霞。"连做梦都常常梦到赤城霞。孟浩然《舟中晓望》诗："问我今何适？天台访石桥。坐看霞色晓，疑是赤城标。"看到早晨的霞光便想起了赤城的特色。元·李洞《留别金门知己》诗："苍梧倒影三湘寒，赤城霞气生微澜。"见到江中山的倒影也联想到赤城霞。可见赤城霞之美给人留下的印象非常深刻。

赤城山也是道教的胜地，其上有玉京洞，传说为道家所谓十大洞天之一。据《洞天福地记·十大洞天》载："太上曰，十大洞天者，处天地名山之间，是上天遣群仙统治之所……第六赤城山洞，周回三百里，名曰上清玉平之洞天，在台州唐兴县，属玄洲仙伯治之。"唐·孟浩然《寻天台山》诗说："吾友太乙子，餐霞卧赤城。"孟浩然的朋友太乙子是天台山道士，在赤城山修炼餐霞饮露、不食五谷的成仙之道。又据传说，天台山有个叫司马子微的仙道，"身居赤城，名在绛阙"（身体住在赤城，名字列在仙宫）。女道士谢自然曾"受道于子微，白日仙去"。可知，赤城山是道家修炼的好去处，是道教的一处福地。

颐和园内的这座城关式建筑，位于万寿山东端的山脚下，其南面和东面空旷开阔。每当红日将升，登上城关南望，便见万道霞光、半天紫气冉冉升起，自东向西扩展开来，俨然一派紫气东来景象。城关北面和西面，层峦叠嶂，松柏茂密。每当夕阳西斜，登城关北望，但见晚霞当空，映照在苍松翠柏间，金光闪烁，其景色之壮丽，可与赤城霞色媲美。此城关两个题额，都借用前人成句，南额得朝霞之照，北额得晚霞余晖，都十分切景。两题额意境，一得于"城"（赤城），一得于"关"（函谷关），与这座城关式建筑非常贴合。两题额又都与道教紧密关联，暗寓这里是吉祥福地。这两幅题额音韵和谐，搭配得体，看似信手拈来，却是浑然天成，可谓非此关不足以配此额，非此额不足以状此关。

谐趣园

谐趣园

　　谐趣园原名惠山园，始建于乾隆十六年（1751年）。乾隆皇帝《题惠山园八景诗序》说："江南诸名墅，唯惠山秦园最古。我皇祖（指康熙皇帝）赐题曰'寄畅'。辛未（乾隆十六年）春南巡，喜其幽致，携图以归，肖其意于万寿山东麓，名曰惠山园。一亭一径，足谐奇趣。"后嘉庆皇帝南巡也住过寄畅园，回京后于嘉庆十六年（1811年）对惠山园进行改造，使此园"灿然一新"，"焕然全备"，"觉耳目益助聪明，心怀倍增清洁。以物外之静趣，谐寸田（心性）之中和，故命名谐趣，乃寄畅之意也"。（嘉庆皇帝御制《谐趣园记》）

瞩新楼楼上联

谐趣：以景物之妙趣，养心性之和谐。谐，和合、协调。《书·舜典》："八音克谐，无相夺伦，神人以和。"《左传·襄公十一年》："如乐之和，无所不谐。"趣，趣味、情趣。

瞩新楼

瞩新楼位于谐趣园内西北部，其建筑因山就势，从园内看是两层，从园外看是一层。

瞩新楼题名匾

瞩新楼

瞩新：眺望新景，展望未来。瞩，注视。

瞩新楼楼上楹联

瞩新楼上层，东西向各有一副楹联。现挂在东向（在谐趣园院内）的是：

万年藤绕宜春苑

百福香生避暑宫

谐趣园院外楹联

现挂在西向（在谐趣园院外）的是：

竹外泉声招鹤至
日边桥影驾虹来

按照现在位置悬挂，两联联义与实地景物均有龃龉。

先看东向联（在谐趣园院内），"万年藤绕宜春苑；百福香生避暑宫"。谐趣园是园中之园，范围狭小，视野逼仄，规模一般，植被和建筑物都很有限。而楹联的意境却有"宫""苑"之喻。"宫"在古代是帝王的居所，"苑"在古代称"囿"，或称"苑囿"，是皇家植树种草放养禽兽和游猎的场所。无论是"宫"还是"苑"，都具有相当大的规模，这在《三辅黄图》是有记载的，《文选》也有描述，哪一个都比谐趣园大几十倍，甚至上百倍。很显然，谐趣园这样一个小环境，从气势到规模都不能撑起"宫"和"苑"的重担。

再看西向联，"竹外泉声招鹤至；日边桥影驾虹来"。楼的西向在谐趣园院外，与万寿山东坡相接，可谓开门见山。此处既无竹也无泉，更不见桥影在何处，很不切景。既然不切实景，又面对西方，读者便要遐想、联想，极易产生歧解："泉"，联想为九泉、黄泉。"招鹤至"，便是西方来鹤接引，主人驾鹤西归。"日边"，就是将要落山的太阳旁边，那是很远很远的西方，那里有另一个"世界"。"桥影"，自然就是隐隐约约的奈何桥了。一路想来，不禁使人毛骨悚然，很不吉利，与撰联本意大相径庭。

若将两联对调悬挂，便都景顺情通了。

将"竹外泉声招鹤至；日边桥影驾虹来"挂在楼上东向。站在此处向下俯看，左侧是一片竹林，虽然面积不大，却也湛清碧绿，郁郁葱葱。竹林之外便是玉琴峡，汩汩的流水之音使人心清神爽。如此仙境一般的景象，怎能不招徕仙人乘鹤而至！右方有一湾池水，知鱼桥和太阳都倒映水中，桥影在日影旁边相伴，故曰"日边桥影"，很切实景。阳光照在水上，波光粼粼，放出异彩，桥影犹如一道彩虹。水波微漾，日影和桥影便活了起来，像是水波推动着彩虹向这里走来，故曰"驾虹来"。

联中竹、日二字古读入声，属仄。

此联用字十分精巧，既形象又生动。一个"影"字，暗中带出了池塘之水，而且使天壤之遥的日与桥在水中聚到了一起。"至""来"二字给全联注入了活力。尤其是"来"字下得格外传神，不仅让水中之影活了起来，而且暗中"带"出了轻风，甚至将风吹的方向也带了出来，同时也暗示着美好的景象正在一步步地临近，与"瞩新"二字相应和。全联叙事止于鹤和虹，将鹤、虹以后的事情留给了读者去想象。在古代神话传说中，鹤与虹都是仙人的乘驾之物。这里的鹤、虹是否也有神仙乘驾？如果有，他们是哪路神仙？从何处来？因何至此？是暂住还是久留？……作者给读者留下了广阔的想象空间，言有尽而意无穷。

全联状物，实中有虚，虚中见实，有明说也有暗带。字里行间包含了对谐趣园自然景物的赞美和热爱之情。笔底生花，妙趣天成，使谐趣园之"趣"得到了充分的体现。

将"万年藤绕宜春苑，百福香生避暑宫"挂在瞩新楼西向（在谐趣园外），面向万寿山及山前的宫寝区，则"苑""宫"二字便稳稳当当地落到了实处。宜春苑和避暑宫都是指颐和园：避暑宫侧重指宫寝区和湖区，是实指；宜春苑是借古代苑囿代指万寿山，是借指。宜春苑本为秦代的皇家苑囿，汉代称宜春下苑，故址在今陕西省长安县南。后世历代皇家一般都有宜春苑，宋代的宜春苑，故址在今河南省开封城东。"万年藤"是指老藤。万年二字又暗切万寿山的"万寿"之名。藤，寓义"长"的意思。"百福香"，香，借指花。唐·李贺《金铜仙人辞汉歌》："画栏桂树悬秋香。"（秋香即秋花）宋·王安石《甘露歌》："折得一枝香在手，人间应未有。""百福"即多福，是对花的美称，也含有众多、多种的意思。"绕"和"生"都是正在进行中的动词，表示正在生长缠绕、不断生出。

联中"福"字古读入声，属仄。

165

谐趣园

全联是说，万寿山上老藤正生新蔓；宫殿区内百花正绽新蕾。写出了瞩新楼（谐趣园）所处大环境的景象，切合了瞩新楼的"新"字。此联挂在瞩新楼，除了用作点景之外，联意还寓福寿绵长之义。

瞩新楼下层联

瑶阶昼永铜龙暖
金锁风清宝麝香

瑶阶：用精美的石料砌成的台阶、台基。瑶，美玉。这里用为称美之辞。宋·欧阳修《夜夜曲》诗："浮云吐明月，流影玉阶阴。"（玉阶就是瑶阶）

昼永：白天时间显得长。就是感觉花枝、树木、屋檐等投下的阴影移动很慢。犹如说"日影迟迟"。宋·张栻《初夏偶书》诗"扫地焚香清昼永，一窗修竹正森然"，说的是窗间竹影移动迟缓；宋·汪莘《迁入新居后客至偶成》诗"槐柳阴阴日自长"，说的是树影移动迟缓，都是"日影迟迟"即"昼永"的意思。

铜龙：铜制的龙形物件。这里指笔架、镇纸之类的文房用具。明·屠隆《文具雅编·镇纸》说："（镇纸为）铜者，有青绿虾蟆，偏身青绿。有蹲虎、蹲螭、眠厖。""螭"是古代传说的一种无角龙。南朝梁·庾肩吾《谢赉铜砚笔格启》："管抚铜龙，还笑王生之璧。"

暖：温暖、暖洋洋，指心理上的一种感受。意谓喜爱或惹人喜爱。李白《鹦鹉洲》诗："烟开兰叶香风暖，夹岸桃花锦浪生。"

金锁：对锁的美称。锁，门键。代指门、窗。

宝麝：十分珍贵的墨。麝，即麝墨，是含有麝香的墨。据唐·徐坚《初学记·文部·墨》引韦仲《将墨方》曰："合墨法，以真朱（珍珠）一两，麝香半两，皆捣细后，都合下铁臼中，捣三万杵。"又据北魏·贾思勰《齐民要术·笔墨》："合墨法……亦以珍珠砂一两，麝香一两，别治，细筛，都合调。"可知墨中含有麝香，故称麝墨。唐·王勃《秋日饯别》序："研精麝墨，运思龙章。"李白《酬张司马赠墨》诗："兰麝凝珍墨，精光乃堪掇。""宝麝""铜龙"这里是泛指文房四宝等书房用品。

香：一是实指墨的香气，一为心理上的感受，与上联"暖"同义。

此联上下联的前四个字是写瞩新楼近旁的自然景况：精美的台阶上树影婆娑，日影迟迟；华丽的门窗外轻风徐徐，淡香阵阵。后面笔锋一转，移步换景，转入室内的人文环境，用"铜龙""宝麝"来夸赞书桌上文房用具的精美、贵重，表达了对文房四宝的钟爱之情。至此，作者意犹未尽，最后又用直接表达心意的"暖""香"二字作结，使情感达到了顶峰。但意境远未终结，文房四宝并非把玩之物，作者对此如此钟情，暗示了对诗文书画的浓厚情趣，体现出这里的主人是一位文化修养品位极高的人。

此联将自然景观和人文景观完美地熔于一炉，蕴涵丰富，清纯和谐，自然贴切，使全联意趣绵长，耐人寻味。

瞩新楼这三副楹联，全方位地描摹了此处的自然景观和人文景观，处处紧扣"谐趣"二字，虚实兼备，明暗并举：从宫殿区说起，由远到近直至室内；从天空的日、虹说起，由上到下直至水中；从万寿山、昆明湖说起，由大到小直至笔墨。物象层层叠加，情趣步步深化，无句不出景，无字不含情，妙趣横生，韵味无穷。这三副楹联，悬挂处所量身打造，依势得景，由景生境，因境出情，缘情达趣，环环相扣，谋篇布局严谨，遣词命意精当。但若悬挂失位，则景、境俱失，情、趣自然也就全无了。

涵远堂

涵远堂

涵远堂在谐趣园池塘的北岸，是谐趣园的主体建筑。乾隆初建惠山园时，无涵远堂这座建筑。嘉庆皇帝南巡回京后，于嘉庆十六年（1811年）重修惠山园时建此涵远。1860年毁于英法联军。光绪十八年（1892年）修复。

涵远堂题名匾

涵远堂

涵远：指心中挂念着边远地方。涵，包含、包容。

涵远堂联

西岭烟霞生袖底
东洲云海落樽前

此联是乾隆时期的旧作。

西岭：指我国西部地区。因西部地区多山，故称西岭。

烟霞：语义双关。一指山水美景。唐·薛涛《谒山庙》诗："乱猿啼处访高唐，路入烟霞草木香。"这里是形容"西岭"山河的壮丽。一指风烟云雾，即风云，用来比喻变幻不定的社会局势。

生：生存、存在（于心）。这里引申为牵挂。

袖：衣袖。连类引义指襟袖，指胸襟，引申指胸怀、心怀。

底：隐藏。汉·王褒《四子讲德论》："夫雷霆必发，而潜底震动。"（潜底即潜藏）。汉·马融《广成颂》："疏越蕴蓄，骇恫底伏。"（底伏，犹言藏伏）。

东洲：我国东部沿海诸岛，即海疆。

樽：装满酒的酒杯。代指饮酒。

上联的意思是，山川壮美的国家西部地区动荡的社会局势，实在让人放心不下，时常挂在胸怀。西部地区发生了什么事情，让乾隆皇帝牵肠挂肚、忧心忡忡呢？原来，自满清入主中原近百年来，虽然国家已经统一，但西部地区的社会局势始终动荡不安，远的不说，只乾隆皇帝即位到清漪园竣工的三十年间，西部地区就多次发生武装叛乱。比较大的叛乱如：乾隆三年（1738年）贵州定番（今贵州惠水）姑卢寨苗人阿沙聚众反清；乾隆五至六年（1740—1741）湘桂边地区苗、瑶、侗族民众反清暴动；乾隆十年（1745年）四川上、下瞻对（今四川金龙）藏族土目四朗和班滚叛乱；乾隆十三年，大金川土司莎罗奔叛乱；乾隆十五年，即清漪园破土动工这一年，西藏郡王珠尔墨特纳木札勒和卓呢罗卜藏扎什起兵反清；乾隆十七年四川杂谷（今四川理县北）土司苍旺起兵攻掠梭磨、卓克基二土司，朝廷派兵镇压；乾隆二十年至二十二年，居住在西北疆的蒙古族西支厄鲁特蒙古四部先后发生武装叛乱；乾隆二十二年至二十四年，新疆莎车地区回族首领布罗尼特（大和卓木）和霍集占（小和卓木）兄弟举兵叛乱，从叛回众达数十万；乾隆三十年（1765年，清漪园竣工的第二年）新疆乌什回民武装暴动，攻杀官吏，焚毁衙署。国家西部地区这种动荡不安的局面，作为一国之君的皇帝自然是"才下眉头，却上心头"了。

下联的意思是说，和西部地区比较，东部海疆算是平静多了，台湾及澎湖诸岛早在康熙二十二年（1683年）就已收复，这是很值得举杯庆贺的，所以有"落樽前"之说。

此联在文字上模拟宋代米芾《望海楼》诗句"三峡江声流笔底，六朝帆影落樽前"的潇洒浪漫笔法，但意境和气势远比诗句更加深邃宏阔，充分体现了作者作为一国之君的博大胸怀。

涵远堂后面假山石题刻

堆云积翠

堆云：假山石堆垒得像云朵一般。状其形态之美。

积翠：堆积假山所用的石料如同翠玉一般。状其质地之精。翠，质地较坚硬的青、绿或碧色玉石。

"堆云积翠"表达了欣赏山石之趣。

湛清轩

湛清轩题名匾

湛清轩

湛清：明澈、澄清的样子。这里是形容天空明朗清澈。犹如说"湛湛青天"。湛，澄澈、空明。晋·陶潜《辛丑岁七月赴假还江陵夜行涂口》诗："凉风起将夕，夜景湛虚明。昭昭天宇阔，晶晶（xiǎo，明亮、洁白）川上平。"李白《虞城令李公去思颂碑》："缟乎若寒崖之霜，湛乎若清川之月。"清，明朗、清和。代指天。三国魏·曹丕《槐赋》："天清和而温润，气恬淡以安治。"《礼记·乐记》："是故清明象天，广大象地。"天空也称清空、清虚。天，又代指君王。《尔雅·释诂》："天，君也。"这里的"湛清"，明指晴空，得天之趣，暗颂大清王朝及皇帝。

湛清轩建在谐趣园北部最高处，站在池塘边北望，好像与天相接，北极星恰在其上。

湛清轩联

万笏晴山朝北极
九华仙乐奏南熏

万笏：万，虚指数，形容极多。笏，音 hù，古时大臣朝见君王时所持的狭长板子，用玉、象牙或竹制成，也叫手板。万笏，比喻森然耸立的群山。明·华钥《吴中胜记》："庙后天平（山）如锦屏。入座，其峰皆立，僧曰：'此万笏朝天也。'"

朝：面对、朝拜。

北极：北极星。古人认为北极是天的中央，所以又称天极。孙诒让《周礼正义》卷八二说："北极正中即天之中，古谓之天极。又谓之北极枢。"也称北辰。《尔雅·释天》："北极，谓之北辰。"《论语·为政》："为政以德，譬如北辰，居其所而众星共（拱）之。"《晋书·天文志上》："北极，北辰最尊者也。"古人常用北极喻指帝王或朝廷。韩愈《奉和库部卢四兄曹长元日回朝》诗:"戎服上趋承北极,儒冠列侍映东曹。"杜甫《登楼》诗:"北极朝廷终不改,西山寇盗莫相侵。"极字古读入声,属仄。

九华:九天。华,光辉照耀、日月照耀,代指天,犹如说"青天白日"。九华,即九重天,省称九天。《楚辞·天问》:"圜(音 yuán,同'圆'。即天)则九重,孰营度之?"

仙乐:仙界的音乐,是对乐曲的美称。唐·白居易《琵琶行》:"如听仙乐耳暂明。"也指皇家及宫中所奏的音乐。唐·宋之问《龙门应制》诗:"微风一起祥花落,仙乐初鸣瑞鸟来。"九华仙乐就是九天仙乐,这里是用来比喻皇帝所发的诏旨。

南薰:指《南风歌》。相传为舜帝所作。歌词是:"南风之薰兮,可以解吾民之愠兮。南风之时兮,可以阜吾民之财兮。"意思是,温暖的南风吹来,可以除去百姓的忧愁烦恼;和时宜的南风吹来,让百姓获得丰收。(薰,和煦。愠,忧愁。时,适时。阜,丰厚。)

这副楹联与题匾紧紧相扣,围绕一个"天"字展开叙述,是"湛清"二字的进一步发挥。从缀景的角度说,在谐趣园最高处的建筑上题此匾联是得天之趣,使谐趣园的"趣"得到了进一步扩展延伸。从寓义角度说,"天"代指君王。

此联换成口语来说就是,天下的官吏和百姓拥护朝廷;朝廷和皇帝使百姓无忧无虑、丰衣足食。

兰亭

题名匾

兰亭

兰亭:古兰亭在今浙江省绍兴市西南兰渚山上。《水经注·浙江水》说:"湖口有亭,号曰兰亭,亦曰兰上里。太守王羲之、谢安兄弟数往造焉。"晋永和九年(353年)农历三月初三,王羲之、谢安、孙绰等名流雅士四十二人在此雅集,曲水流觞,赋诗行乐。王羲之并写了被后人誉为"天下第一行书"的《兰亭集序》,兰亭遂名闻天下。这里亭内因有乾隆皇帝御笔诗文书法碑刻,故亦名之为兰亭,表示文人寻诗觅句雅兴之趣,并借以赞美乾隆皇帝的文采。

知春堂匾

知春堂联

兰亭内石碑题字

寻诗径

寻诗径：在路途中考索、构思诗句。用唐朝诗人李贺寻诗觅句的典故。李贺，字长吉，皇室后裔，七岁能作诗文。《新唐书·李贺传》载："（李贺）每旦日出，骑弱马，从小奚奴，背古锦囊，遇所得，书投囊中……及暮归，足成之。……母使婢探囊中，见所书多，即怒曰：'是儿要呕出心乃已耳。'"李贺的诗歌承袭了《楚辞》的意趣和风调，同时又吸收了古乐府的质朴和齐梁体的浓艳，自成一家。李贺作诗，字斟句酌，在炼字上非常下功夫。后人有评论说，"从来琢句之妙，无有过于长吉者。"（黎简《李长吉集评》）"李长吉诗如镂玉雕琼，无一字不经百炼，真呕心而出者也。"（叶衍兰《李长吉集跋》）乾隆皇帝对李贺非常推崇，引为"知音"，故特意树碑题字，并作诗说："两傍怪石叠嵌嵜，一径烟霞步步深。此处相应定谁是，依稀李贺是知音。"

"兰亭"和"寻诗径"都体现了文人雅士赋诗觅句之趣。

知春堂
题名匾

知春堂

知：赏识。引申为观赏、欣赏、赞赏。

堂：专供多人集体从事某种活动的房屋。知春堂，就是约集一些志趣相投的人聚在一起观赏春景，吟诗作赋、描图绘景以抒发迎春、羡春、惜春情怀的场所。

来此欢聚一堂，观赏、吟咏春光的都是些什么人呢？此间楹联说得很明白。

知春堂联

七宝栏杆千岁石
十洲烟景四时花

七宝：用多种宝物装饰，形容非常贵重。七是虚指数，表示多的意思。清·王琦注李白《凤笙篇》诗引《枕中书》云："玄都玉京七宝山，周回九万里，在大罗天之上。城上七宝宫，宫内七宝台，有上、中、下三宫，如一宫城……夫以得道大圣众，并赐其宫第居宅，皆七宝宫阙。""七"字古读入声，属仄。

千岁石：喻指上了年纪但身体健康的老人。《庄子·天地》："千岁厌世，去而上仙。"成玄英疏："安期（道教仙人）之寿，方称千岁。"宋·姜夔《扬州慢》词序："千岩老人以为有《黍离》之悲也。"千岩老人，南宋文人萧德藻的号。千岩，千年岩石，即千岁石。元·傅若金《题宜春钟清卿清露轩》诗："仙人饮沆瀣，寿命金石固。千岁不可期，空歌徒延慕。"石，石的质地坚硬，暗喻人的体格硬朗、健康。石字古读入声，属仄。

十洲：神话传说中仙人居住的十个岛屿。汉·东方朔《海内十洲记》："汉武帝既闻王母说八方巨海之中有祖洲、瀛洲、玄洲……有此十洲，乃人迹所稀绝处。"这里是指广阔、广博。借指（知识）渊博。"十"字古读入声，属仄。

烟景：春天的美景。也泛指优美的景色。南朝梁·江淹《惜晚春应刘秘书》诗："烟景抱空意，衡杜缀幽心。"元·周权《郭外诗》："夕阳烟景外，倚仗立移时。"这里用来形容美好，比喻人的才华。

四时花：四时，一年四季。四时花，指一年中的二十四番花信，不同时节各有绽放的鲜花，意为新花。唐·殷文圭《题胡州太学丘光庭博士幽居》诗："五夜药苗滋沆瀣，四时花影荫莓苔。"这里是喻指年轻的新秀。

全联的意思是，欢聚此堂赏春、颂春的人，既有德高望重、倍受尊崇的老人，也有不少颇具才华的年轻新秀。取意于王羲之《兰亭集序》中语"群贤毕至，少长咸集"，游目骋怀，畅述幽情，亦为一大乐事，切合了谐趣园的"趣"字。也和此处池塘北侧的"兰亭"题名相照应。

此联为叙事联。语言轻松流畅，引喻得当，对仗工整，不失为佳作。

知鱼桥石牌坊

知鱼桥
知鱼桥石牌坊题额

知鱼桥

知：通常的理解是知道、了解的意思。知鱼，源自《庄子·秋水》："庄子与惠子游于濠梁之上，庄子曰：'鲦（tiáo）鱼出游从容，是鱼之乐也。'惠子曰：'子非鱼，安知鱼之乐？'庄子曰：'子非我，安知我不知鱼之乐？'"这是一段富有情趣的对话，字面意思不难理解，而其真正含义是什么呢？前人对此作了解说。晋人郭象给这段话作注解说："夫物之所生而安者，天地不能易其处，阴阳不能回其业，故以陆生之所安，知水生之所乐。"唐代成玄英则更进一步说："夫鱼游于水，鸟栖于陆，各率其性，物皆逍遥。而庄子善达物情所以，故知鱼乐也。"又说："夫物性不同，水陆殊致，而达其理者体其情，是以濠上彷徨，知鱼之适乐。"大意是说，天地之间，万物所生是禀之自然，各有其性。每个物种，虽然各自的生活环境不同，但都按照各自的生存规律生活着，都有各自的喜怒哀乐和情趣，这是大自然所赋予的灵性，是天地造化之工。人和万物都法于自然，所以应该是平等的，灵性也应该是相通的。正如苏轼在《观鱼台》诗中所说："若信万殊归一理，子今知我我知鱼。"庄子不但洞达斯理，而且与万物通灵性，所以能知鱼之乐，与鱼同乐。而惠子不察此理，只从人情出发，所以不知鱼乐，更不知庄子为什么会知鱼之乐。这是由于两个人的思想境界不同而使然。这正说明"知鱼"的"知"不只是通常理解的"知道""了解"的意思，更含有灵感相通的特殊含义。

知，还有交游、交往的意思。《荀子·不苟》："君子易知而难狎。"俞樾解释说："知者，接也。古谓相交接曰知。"知鱼，就是和鱼相交接、交游、交往。用于桥的冠名，则知鱼桥的"桥"，便有了三层含义：一是指眼前的这座实物桥；二是为人和鱼的友好交往起联系、沟通作用的媒介，即俗语说的"牵线搭桥"之意；三是象征当年庄子与惠子所"游"的那座濠水之桥，当你和朋友漫步桥上，便有情景再现之感。知鱼桥的桥面架得很低，离水面很近，就是为了便于人和鱼更好地进行交往。桥身建造古朴，不加修饰，就是用以想象两千多年前濠水之桥的样子。其设计理念是有深厚文化内涵的。"知鱼桥"不能理解为"观赏鱼的桥"，"观赏"是不平等的行为，有悖乾隆皇帝初衷。这和杭州西湖的"花港观鱼"是不能等同而论的。

知鱼桥石牌坊坊柱联（一）

回翔凫雁心含喜
新茁蘋蒲意总闲

回翔：盘旋飞翔，即自由飞翔。南朝梁·沈约《咏湖中雁》诗："白水满春塘，旅雁每回翔。"

凫雁：凫是野鸭子，雁是大雁。凫和雁合称，泛指各种水鸟。

心含喜：是指各种水鸟的心中带着喜气。

茁：草木初生怒发的样子。宋·范成大《黄罴岭》诗："高木傲烧痕，葱茏茁新黄。"茁字古读入声，属仄。

蘋蒲：蘋，俗称四叶菜，多年生水生蕨类植物，茎横卧在浅水泥中。四片小叶分布像"田"字，故又叫田字草。常见于水田、池塘、沟渠中。蒲，也叫香蒲，是一种水生植物，叶细长而尖，可用来编织蓆篓，幼蒲可食。这里蘋和蒲合称，是泛指水草。

闲：心情舒缓、悠然自得的样子。李白《山中问答》诗："问余何意栖碧山，笑而不答心自闲。"唐·孟浩然《万山潭》诗："垂钓坐磐石，水清心益闲。"

全联的意思是说，各种水鸟都怀着喜悦的心情在这里飞来飞去；初生的水草也是无忧无虑，意态安闲地苗壮成长，说明这里是一个阳光明媚、春塘水满、草丰食足、万物和谐的好地方。

此联与题额"知鱼"相匹配，浑然一体。文字上是描述生物的心理状态，而实际上却是体现了作者乾隆皇帝，也和庄子一样，具有"泛爱万物，天地一体""独与天地精神往来而不敖倪（骄矜的样子）于万物"（《庄子·天下》）的思想境界。作者热爱生活，热爱自然，通达自然之理，善体万物之灵性，所以能知鱼之乐，知雁之喜，知草木之悠闲。读了这副楹联，谁还能说草木无知禽兽无情呢？只要把自己真正融入大自然中，便会体察到世间万物的灵性。

这副楹联构思新奇，含义深厚。用拟人的手法，形象生动，意境活泼。上联的"含"字，把生活在这和谐美好环境中的禽鸟感到十分满足而发自内心深处的喜滋滋、乐悠悠、兴冲冲的心境，刻画得活灵活现。下联中的"苗"字，惟妙惟肖地绘出了初生水草肥壮敦实、生机勃勃的体态。"闲"字则将水草幼苗得到这美好环境的呵护而陶然自乐、无牵无挂、身舒神爽的意态展现得淋漓尽致。此联可谓遣词命意无一不佳。

本联摘自乾隆十九年御制诗《过玉蛛桥》："明当启跸谒桥山，此日清宫凤驾还。迤逦蛛桥过玉马，涟漪春水漾银湾。回翔凫雁心含喜，新苗蘋蒲意总闲。韶景方欣遍融冶，轻云又见幂屏颜。"

知鱼桥石牌坊坊柱联（二）

月波潋滟金为色
风濑玲琮石有声

月波：月光。因月光似水，故称波。南朝宋·王僧达《七夕月下》诗："远山敛氛祲，广庭扬月波。"唐·李群玉《湘西寺霁夜》诗："月波荡如水，气爽星朗灭。"

潋滟：音 liànyàn（叠韵联绵字），波光闪耀的样子。苏轼《饮湖上初晴后雨》诗："水光潋滟晴方好，山色空蒙雨亦奇。"宋·蔡绦《铁围山丛谈·卷五》："一坐遂尽如秋天夜晴，月色潋滟，则秋毫皆得睹。"

濑：从沙石上急流而过的水。屈原《九歌·湘君》："石濑兮浅浅，飞龙兮翩翩。"汉·王充《论衡·书虚》："溪谷之深，流者安洋；浅多沙石，激扬为濑。"唐·张继《题严陵钓台》诗："鸟向乔枝聚，鱼依浅濑游。"风濑，指风吹起的水浪拍击着石岸。

玎玲：音 chēng cóng（叠韵联绵字），象声词。本为玉石相互撞击发出的悦耳之音。这里指水石相击之声。元·吴镇《题画诗·松壑单条》："飞泉绝壁鸣玎玲。"也作玎玎。唐·殷文圭《玉仙道中》诗："山势北蟠龙偃蹇，泉声东漱玉玎玎。"

联中"石"字古读入声，属仄。

此联写站在知鱼桥上观赏到的自然景象。苏东坡在《赤壁赋》中说："惟江上之清风，与山间之明月，耳得之而为声，目遇之而成色，取之无禁，用之不竭，是造物者之无尽藏也。"月、风、水、石等虽然都是无情之物，但也和鱼、鸟、草木一样，都是天地自然造化而成，都能引发出人对自然的热爱之情。联语有声有色，引人入胜，与上一联思想情感是一致的。

此联摘自乾隆十九年御制诗《静明园分鉴曲》："清滩远渚缭而萦，渌水随方鉴影呈。可识谷坑足天趣，那将离合系人情。月波潋滟金为色，风濑玎玲石有声。闲倚曲栏俯澄照，水晶阙里息心旌。"

谐趣园池塘南岸四座建筑

在知春堂和知春亭之间，由游廊和小桥连接着四座斋轩式建筑，各用二字题额，由东至西依次为澹碧、饮绿、洗秋、引镜。这四面题额分别道出了谐趣园内初春、盛夏、深秋和隆冬时节的景色特点。

澹碧斋题额

澹碧

澹：颜色轻淡、不浓。晋·佚名《休洗红》诗二首其一："休洗红，洗多红色澹。"这个意思的澹，如今写作"淡"。

碧：青绿色。

澹碧，就是淡淡的青绿色。说的是初春时节，谐趣园内冰雪消融、池塘漾绿、草木始发、烟柳初绽的景色。乾隆皇帝在乾隆三十三年作《澹碧斋》诗说："小池冰解作波光，新水容容绿草黄。最合临堤夸一色，生稊蜿地蘸枯杨。"（稊 tí，杨柳的穗。蜿 wǎn，屈弯。蘸，浸水。枯杨，杨树尚未发芽。）

又，乾隆三十七年《澹碧斋》诗中说："一泓澹碧斋前漾，无忽有还有若无。"又，乾隆四十六年《澹碧斋》诗中有句曰："色相都非艳与浓。"这些诗句都指明"澹碧"为初春时节草木初萌，远看似有、临近则无的景象。正是韩愈《早春呈水部张十八员外》诗："天街小雨润如酥，草色遥看近却无。最是一年春好处，绝胜烟柳满皇都。"和范成大《客中呈幼度》诗句"草色有无春最好"的意境。

饮绿亭题额

饮绿

饮：吸吮。《楚辞·远游》："餐六气而饮沆瀣兮，漱正阳而含朝霞。"（饮、餐、漱、含四字义略同）

绿：此处兼含二意：（1）指绿色。（2）代指酒，古代称新酿未过滤的酒为绿。杜甫《对雪》诗："瓢弃樽无绿，炉存火似红。"宋·周紫芝《禽言·提壶卢》诗："田中禾穗处处黄，瓮头新绿家家有。"

饮绿，说的是盛夏时节，谐趣园内"绿树成荫子满枝"的风光。每到盛夏，这里山是绿的，水是绿的，树是绿的，连枝头新结的幼果也是绿的。谐趣园被一片浓绿所覆盖，那颜色绿得可餐可饮，就像一杯醇酒，沁人心脾，让人陶醉，故题名"饮绿"，是由苏轼《书林逋诗后》"吴侬生长湖山曲，呼吸湖光饮山绿"句义化出。

洗秋轩题额

洗秋

洗秋是说，深秋时节，谐趣园风霜高洁、天清气爽、碧空如洗的景象。元·吴景奎《寄题天台杨道士素轩》诗"风露洗秋生灏白，雪霜惊晓眩空明"，宋·柳永《八声甘州·对潇潇暮雨洒江天》词"对潇潇暮雨洒江天，一番洗清秋"，均为此额所本。

引镜轩题额

引镜

引：持取、执持，就是拿起。《战国策·秦策一》："读书欲睡，引锥自

引镜轩

刺其股。"晋·陶潜《归去来兮辞》："引壶觞以自酌。"

引镜，是说隆冬之时，谐趣园中的池塘结了冰，冰面平整光亮，就像一面镜子，可以拿起来照物。

谐趣园池塘西部向南弯曲，形成一个水湾。如果说池塘是一面镜子，水湾便是镜子的手把。引镜斋恰好建在"手把"端处，故题额"引镜"，非常切景。

以上这四座建筑，除了题额，还各有一副楹联。

澹碧斋处现在挂的楹联是：

窗间树色连山净
户外岚光带水浮

窗间：窗中。就是透过窗户。与杜甫《绝句》诗中"窗含西岭千秋雪"和李贺《南园》诗中"窗含远色通书幌"的"窗含"意同。

树色：树的本色。是指洗去尘埃露出本来的色彩。

连：连同、连带。引申为满、遍。唐·韩愈《寄卢仝》诗："国家丁口连四海，岂无农夫亲耒耜。""连四海"犹如说"遍四海"。

净：干净、一尘不染。

户：本义为单扇门。泛指门，代指屋。

岚光：山林中的雾气经阳光照射而现出的光彩。唐·李绅《若耶溪》诗：

179

"岚光花影绕山阴，山转花稀到碧浔。"《西游记》第一回："日映岚光轻锁翠，雨收黛色冷含青。"

带：环绕、围绕。《战国策·楚策一》："被山带河，四塞以为固。"唐·杨师道《陇头水》诗："陇头秋月明，陇水带关城。"

浮：在空中飘荡。唐·陈羽《喜雪上窦相公》诗："千门万户雪花浮，点点无声落瓦沟。"宋·王安石《别皖口》诗："浮烟漠漠细沙平，飞雨溅溅嫩水生。"

全联的意思是，深秋之际，天气清凉，秋雨过后，透过窗户看到园内树木不沾半点尘埃，显现出本来的天然之色。整个山丘山石也都非常洁净；屋外，水塘周围的雾气，在阳光照射下，呈现出绚丽的光彩，在半空飘浮。此联意境与李白《与贾至舍人于龙兴寺剪落梧桐枝》诗"雨洗秋山净，林光澹碧滋"相同。

此联意境与"洗"字紧密关联。若将此联挂在洗秋轩，与题额"洗秋"相配方为合拍。

现挂在饮绿亭处的楹联是：

云移溪树侵书幌
风送岩泉润墨池

溪树：溪水边的树。云移溪树，是说透过树枝树梢可以看到云朵移动。说明树木刚刚发芽，枝叶尚不浓密。这是初春时的景象。

侵：掩映、投在。《乐府诗集》卷二十二王瑳《折阳柳》："枝影侵宫暗，叶彩乱星光。"宋·晏几道《踏莎行》："拂檐花影侵帘动。"

书幌：书斋、书房的窗帘。唐·骆宾王《寓居洛滨对雪忆谢二》诗："积彩明书幌，流韵绕琴台。"唐·宋之问《别之望后独宿蓝田山庄》诗："药栏听蝉噪，书幌见禽过。"幌，窗帘、帷幔。

送：陪伴、伴随。

岩泉：岩石间流出的水。泉，泛指水。南朝梁·萧统《＜文选＞序》："冰释泉涌，金相玉振。"岩石间有水流出，说明冰雪在融化，点明为初春之季。

墨池：有三指。一指洗笔砚的水池。历史上著名书法家张芝、王羲之、怀素等都有墨池的传说流于世。唐·裴说《怀素台歌》："永州东郭有奇怪，笔冢墨池遗迹在。"宋·曾巩《墨池记》:"新城之上,有池洼然而方以长,曰王羲之之墨池者……羲之尝慕张芝,临池学书,池水尽黑,此为其故迹。"一是毛笔头的中心部分。代指笔。北魏·贾思勰《齐民要术·笔墨》:"以所整羊毛中截,用衣中心——名曰'笔柱',或曰'墨池'。"宋·范成大《客中呈幼度》诗:"手板头衔意已慵,墨池书枕兴无穷。"一是砚的代称。宋·范正敏《遯斋闲览·墨地皮棚》:"王僧彦父名师古,常自呼砚为墨池。"

全联是说,天空的朵朵白云在树梢间轻缓悠闲地飘动,时而把阴影投在书房的窗帘上;冰雪消融,潺潺的山泉伴随着和暖的春风流入池塘,取而磨墨又滋润着笔砚。联中的"侵书幌""润墨池"表现了作者珍惜春阴,用功读书作文的情趣。乾隆皇帝曾在乾隆二十年《澹碧斋》诗中说:"我自惜阴者,安知夏日长。"上联的"云移"暗寓了作者读书时悠闲、平静的心境。下联的"岩泉"暗寓了作者构思诗文时灵感涌动的情形。

此联似应挂在澹碧斋处,与"澹碧"相配更为切合。

现挂在洗秋轩处的楹联是:

宫徵山川金镜里
丹青云日玉壶中

宫徵:宫和徵都是我国古代音乐的五音之一。五音即宫、商、角、徵、羽五个音阶,相当于现代简谱的"1""2""3""5""6"。五音加上变徵(相当于"4")、变宫(相当于"7")便是七音音阶。这七个音阶参差组合,便能谱出极多的乐曲。这里的宫徵是代指七音阶,泛指无穷美妙的乐曲。

山川:泛指高山、丘陵、平原、河流等地貌。各种地貌参差分布构成了大地,所以"山川"亦代指大地。

宫徵山川,是说像音阶谱出美妙的乐调那样,各种地貌构成了多姿的大地。"宫徵"用作"山川"的修饰性定语。

金镜:明亮的镜子。喻指谐趣园池塘结成的冰面。

丹青:丹砂和青䏅(huò),两种可做颜料的矿物,是我国古代绘画常用的颜料。这里泛指绘画用的各种颜料,形容多彩。

云日:云和日。泛指日、月、星、云等天貌。日月星云错落分布构成了天空,所以云日亦代指天空。

丹青云日，是说像颜料绘成美丽的图画那样，各种空间之物构成了多彩的天空。"丹青"用为"云日"的修饰性定语。

玉壶：晶莹剔透的壶形容器。南朝宋·鲍照《代白头吟》诗："直如朱丝绳，清如玉壶冰。"唐·王昌龄《芙蓉楼送辛渐》诗："洛阳亲友如相问，一片冰心在玉壶。"这里的用意与上联"金镜"同，都是比喻纯净的冰面，同时点明为隆冬季节。

全联的意思是，隆冬时节，谐趣园池塘结成的冰，就像金镜和玉壶一样晶亮透澈，把多姿的大地和多彩的天空都映在其中。

此联的笔法和气势与曹操《步出夏门行·观沧海》诗"日月之行，若出其中，星汉灿烂，若出其里"异曲而同工。

此联若与题额"引镜"匹配便恰如其分了。

现挂在引镜斋处的楹联是：

菱花晓映雕栏日
莲叶香涵玉沼波

菱花：镜子的代称。这里是比喻池中水面明亮如镜。镜子何以称作菱花，古人说法不一。一般认为古代铜镜制成菱形或铜镜背面刻有菱花图案，称为菱花镜，故以菱花代称镜子。李白《代美人愁镜》诗二首其二："狂风吹却妾心断，玉箸（zhù，眼泪）并堕菱花前。"宋·宋祁《笔次》诗："菱花照镜感流年，始觉空名尽偶然。"

晓：明亮。《说文·日部》："晓，明也。"《庄子·天地》："冥冥之中独见晓焉。"

雕栏：华美的栏杆。雕，刻花彩饰。南唐·李煜《虞美人》词："雕栏玉砌应犹在，只是朱颜改。"宋·苏轼《法惠寺横翠阁》诗："雕栏能得几时好，不独凭栏人易老。"

日：照在栏杆上的阳光。

莲叶：代指荷花。因上联已有一个"花"字，故此处以"叶"代之。"叶"字读仄声。

莲叶、菱花指明为夏季。宋·杨万里有诗说："毕竟西湖六月中，风光不与四时同。接天莲叶无穷碧，映日荷花别样红。"阴历六月中旬正是夏季。

香涵：香气萦绕。涵，飘浮。

玉沼：对水池的美称。沼：水池。

全联是说，盛夏时节，谐趣园池塘周围，华美的栏杆在灿烂的阳光照射下，倒映在水中，显得格外灿烂；泛着波纹的池塘，散发着荷花的阵阵清香。既有视觉感受，又有嗅觉感受，那情形必然会在炎热的夏天使人感到无比的清爽。

此联若与题额"饮绿"相配，意境便和谐了。

谐趣园池塘南岸的四座建筑，占据了整个谐趣园的南部地区，可将全部谐趣园尽收眼底，园内各种景物的"一举一动"一览无余。这四座建筑的题额和楹联，表达了这里春夏秋冬四季的景色特点和不同的观赏情趣，可谓"四时之景不同，而乐亦无穷也"（欧阳修《醉翁亭记》），切合了"谐趣"二字。

存疑待考：这四副楹联按照现在位置悬挂，楹联与题额之义不符，文不对题。笔者到实地观察，悬挂楹联的立柱有圆有方，尺寸不同，楹联底板与之对号入座，似不会错。疑为历史上某次修缮或别的原因摘下后重新制版时，造成了混乱。笔者试重新调配如下：

澹碧

　　云移溪树侵书幌
　　风送岩泉润墨池

饮绿

　　菱花晓映雕栏日
　　荷叶香涵玉沼波

洗秋

　　窗间树色连山净
　　户外岚光带水浮

引镜

　　宫徵山川金镜里
　　丹青云日玉壶中

澄爽斋题名匾

澄爽斋楹联

澄爽斋

澄爽斋题名匾

澄爽斋

澄爽：天清地爽。白居易《叔孙通定朝仪赋》："天地澄爽，宫殿清旷。"

澄爽斋联

芝砌春光兰池夏气
菊含秋馥桂映冬荣

芝：一种香草。《孔子家语·在厄》："芝兰生于森林，不以无人而不芳。"

砌：台阶。这里用为动词，垒砌、堆砌的意思。

春光：春天的风光。

芝砌春光：芝草的芳香之气，堆砌了这里美好的春光。

兰：兰花。一种香草。

池：本义为水塘、积水的大坑。水积聚不流失为池。这里用为动词，义为圈住、围住不使其流失的意思，就像池塘圈住水那样。

夏气：夏天的景象。气，景象、气氛。《楚辞·九辩》："悲哉秋之为气也！萧瑟兮草木摇落而变衰。"

兰池夏气：兰花的香气圈住了夏天的景象。

菊：菊花。菊字古读入声，属仄。

含：含育、包含。

馥：香气浓郁。《玉篇·香部》："馥，香盛。"《文选·左思〈蜀都赋〉》："寒卉冬馥。"张铣注："馥，香也。"

菊含秋馥：是菊花含育了秋天浓郁的香气。

桂：桂树、桂花。《字汇·木部》："桂，木名。花香清远，其叶冬夏长青。"

映：映带、景物互相衬托。

冬荣：草木在冬季茂盛或开花。汉·班固《西都赋》："灵草冬荣，神木丛生。"

桂映冬荣：桂树映带了冬天草木的茂盛。语本出自《楚辞·远游》："嘉南州之炎德兮，丽桂树之冬荣。"

全联是说，谐趣园中，那无限美好的春光是由芝草的香气垒砌起来的；那绿阴满地、万物繁荣的夏季景象被兰花的香气圈了起来，不会流失；那浓郁幽香的秋色是菊花含育起来的。那严冬时节草木尚且茂盛的繁荣景象，是由桂树映带出来的。

这副楹联与池塘南岸四座建筑的匾联相呼应，那里偏于写实，此处偏于写虚，都是"四时之景不同，而乐亦无穷也"的意境。

此联由四句短语联缀而成，既清新典雅又大气磅礴，不落俗套。全联潇洒豪迈的境界全由"砌""池""含""映"四个动词带出，可谓神来之笔。古人诵咏此四花、四时的作品甚多，而像本联这样别立机杼而谋篇者实属罕见，非大手笔不能为之。

含新亭

含新亭

含新亭在乐寿堂的后面山坡上，此亭未挂匾。

含新：蕴含着新的景象、新的意境。世间万事万物时时刻刻都在发生变化，旧的事物消失了，新的事物产生了，而这新的事物从它诞生之时起，便孕育了更新的事物，如此循环不断，至于无穷。大自然中日月往来，寒温冷暖，四时变化，人的思维中，先知后觉，弃旧图新，都莫不如此。正如乾隆皇帝在诸多咏含新亭诗中所说，"天地无言有化工，贞元叠运不终穷。虚亭何似似方寸（指心理活动），妙理生机蕴个中"。"春来物物总含新，大造（指造物者——天地）无私泽被均"，"三万六千（指百年）堪例此，阅其含者立斯须"，"试看色色形形者，造物鸿功物被均"。

景福阁

景福阁在万寿山东段南坡，清漪园时名昙花阁，是一座平面如优昙花（似五瓣莲花）形的佛殿，1860年毁于英法联军。慈禧重修时改成厅堂式，并更名为景福阁，作为赏月、听雨、眺望湖中景致的地方。1949年1月，中国人民解放军与傅作义的华北总部组成联合办事处，在此召开成立会议。同年4月与南京政府和平谈判时，这里被列为谈判场所之一。

题名匾

景福阁

景福：大福、洪福。《诗经·大雅·既醉》："君子万年，介尔景福。"《毛传》："介、景皆大也。"宋·郭茂倩《乐府诗集·(谢庄)宋明堂歌·迎神歌》："景福至，万宇欢。"又，《唐享太庙乐章·崇德舞》："卜年维永，景福无疆。"

景福阁联

密荫千章此地直疑黄岳近
祥雯五色其光上与紫霄齐

密荫：指大树。树大必然荫密。

千章：众多成材的大树。《史记·货殖列传》："水居千石鱼陂，山居千章之材。"宋·苏轼《临江仙》词："回车来过我，乔木拥千章。"千，形容很多。章，这里做计量大树的量词。《新唐书·秦系传》："南安有九日山，大松百余章。"

直疑：犹如说"简直就像"。疑，类似、好像。北周·庾信《舟中望月》诗："山明疑有雪，岸白不关沙。"陆游《游西山村》诗："山重水复疑无路，柳暗花明又一村。"直字古读入声，属仄。

黄岳：即黄山。在安徽省境内，是天下名山之一，以风景秀美和多有挺拔参天的奇松著称于世。

祥雯：象征福瑞的彩云。《清史稿·乐志四》："帝奉帝，孙有孙，祥雯灿紫阊。"雯，有花纹的云彩。《集韵·平声韵·文》："云成章曰雯。"

五色：指五彩云。古人认为五色云是祥瑞之云。清·王琦注《李太白全集》引崔豹《古今注》曰："华盖，黄帝所作也，与蚩尤战于涿鹿之野，常有五色云气、金枝玉叶止于帝上，有花葩之象，故因而作华盖也。"又引《宋书》曰："云有五色，太平之应也。"明·李东阳《帝京篇十首》其一："日间五色龙文气，天上春开五凤楼。"

紫霄：道教传说中的九霄之一，在天空极高处。

齐：平齐、一样高。

上联写景，借黄山之名望，状此地之景色。暗藏一个"景"字。下联借"祥雯"指福气，是说洪福齐天。暗藏一个"福"字。上下联暗嵌(贴合)"景福"二字。

此联构思巧妙，比喻得当，但内容是空洞的，寓意是平俗的。其根本原因在于此阁之名就没有多少文化底蕴，只是为了哄"老太太"欢心而已。

景福阁后厦联

演迪洪畴维有九五福
绥康宝祚至于亿万年

演迪：继承、发扬。《宋书·礼志一》："非演迪斯文，缉熙宏猷，将何以光赞时邕，克隆盛化哉！"演，扩展。《释名·释言语》："演，延也。言蔓延而广也。"迪，继承、承袭。《汉书·叙传下》："汉迪于秦，有革有因。"宋·陆佃《鹖冠子序》："著书初本黄老，而末流迪于刑名。"迪字古读入声，属仄。

洪畴："洪范九畴"的略称。《尚书·洪范》："天乃锡（赐）禹洪范九畴，彝伦攸叙。"《汉书·律历志上》："至周武王访箕子，箕子言大法九章，而五纪明历法。"颜师古注："大法九章即九畴也。"传说大禹治水时，天帝赐予他治理天下的九种大法，称为"洪范九畴"，简称"洪畴"。洪，大。范，法度。畴，种类。据传，到了殷商末期，"洪范九畴"为箕子所得。周灭殷后，武王向箕子询问治国方略，箕子向武王演述了洪范九畴。这里是用来代指祖宗遗留下来的治国法度，即所谓"祖制"。

维：维系、连着。

九五福：享用不尽的荣华富贵。九，通常用来形容数量之多，这里是表示无穷无尽或长久的意思。五福，五种福，即洪范九畴中第九畴所说"一曰寿，二曰富，三曰康宁，四曰攸好德，五曰考终命"，也就是长寿、富贵、健康安宁、遵行美德、善终天年。一说为寿、富、贵、安乐、子孙众多。（见汉·恒谭《新论》）九五福又指至尊之福。因为皇帝被称为"九五之尊"，所以"九五福"就是有当皇帝的福。（其实，像光绪这样的皇帝何福之有！）"九五之尊"源于《周易·乾卦》中的爻词："九五，飞龙在天，利见大人。"晋·干宝解释说"此武王克纣正位之爻"。后世遂将皇位、皇帝称为九五之尊。福字古读入声，属仄。

绥康：安宁稳定。绥，《尔雅·释诂下》："绥，安也。"《诗经·周颂·恒》："绥万邦，屡丰年。"

宝祚：国运、国统、统治地位。祚，皇位。《全唐诗·郊庙歌辞·享章怀太子庙乐章·武舞作》："宝祚长无极，歌舞盛今朝。"

此联总体结构为条件复句。意思是说，无论是享不尽的荣华富贵也好，登基做皇上的至尊之福也好，还是让大清王朝的统治地位永久地传下去，所有这些，都要有一个先决条件，就是要"演迪洪畴"，即遵从祖宗遗留下来的治国成法。反过来说，如果不遵循祖制，那就什么福也得不到，大清王朝的"宝祚"也不会长久地传下去。在维新变法呼声日高的形势下，此联无疑是"老佛爷"对帝党维新派的警告与恫吓。

福荫轩

福荫轩

福荫轩在万寿山东段南坡。在清漪园时期名餐秀亭，慈禧重修时改建成书卷形，并更名为福荫轩。

题名匾

福荫轩

福荫：荫（yìn），旧时子孙因先代功勋而受到封赏称"荫"。《新唐书·选举制下》："三品以上荫曾孙，五品以上荫孙。"《隋书·柳述传》："少以父荫，

福荫轩匾

为太子亲卫。"《水浒全传》第十二回："博得个封妻荫子，也与祖宗争口气。"此处"福荫"，既是托庇祖上功德而得到封赏，又是自己这一代有功德而荫及后世子孙，如此代代相荫以至永久。

此轩建筑形式和匾牌形状都呈书卷形，寓意为诗书。与匾语"福荫"相配合，寓意"诗书继世长"。（旧时民间殷实人家大门多见"忠厚传家久；诗书继世长"的门心联。）

意迟云在

题名匾

意迟云在

意迟云在：看到悠闲的白云在蔚蓝的天空随意而又缓慢飘动的样子，自己的心情也就平静下来，劳累紧张的心绪得以舒缓放松。意，意绪，指内心情绪。南朝齐·王融《咏琵琶》："丝中传意绪，花里寄春情。"迟，从容不迫的样子。《礼记·孔子闲居》："无体之礼，威仪迟迟。"在，悠闲舒缓的样子。如：自由自在。

此语出自杜甫《江亭》诗句："水流心不竟，云在意俱迟。"

圆朗斋和瞰碧台

圆朗斋题名匾

圆朗斋

圆朗：天空晴朗明澈。圆，指天。古人认为天是圆的，地是方的，所以称天为圆。《淮南子·本经》："戴圆履方，抱表怀绳。"高诱注："圆，天也。"朗，明朗透彻。

圆朗斋前面受瞰碧台阻挡，没有视野，周围亦无景可述，只得仰观于天，得蓝天白云之景。与它前面的瞰碧台组合，一仰一俯，相得益彰。

瞰碧台

瞰碧台题名匾

瞰碧台

瞰碧：俯看碧绿的山水景色。瞰，音 kàn，俯视、向下看。碧，青绿色，这里指茂密的山林和昆明湖的万顷碧波。乾隆皇帝《瞰碧台》诗说："依回为轩可号台，湖光俯瞰碧漪开。"又，"瞰碧名园瞰碧林，千林未锁绿云深"。站在此处放眼俯视，近则山林葱绿，远则碧波万顷，题名"瞰碧"恰如其景。

圆朗斋和瞰碧台在万寿山东段南坡上，属同一组建筑，瞰碧台在前，圆朗斋在后，相距不过数丈。"瞰碧"与"圆朗"组合，使青山、绿水、蓝天、白云浑然一体，相映成趣。

写秋轩

写秋轩在佛香阁东墙外半山坡上，紧邻圆朗斋。由写秋轩、寻云亭、观生意轩三座建筑组成。

写秋轩题名匾

写秋轩

写秋：描绘秋天景色。旧时，轩周围多值柏、榆、黄栌。乾隆时期此处又多种菊花，每值重九深秋，天高气爽，金风玉露，红叶黄花，秋景如画，故名"写秋"。乾隆皇帝《写秋轩》诗中说"气清天复朗，触目仲秋时"，"写秋自是此轩宜"，说的就是这个意思。写，描摹、绘画。唐·薛瑗《写真寄外》诗："泪眼描将易，愁肠写出难。"（诗中"描""写"二字互文见义。）

寻云亭题名匾

寻云亭

寻云亭：乾隆皇帝在《寻云亭》诗中说："寻云遂至云深处，云与亭浑不可分。"按照诗中的解释，寻云亭就是跟随着朵朵白云寻到此处，只见云在亭的周围飘浮缭绕，亭在白云之中若隐若现，云与亭融在了一起，使游人恍然如至仙境。南北朝时期的著名诗人谢朓在《游东田》诗中有"寻云陟累榭，随山望菌阁"的句子，大意是说，随着那朵朵白云，登上层层亭台楼榭，顺着连绵起伏的峰峦远远望去，看到一座座华美的楼阁点缀在青山之中。乾隆皇帝不同意谢朓的说法，他认为这里的云和亭应该是相合为一，不能分开的。意思是美景就在眼前，不必再去远望追寻。所以他这首《寻云亭》诗的后两句说"谢朓未知一合相，随山见说去寻云"。其实，此一地彼一地，此一时彼一时，谢朓的诗句和这里的"寻云亭"，各有各的意境，两人也各有自己要表达的心思，无可厚非。乾隆皇帝恐怕也是借此说以抒意，并非抑彼扬己之意。

附：谢朓《游东田》诗：戚戚苦无悰，携手共行乐。寻云陟累榭，随山望菌阁。远树暧阡阡，生烟纷漠漠。鱼戏新荷动，鸟散余花落。不对芳春酒，还望青山郭。

观生意轩题名匾

观生意

观生意：观览万物生机勃勃的景象。生意，生机、生命力。南朝宋·刘义庆《世说新语·黜免》："槐树婆娑，无复生意。"唐·皮日休《寒日书斋即事三首》其三："暂听松风生意足，偶看溪月世情疏。"

写秋轩、寻云亭、观生意轩属同一组建筑，位于佛香阁东墙外的半山坡上，写秋轩居中，为主体建筑，东侧为寻云亭，西侧是观生意轩。从三座建筑题名看，写秋轩着重体现"金风玉露"，秋景之美；寻云亭表"渥雨晴欣"，夏气之浓；观生意轩则表示"柳舒花放"，春意盎然。

千峰彩翠城关

题额

千峰彩翠

千峰：众多山峰。唐·韦迢《早发湘潭寄杜员外院长》诗："楚岫千峰翠，湘潭一叶黄。"杜牧《早春阁下寓直萧九舍人亦直内署因寄书怀四韵》诗："千峰横紫翠，双阙凭阑干。"

彩翠：铺彩叠翠。唐·王维《木兰柴》诗："彩翠时分明，夕岚无处所。"明·李裕《华山记》："彩翠云涛，竟秀献状，令人心目俱驰。"

千峰彩翠是一座城关式建筑，位于万寿山东段山脊上。登上城关可望见东、北、西方诸多山峰，这些山峰远近不同，高低有差，色彩各异，呈现出群山铺彩、众峰叠翠的景象。

重翠亭

重翠亭在万寿山山脊上，面对昆明湖。

题名匾

重翠亭

重翠：透过眼前苍翠的林木空隙，看到山前茫茫湖水，碧绿一片。近处的树色和远处的水色重叠在一起，都是翠绿色，故称重翠。这是在此亭眺望所得实景。重，读 chóng。

邵窝殿

邵窝殿

邵窝殿在宝云阁西侧的半山坡上，清漪园时期本为一座朴实的建筑，题名"邵窝"。光绪重建时加以彩饰，并在题名中加一"殿"字。

邵窝殿
邵窝殿题名匾

邵窝殿

邵窝：邵雍的安乐窝。邵雍（1011—1077），北宋哲学家，字尧夫，死后赐谥"康节"，故也称邵康节，范阳人，幼随父迁共城（今河南省辉县），曾隐居河南辉县苏门山百源之上，故后人也称他百源先生。后居洛阳，屡授官不赴。与富弼、司马光、吕公著等从游甚密。著作有《皇极经世》《伊川击壤集》等。据《宋史·邵雍传》载："（邵雍）初至洛，蓬荜环堵，不蔽风雨。躬樵爨以事父母，虽平居屡空，而怡然有所甚乐……岁时耕稼，仅给衣食。名其居曰'安乐窝'，因自号安乐先生。"邵雍的所谓安乐，约含三层意思：（1）安贫乐道。如《宋史》本传所述。（2）修养身心，身安心乐。他在《天人吟》诗中说："天学修心，人学修身。身安心乐，乃是天人。天之与人，相去不远。不知者多，知之者鲜。身主于人，心主于天。心既不乐，身由何安。"（3）颂美当朝时政。他在《安乐窝铭》中说："安莫安于王政平，乐莫乐于年谷登。王政不平年不登，窝中何由得康宁。"他还把当朝比作尧舜时期的太平盛世，把自己比作帝尧时代的著名隐士巢父和许由。曾作诗说"幸逢尧舜为真主，且放巢、由作外臣"，"愿同巢、许称臣日，甘老唐、虞比屋时"。（见邵伯温《邵氏闻见录·卷十八》）乾隆皇帝推崇邵雍的道德文章，故仿其故居建此室，并题名曰"邵窝"。但这里的邵窝所含之安乐，与当年邵雍安乐窝之安乐是有着不同含义的。

乾隆皇帝在乾隆二十八年所作《邵窝》诗说："山阳有小凹，精舍得一区。有如百泉上，康节之所居。因以'邵窝'名，境似志则殊。安乐一身彼，安乐万方予。大小分既异，艰易宁同途？佳名实未副，思艰惟曰吁。"大意是，"这里的邵窝是仿照邵雍的安乐窝而建的，环境虽说差不多，但安乐的含义是不同的。邵雍的安乐是求他自己一身的安乐，这是容易办到的。而我的安乐是使万方安乐，这是一件很让人费心思的大难事。"体现了乾隆皇帝的宽阔胸怀。

云松巢
题名匾

云松巢

云松巢：烟云和青松翠柏的巢穴。巢，本义为鸟窝，引申为简陋的住处。李白《忆旧游寄谯郡元参军》诗："余既还山寻故巢，君亦归家渡渭桥。"

匾语出自李白《望庐山五老峰》诗句："九江秀色可揽结，吾将此地巢云松。"五老峰在庐山北部，山势峻极，景色清幽。据《江西通志》载："五

云松巢

绿畦亭

老峰在南康府城北三十里，为庐山尽处，石山骨立突兀凌霄，云雾舒卷，倏忽变化。乃郡之发脉山也。李白尝筑居于此。"

又据《方舆胜览·图经》说，"五老峰下，有（李白）书堂旧址。"

绿畦亭
题名匾

绿畦亭

畦：有一定界限的田块。也泛指田畴。清·汪绎《田家乐》诗："短篱矮屋板桥西，十亩桑荫接稻畦。"

此亭建在半山腰上，登此亭纵目远望，一片片绿油油的庄稼映入眼帘，是观稼赏禾的好地方。乾隆皇帝作诗说："依山亭以绿畦名，春稚犹然未起耕。虽曰拈吟非即景，何时可望重农情。"体现了重农劝稼、勤政恤民的情怀。

绿畦亭、邵窝殿、云松巢三座建筑在同一院落，其题名"绿畦"表示"耕"；"邵窝"和"云松巢"为古贤读书之所，表示"读"，合起来表示耕不忘读，读不忘耕，亦耕亦读的意思。窝和巢都是"家"的意思，合在一起表示亦耕亦读之家。耕读之家是古代知识分子家庭的典型模式，也是构成封建统治集团的基础，看来乾隆皇帝对此十分赏识。这三座建筑题名如此组合，使这一小景区既见野趣又富雅趣，构思可谓精妙。

湖山真意轩

湖山真意轩

此轩在万寿山山脊西端，视野开阔。南面湖水茫茫，西面青山连绵，东、北两面则层峦叠翠，一片自然山水风光。

题名匾

湖山真意

真意：天然的意味、情趣。晋·陶潜《饮酒》诗二十首其五："山气日夕佳，飞鸟相与还。此中有真意，欲辨已忘言。"真，天然生成的。《庄子·渔父》："真者，所以受于天也，自然不可易也。故圣人法天贵真，不拘于俗。"

画中游

楼阁题额

画中游

画中游一组建筑位于万寿山西部南山坡上，地势较高，视野开阔。主体建筑是一座八角形的两层楼阁。其第二层楼有内外两圈各八根柱子呈不等距圆周分布支撑楼顶，柱子之间的上部都有窗棂式横楣相连，这样，四方八面的柱子和横楣便构成了若干个宽窄不等的完整的框，犹如一幅幅画框，把颐和园周遭远近的各种美好景色都分别收在了画框之中，看上去便俨然是若干幅宽窄不一或横或竖的风景画挂在眼前，美不胜收。人们漫步其间，仿佛游

画中游石牌坊

于"画"中。所以这里的"画中游"既不同于通常所说的游览风光胜景，也有别于逛画店、看画展，而是介于二者之间，兼有二者之义。这是由这座楼阁的建筑结构形成的，是设计者为了造境而有意为之。

石牌坊

石牌坊横向题额（实为横向书写的楹联）

山川映发使人应接不暇（南向）
身所履历自欣得此奇观（北向）

上联源自南朝宋·刘义庆《世说新语·言语》所记王献之的一段话："从山阴道上行，山川自相映发，使人应接不暇。"意思是，一路上山水秀美，胜景太多，让人看不过来。山阴，旧县名，因在会稽山之阴（北）而得名，旧属会稽郡，治所在今浙江绍兴。山阴道，指绍兴县城西南郊外一带，这里以山水风景优美著称。刘孝标给上述这段话作注，引《会稽郡记》曰："会稽境特多名山水，峰嵷隆峻，吐纳云雾；松栝（guā，桧树）枫柏，擢干疏条；潭壑镜彻，清流泻注。"《世说新语·言语》又载："顾长康（顾恺之字长康）从会稽还，人问山川之美，顾云：'千岩竞秀，万壑争流，草木蒙笼其上，若云兴霞蔚。'"可知山阴道上山山水水到处美不胜收，王献之一言以蔽之曰"应接不暇"。

下联源自晋·袁山松《宜都山川记》："流连信宿，不觉忘返。目所履历，未尝有也。既自欣得此奇观，山水有灵，亦当惊知己于千古矣！"（转引自北魏·郦道元《水经注》卷三十四《江水》。也有人把这段话断为郦道元之语）古宜都郡在湖北省南部，长江自西北向东南斜穿其境。这段长江两岸风光以奇、险著称。袁山松任宜都太守时曾历览其境，并写了《宜都山川记》（后人也简称《宜都记》，今已散佚，内容散见于《水经注》等著作中）以记之。《宜都记》中说，此境之山"叠崿秀峰，奇构异形"，"重峰叠秀，青翠相临"，"多奇形异势"。在江中望山是"壁立峻绝"，从山上看江"如萦带焉，视舟如凫雁矣"。袁山松称此为"奇观"，并因为能够亲见这些奇观而感到无比欢欣。

此联为概括述景，用观景人的感受和情态衬托出颐和园山水全景的概貌。全联叙景而不见景，用缩地借景法将"山阴道上"和"宜都山川"这两处天下著名山水移来作比较，构思新奇，不落俗套。

石牌坊北向联

闲云归岫连峰暗
飞瀑垂空漱石凉

闲云：自由飘荡、任意变幻形态的云朵。唐·焦郁（一说周存）《白云向空尽》诗："白云升远岫，摇曳入晴空。乘化随舒卷，无心任始终。"这首诗字面上说的就是闲云。

岫：连绵的山峰。南朝齐·谢朓《郡内高斋闲望》诗："窗中列远岫，庭际俯乔林。"

漱石：流水冲刷岩石。北魏·郦道元《水经注·沁水》："其水沿波漱石，滪涧八丈。"宋·范成大《初入巫峡》诗："束江崖欲合，漱石水多旋。"石字古读入声，属仄。

凉：清凉。《六书故·地理三》："凉，水气清也。"

此联具体叙景。上联虽只叙说了云和山，然而字里行间却使读者感受到了碧空如洗，丽日高悬，白云朵朵，青山连绵，色彩变幻，忽明忽暗的壮丽场景。笔调轻松，悠闲自在。与明王鏊诗句"云归远岫昏初敛"（《游功德寺》）相比，则有"出蓝胜蓝"之妙。下联大有"飞流直下三千尺"的气势。

石牌坊南向联

> 幽籁静中观水动
> 尘心息后觉凉来

幽：深、深处。也指高雅、闲适。唐·萧颖士《仰答韦司业垂访》诗五首其一："主人有幽意，将以充林泉。"

籁：本义为三孔的竹管乐器，实指乐管的中空部分，因中空才能发声。引申指孔窍、洞穴。《庄子·齐物论》："地籁则众窍是已，人籁则比竹是已。敢问天籁。"成玄英疏："地籁则窍穴之徒，人籁则箫管之类，并皆眼见，此则可知。"《康熙字典》"籁"字条："凡孔窍机括皆曰籁。"这里借以特指心脏中的孔窍，即心窍。古人认为，人是用心思考事情的，心有窍才能运思。清·俞樾注《庄子·田子方》曰："虚，孔窍也。训孔窍，故亦训心。"又，俗谓想不通曰"不开窍"。幽籁是指内心深处高雅的思绪。

观水动：观察流水，品其德性。汉·刘向《说苑·杂言》中说：孔子观于东流之水，子贡问曰："君子所见大水必观焉，何也？"孔子对曰："夫水者，君子比德焉。遍予（给）而无私，似德；所及者生，似仁；其流卑下句倨（gōu jù，曲直），皆循其理，似义；浅者流行，深者不测，似智；其赴百仞之谷不疑，似勇；绵弱而微达（到达细微之处），似察；受恶不让，似包蒙；不清以入，鲜洁以出，似善化；至量必平，似正；盈不求概（刮平斗、斛用的小木板），似度；其万折必东，似意。是以君子见大水必观焉尔也。"这里所列水的特性，象征人的品德，古人认为这是君子所应具备的美德。

尘心：佛教用语。佛教将世界万有的色、声、香、味、触、法合称为"六尘"，认为六尘会通过人的眼、耳、鼻、舌、身、意"六识"，污染人的心性，将人引入迷妄的境界。这被污染了的心性就是尘心。《净心诫观（下）》说："云何名尘？坌污净心，触身成垢，故名尘。"唐·王维《桃源行》诗："不疑灵境难闻见，尘心未尽思乡县。"宋·梅尧臣《送昙颖上人往庐山》诗："尘心古难洗，瀑布垂秋虹。"

息：断绝、消失、灭。《字汇·心部》："息，绝也。"《淮南子·览冥训》："火燃炎而不灭，水浩洋而不息。"高诱注："息，消。"《礼记·中庸》："其人亡则其政息。"郑玄注："息，犹灭也。"

凉：清凉、清爽。这里是指清净之心，是一种心灵上神舒意爽的感觉。佛教所谓清净心，就是无垢无染、无相无住、无贪无嗔、无痴无恼之心。

此联承续上面两联，是由观察大自然山山水水的本性，得到心灵上的启迪。以自然之性，净化自己的心性，以达到尘消识灭、一心不乱、清静空明的心地，即所谓"凉"的感觉。

这三副楹联，以开阔的眼界、博大的胸怀述景抒情，既含禅理又富哲理，虽暗寓劝喻，却无劝人修仙成佛之意，只是要人看破些、洒脱些，故觉情景交融，发人深思。

爱山楼
题匾

爱山

爱山：登此楼西望，连绵起伏的西山像展开的巨大屏风尽收眼底，使人不由得产生喜爱群山之情。又取《论语》"仁者乐山"之意。乾隆皇帝《爱山楼》诗说："楼对西山号爱山，玉屏展处镂屏颜。帝京八景名诚副，咏以易思获以艰。"又，"问谁无所爱，仁者乃爱山"。仁者为什么爱山呢？《韩诗外传》卷三第二十六章说："问者曰：夫仁者何以乐于山也？曰：夫山者万民之所瞻仰也。草木生焉，万物植焉，飞鸟集焉，走兽休焉，四方益取与焉。出云通风从乎天地之间，天地以成，国家以宁，此仁者所以乐于山也。"乾隆皇帝自称仁者，自然会以"四方益取""国家以宁"为怀，所以这里的所爱之山，就不仅仅限于西山，而是天下河山了。

借秋楼
题匾

借秋

借秋含有两层意思。

（1）增添秋意

借：资助、帮助；增添、增加。《正字通·人部》："借，助也。"《汉书·朱云传》："少时通轻侠，借客报仇。"颜师古注："借，助也。"

秋：秋景、秋色、秋意。据乾隆皇帝《借秋楼》诗中说："窗挹波光庭种楸，一天飒景在高楼。""楼前种楸树，疏叶翻风开。"可知当年此楼周围多植楸树以增加秋意。唐宋时期的民间习俗，就以楸叶象征秋意。宋·孟元老《东京梦华录·立秋》说："立秋日，满街卖楸叶，妇女儿童辈，皆剪成花样戴之。"每逢深秋之际，登此楼西望，西山红叶如染，秋色甚浓，与颐和园山水相映，借景生辉，更增加园内秋意。

（2）增加收成

秋字的本义是庄稼成熟。《说文·禾部》："秋，禾谷孰（熟）也。"引申为收成、收获。宋·范成大《颜桥道中》诗："村村篱落总新修，处处田畴尽有秋。"秋季百谷成熟，是收获的季节。作为一国之君，心里装着国计民生，乾隆皇帝自然要企盼增加收成，获得丰收。这是"借秋"的又一层意思。

"借秋"二字利用秋字的双关含义，既叙述了眼前之景，又表达了心中之情，将景和情融于一体，很符合乾隆皇帝的身份和才艺。

小有天

小有天

小有天在万寿山西端，是个小圆亭。

楹联

> 坞暖留云画栏新锦绣
> 亭虚待月福地小蓬壶

坞：船坞。建在水边用来停泊、修理船只的建筑物。这里是指此亭西北侧不远处停泊御舟的船坞。

云：代指船。因蓝天倒映水中，船浮水上就像天空中飘着的云朵。宋·范成大《雪晴呈子永》诗"碧空无处泊同云"，就把天空比作水，把云比作船。

画栏新锦绣：形容船上的建造物造型精美，色彩艳丽。

虚：不实在、不清晰，影影绰绰、朦朦胧胧、模糊不清的样子。

待：接待、接纳、得到。待月，即得月。

福地：道教用语。指神仙居住之处。福字古读入声，属仄。

小：样子很接近、很像、酷似。

蓬壶：神话传说中的海上三神山之———蓬莱山，因其形似壶，故称。

上联是说，白天在此亭看对面的船坞所见到的景况：船坞内外停留的各样船只都打造得华光异彩，精美绝伦。那里，水中倒映着蓝天，画舫就像飘浮在蓝天上的朵朵彩云。

下联是换时换位观察，即夜间从停船之处看此亭所见到的景象：小亭在淡淡的月光照射下，朦朦胧胧，缥缥缈缈，简直就像仙人居住的蓬莱仙境。

上联用一"暖"字，为"新锦绣"添色，加深了"新"的程度，使船的色彩变得更浓更艳。下联着一"虚"字，增加了"小"的程度，使这座亭子更加如虚似幻，把观赏者引入了仙境般的境界。

全联蓝天、绿水、彩船、小亭相映成趣。

此联以景传神，笔调流畅，轻松自如，堪称精妙。

延清赏楼

题名匾

延清赏楼

延清赏：欣赏远处西山清秀的景致。南朝齐·谢朓《和何议曹郊游诗》二首其一："江垂得清赏，山际果幽寻。"延，伸展、远。《广韵·仙韵》："延，远也。"南朝宋·鲍照《行药至城东桥》诗："严车临迥陌，延瞰历城闉（yīn，瓮城）。"清·王世禛《上方寺访东坡先生石刻诗次韵》："坦步宝带侧，延眺隋城颠。"

清漪园时期，在万字河边有楼，名延清楼，是观赏河西美景的处所。乾隆皇帝曾有《延清楼》诗，对楼名作了诠释："座对西山一帧（zhēn，旧读zhèng，画卷）横，最无尘处有余清。高楼漫笑匆匆去，输尔兼收实与名。"光绪时期改建在山脚下，并改名为延清赏楼。

宿云檐城关

北向题额

宿云檐

宿云檐：云气往来，出没于房檐间。形容城关高耸，常有云雾笼罩其间。宿，停留、住下。

乾隆皇帝有《宿云檐》诗曰："山轩据高处，每与名宿云（自注：避暑山庄内亦有此名）。出岫势既易，写檐气亦氲。"（写，假借为"泻"，流淌；气，云气；氲，氤氲，联绵字，烟云弥漫的样子。）

晋·陶潜《拟古诗九首》其四曰："迢迢百尺楼，分明望四荒。暮作归云宅，朝为飞鸟堂。山河满目中，平原独茫茫。"又，其五有句曰："青松夹路生，白云宿檐端。"或为此题额所本。

213

清晏舫

清晏舫

　　清晏舫是一座石制的船形建筑景点，清漪园时期叫石舫。舫，泛指船。乾隆皇帝曾写有一篇《石舫记》，他在《记》中对"石"字的解释是"所以限柱础而乘屋基"，"栋宇以安，固其基址"，"奠磐石之安"，意思是牢固的基础。他解释"舫"字是"凛载舟之戒"。这是用《荀子·王制》所说"君者，舟也；庶人者，水也。水则载舟，水则覆舟"的话，把百姓看作国家兴亡的基础，把王朝比作船。用"石舫"来警示自己谨慎从政，以奠定大清王朝稳固的统治根基。光绪年间，慈禧太后将石舫改建后易名为清晏舫，取义于"河清海晏"，意思是黄河水变清，大海波平浪静，可保舟行平稳。比喻天下太平。

晏，平静。清·黄绍芳《仙霞关》诗："清晏三百年，鸡犬保无恙。"

　　《文选》卷五六南朝梁·陆倕《新刻漏铭》："河海夷晏。"李善注引《礼斗威仪》曰："君乘土而王，其政太平，则河濂海夷。"（濂，lián，清。夷，平。）"河清海晏"语或本此。

荇桥

荇桥在石舫北面卐（万）字河上。

荇：音 xìng，水荇、荇菜。一种多年生草本水生植物，多生于湖塘中。茎细长，沉没水中，叶对生，漂浮水面，夏秋季开黄花。嫩茎可食，全草入药，又可做饲料。《诗经·周南·关雎》有句曰"参差荇菜，左右流（寻求）之"，"参差荇菜，左右采之"，"参差荇菜，左右芼（mào，择取）之"。这是描写一个年轻貌美的窈窕淑女采摘荇菜的情形。古人常用"荇"入诗，以烘托自然之趣。南朝齐·谢朓《出下馆》诗："红莲摇弱荇，丹藤绕新竹。"南朝梁·萧纲（简文帝）《春日想上林》诗："荇间鱼共乐，桃上鸟相窥。"杜甫《曲江

荇桥东牌坊题额（东向）

荇桥西牌坊题额（东向）

荇桥西牌坊题额（西向）

对雨》诗："林花着雨燕脂落，水荇牵风翠带长。"此桥以"荇"为名，也是为了增加此地的自然野趣。

荇桥东牌坊题额

蔚翠（东向）

蔚翠：草木茂盛且色彩浓郁。蔚，草木茂盛的样子。翠，色彩鲜明。唐·张志和《渔父》诗："秋山入帘翠滴滴，野艇倚槛云依依。"宋·苏轼《和述古冬日牡丹》诗："一朵妖红翠欲流，春光回照雪霜羞。"

霏香（西向）

霏香：花草散发着阵阵芳香。霏，飞散、飘洒。《诗经·邶风·北风》："北风其喈，雨雪其霏。"唐·孟郊《清东曲》："樱桃花参差，香雨红霏霏。"

荇桥西牌坊题额

烟屿（东向）

烟屿：云烟迷茫的湖中小岛。这是在桥上南望所见湖中景象。

云岩（西向）

云岩：云雾笼罩在山的周边。岩，山边。

这两座牌坊的四幅题额，描述了荇桥周围环境和在桥上远望所见的自然景观。

迎旭楼

迎旭楼和澄怀阁在万字河西岸。

迎旭楼题名匾

迎旭楼

旭：刚刚升起的太阳。旭与"绪"谐音双关。绪，指光绪。迎旭，暗寓迎接光绪皇帝亲政。

迎旭楼上层联

玉砌朱阑不雨亦润
池台金碧倒影斜阳

玉砌：用玉石垒成的台阶、台基。南朝陈·陈叔宝《东飞伯劳歌》："雕轩绣户花恒发，珠帘玉砌移明月。"南唐·李煜《虞美人》词："雕栏玉砌应犹在，只是朱颜改。"

不雨亦润：不经雨水冲刷也光滑细腻。言外之意是，材料本身的质地就具有优良的品质。这是影射光绪皇帝。润，光滑细腻有光泽。

池台：池苑楼台。《世说新语·豪爽》："晋明帝欲起池台，元帝不许。"宋·范成大《元夕后连阴》诗："冷烟寒雾锁池台。"

金碧：金黄色和绿色。泛指鲜艳明亮的色彩。成语有"金碧辉煌"，形容光彩夺目，非常华丽。

池台金碧，是说皇家宫殿苑囿富丽堂皇。这里是代指朝堂、宫廷。

倒影：也作"倒景"，是称天的极高处，在日、月的上方。古人认为日月是悬在半天中的，日月之上还有天，日月之光照射那里的天是由下照上，出现的影子都是倒的，故称为倒影。《汉书·郊祀志下》："及言世有仙人服食不终之药，遥兴轻举，登遐倒景，览观玄圃。"颜师古注引如淳曰："在日月之上，反从下照，故其景倒。"宋·苏轼《潮州韩文公庙碑》："灭没倒影不能望，作书诋佛讥君王。"这里是代指最高地位，即帝位。

斜阳：刚刚升起或将要落下的太阳都称斜阳。这里指前者，与迎旭楼的"旭"呼应。

全联字面意思是赞美建筑物的华丽，暗中的意思则是说，光绪皇帝天生就具有良好的资质。他年富力强，精力充沛，就像刚刚升起的太阳。他即将亲政，登上最高位置，在朝堂上行使皇帝的权力。

迎旭楼下层联

丽藻星铺雕文锦缛
揄扬盛美宴集横汾

丽藻：华美的文辞。也指能写出华美文章的人。《文选·（刘峻）广绝交论》：“道文丽藻，方驾曹王。”（曹王，曹植、王粲）晋·陆机《文赋》：“游文章之林府，嘉丽藻之彬彬。”晋·郭璞《尔雅序》：“英儒瞻闻之士，洪笔丽藻之客。”

星铺：星星布满天空。形容众多。

雕文：刻意雕琢文字，使文章华美。唐·褚亮《十八学士赞·记室参军虞世南》：“笃行扬声，雕文绝世。”

锦缛：藻饰繁多，异彩纷呈。缛，藻饰，修饰文词。明·徐光启《大司马海虹先生文集序》：“无论雕章缛采者，不能与之程功课绩。”又，张居正《暮宿田家》诗：“世儒贵苟礼，文缛意则凉。”缛字古读入声，属仄。

揄扬：称颂、宣扬，使其彰显。《文选·（班固）两都赋序》：“或以宣上德而尽忠孝，雍容揄扬，著于后嗣，抑亦《雅》《颂》之亚也。”三国魏·曹植《与杨德祖书》：“辞赋小道，固未足以揄扬大义，彰示来世也。”

盛美：盛大隆重的美善之事。《晋书·潘岳传附潘尼传》：“今厕末列，亲睹盛美。”这里是指光绪皇帝即将亲政一事。

宴集：宴饮聚会。

横汾：据宋·郭茂倩《乐府诗集·杂歌谣辞二·秋风辞》题解引《汉武帝故事》曰：“帝行幸河东，祠后土。顾视帝京，忻然中流，与群臣饮宴，帝欢甚，乃自作《秋风辞》。”汉武帝到河东去祭奠地神，在汾河中流与群臣饮宴，心中欢乐至极，于是作了一首《秋风辞》。因《辞》中有“泛楼船兮济汾河，横中流兮扬素波，箫鼓鸣兮发棹歌”句，后遂以“横汾”为帝王赏宴臣僚、君臣欢宴、赋诗唱和的典故。唐·李适（德宗皇帝）《九日绝句》诗：“中流箫鼓诚堪赏，讵假横汾发棹歌。”又，徐彦伯《上巳日祓禊渭滨应制》诗：“皆言侍跸横汾宴，暂似乘槎天汉游。”

此联是叙事联，由四个短语构成，中心词是“盛美”，中心意思是“揄扬盛美”。在当时，全国瞩目的最大的盛美之事就是光绪皇帝亲政。全联的意思是说，光绪皇帝亲政这件盛美之事，是要载入史册传至永久的。天下的文人墨客和文武大员们都绞尽脑汁雕词琢句，写出最美的文章、奏表进行颂扬；朝堂上，君臣之间，自然也少不了像当年汉武帝“横汾”宴那样欢聚一堂，举杯畅饮，诗赋唱和，庆贺一番。意思是，皇帝亲政这件事是很值得举杯庆祝的。

澄怀阁

澄怀阁

题名匾

澄怀阁

澄怀：使心性清静平和。意思是说，慈禧太后在归政以后，脱开了繁杂的政务，专心养老，紧张劳累的心情定会得以清静下来。澄，这里用作动词，使动用法，即，使……变清。唐·张廷珪《请勤政崇俭约疏》："臣愚诚愿陛下约心削志，澄思励精。"

澄怀阁楼上联

水木清华平分瀸润
坐揽风月高处胜寒

水木：水生木。代指母子关系。依古代五行相生说，"水生木"，则水和木之间便形成了父子、母子关系。汉·董仲舒《春秋繁露·五行之义》说："水生木，此其父子也。"这里是指慈禧太后和光绪皇帝（名义上）为母子关系。

清华：指门第或职位清高显贵。也指清高显贵之人。北齐·颜之推《颜氏家训·杂艺》："王褒地胄清华，才学优敏。"（地胄清华：门第高贵）《南史·到㧑传》："（王）晏先为国常侍，转员外散骑郎，此二职清华所不为。"这里是指慈禧太后和光绪皇帝地位极为显贵。

平分：对半分。引申为并列、共同。

瀸润：滋润、滋养。引申作施恩惠。《隶释·汉樊毅复华下民租田口算碑》："仍雨甘雪，瀸润宿麦，滋惠黎庶。"明·徐光启《大司马海虹先生文集序》："其关于谋谟政治者，必足以瀸润庶类。"瀸，音 jiān，浸渍、沾湿。

坐：介词，表示动作行为或情况发生、出现的原因，相当于"因""因为""为了""由于"等。唐·杜牧《山行》诗："停车坐爱枫林晚，霜叶红于二月花。"宋·苏轼《十月二日初到惠州》诗："吏民惊怪坐何事？父老相携迎此翁。"

揽：收取、寻取、图取。也通"览"，观看、观赏的意思。

风月：清风明月。通常泛指美景。这里借指闲适之事、无关紧要之事。《梁书·徐勉传》："今夕止可谈风月，不宜及公事。"也指悠闲、清闲、轻闲。揽风月，犹如说"图轻闲"。

高处胜寒：可以承受身处高位的寂寞冷清。反用苏轼《水调歌头》词："又恐琼楼玉宇，高处不胜寒"句义。高处，身居高位。胜，能够承担，禁得起。寒，寒冷，引申为孤寂、冷清。宋·陆游《长生观观月》诗："独倚栏杆吹玉笛，道人不怕九霄寒。"清·纳兰性德《浣溪沙·大觉寺》词："燕垒空梁画壁寒，诸天花雨散幽关。"

全联的意思是说，慈禧太后和光绪皇帝都是身份地位极高的人，母子二人共同为天下苍生带来福祉；慈禧太后即便离开了政坛，脱开了政务，但仍身处高位。为了图个轻闲，虽说身边显得冷清了许多，但还是可以承受的。

澄怀阁楼下联

歌咏升平觞游曲水
池帘夕敞岫幌宵褰

歌咏升平：这里是代指观看舞台演出。歌咏，歌唱吟诵，是指舞台上演员歌咏，不是指受联者歌咏。升平，指升平署。升平署是清代掌管宫廷演剧的机构，宫廷内每逢朔望节令、喜庆大典以及日常演出，大都由升平署所属演员应承。演员有宫内太监，也有民间的职业演员。

觞游曲水：我国古代风俗，于三月上巳日（上旬的巳日。魏晋以后固定为三月三日，但仍称上巳节）到水边举行祓（fú）除仪式。用香草蘸水洒身上或沐浴洗涤污垢，感受春意，祈求消灾除病。这种祓除仪式不断演变，成为后人的一项消遣活动，有人开沟引水，环曲成渠，约友数人，依次坐在渠旁，在上流放置一个装满了酒的酒杯（觞），任其顺流而下，酒杯停在谁的面前，此人便取而饮之，相与为乐。这种游戏性的活动称作觞游曲水或流杯曲水、曲水流觞。一些文人墨客，有时也借此雅集，吟诗作赋抒发情感。北齐·宗懔《荆楚岁时记》说："三月三日士民并出江渚池沼间，为流杯曲水之饮。"晋·王羲之《兰亭集序》："此地……又有清流激湍，映带左右，引以为流觞曲水。"这里是代指雅集娱乐活动。

池帘夕敞：昆明湖上的雾气在夜里消散了。池，水塘。这里指昆明湖。帘：帘幕、帷幕。这里用为比喻，指像帷幕一样的云雾。唐·杜牧《题宣州开元寺水阁》诗："深秋帘幕千家雨，落日楼台一笛风。"夕，夜、夜里。敞，张开、拉开，引申为散开、散去。"张开""拉开"义，是对喻体"帘"而言的，"散开""散去"义是对本体"雾气"而言的。

岫幌宵褰：万寿山中的云气在夜间散去了。岫，山峦。这里指万寿山。幌：窗帘、帷幔。这里用为比喻，指像幔帐一样的云气。南朝齐·孔稚珪《北山移文》："扃（jiǒng，关闭）岫幌，掩云关，敛轻雾，藏鸣湍。"宵，夜、夜里。褰，本义为套裤，是古人穿的一种没有裤裆只有裤腿的套裤，用裆儿或小带子系在裤腰带上，因走路时往下坠，需要时常向上提一提，所以"褰"引申为动词提起、撩开。《诗经·郑风·褰裳》："子惠思我，褰裳涉溱。"唐·孟浩然《题长安主人壁》诗："枕席琴书满，褰帷远岫连。"宋·欧阳修《蝶恋花·面旋落花风荡漾》词："寂寞起来褰绣幌。"又由此引申为消散、散去。

唐·柳宗元《湘口馆潇湘二水所会》诗："兹辰始澄霁，纤云尽褰开。"《水经注·江水》："自非烟褰雨霁，不辨见此远山矣。"褰的"提起""撩开"义，是对喻体"幌"而言的，"散去""消散"义，是对本体"云气"而言的。"岫幌宵褰"与宋·王庭珪《二月二日出郊》诗中"天忽作晴山卷幔"、清·潘耒《江行杂咏》诗句"过云山似褰帷出"意思是一样的。联句中的"帘夕敞"与"幌宵褰"意思完全相同，字面上都说的是在夜里云消雾散了，而深层意思是用来比喻人的心情由沉闷变得舒爽（这种比喻现代社会仍在流行，称作"多云转晴"）。

上联是设想慈禧太后还政以后的闲适生活：可以看看升平署演员演出的戏剧歌舞；可以邀集一些人搞些像"曲水流觞"那样游戏性的娱乐活动，也可以观风赏月、游览风景进行消遣……下联的字面意思是，昆明湖上的雾气和万寿山间的云气都在夜间散去了，预示明天一定是个艳阳高照、天青水澈的好天气。蕴含的深层意思则是借天气喻心情，喻指慈禧太后因多年听政而郁积的劳累之感会很快地消散，变得神舒气爽、心性平和、轻松愉快起来。还有更深层的意思是，比喻大清朝的未来必然会出现尧天舜日、廓然清朗的景象。联义抒发了对慈禧太后的慰藉之情，对光绪皇帝亲政后的大清王朝充满了希望。上下联紧密结合，紧扣"澄怀"二字。

迎旭楼和澄怀阁属同一组建筑，两处的匾额和楹联反映了同一个主题。迎旭楼的楹联说明了修建颐和园的时代和政治背景，澄怀阁的两副楹联叙述了修建颐和园的目的，这两处的匾额和楹联与悬挂在东宫门（颐和园正门）的本园题名匾"颐和园"遥相呼应，意蕴十分贴合。如果"颐和园"三字是题目，这里的匾联便是题解，也相当于一篇《重修颐和园记》。

按，通常情况下，凡园林、庙宇等建筑在建造、重修之后都要立个碑写个"记"什么的，以资纪念。乾隆皇帝有《万寿山昆明湖记》《大报恩延寿寺记》等，嘉庆皇帝重修谐趣园后写了《谐趣园记》。像重修颐和园这样的大工程，似乎也应该立个碑写个"记"，然而踏遍整个颐和园却无从觅处。仔细一想，这个"颐和园记"如果用传统的"赋"的笔法，平铺直叙地来写，也确实难写。头一件，这清漪园的毁废缘由、颐和园的重修理由和经费来源，哪一样也不能堂而皇之地拿到桌面上来。但碑和"记"又不能没有，于是园林设计师和词臣们便采用了"比、兴"的手法，以"不说出来"的方法，达到了"说不出来"的境界，形成了现在这种似无而有、似有而无的状况。

北宫门

北宫门

北宫门匾

凤策扬辉（外向）

凤策：即策。凤，策的美称。策，筹划、谋划，也是古代帝王发布命令的一种文书。汉·蔡邕《独断》卷上："汉天子正号曰皇帝……其命令一曰策书，二曰制书，三曰诏书，四曰戒书。"凤策就是凤诏。凤诏，典出晋·陆翙（huì）《邺中记》："石季龙（名石虎，后赵武帝，335—349年在位）与皇后在观上，为诏书五色纸，著凤口中，凤既衔诏，侍人放数百丈绯绳，辘轳回转，凤凰飞下，谓之凤诏。"后世遂以"凤诏"美称诏书。唐·李绅《拜

北宫门匾

《宣武军节度使》诗："油幢并入虎旗开，锦橐从天凤诏来。"元·柳贯《次韵伯庸待制上京寓直书事因以为寄》诗："霓裳催按新声遍，凤诏需承曲宴多。"

扬辉：像阳光普照那样传扬天下。

凤策扬辉的意思是说，君王（这里指慈禧太后）的意旨传遍天下。

《文心雕龙·诏策》说："皇帝御宇，其言也神。渊嘿（沉默寡言。渊，深沉。嘿，同"默"）黼扆（fǔ yǐ，立在御座后面绘有斧形花纹的屏风，代指御座），而响盈四表，唯诏策乎！"大意是，帝王治理天下，他的话是神圣的。帝王静坐在御座上，他的意旨能够传遍四面八方，靠的全是诏策！这就是此匾所本之义。

北宫门联

雉扇开时娲簧喜奏齐天乐
凤韶谱处舜琯偕陈益地图

雉扇：一种长柄大扇，古代帝王的仪仗用具之一，用雉的尾部羽毛制成，故也称雉尾扇。盛唐以后用孔雀羽制成，也称凤尾扇，常用来代指仪仗。晋·崔豹《古今注·舆服》中说："雉尾扇，起于殷世……周制以为王后夫人之车服，汉朝乘舆服之，后以赐梁孝王。魏晋以来无常，准诸王皆得用之。"宋·王禹偁《南郊大礼》诗："乾元门上赫袍光，雉扇初开散御香。"

开：排列。如"一字排开"。李白《古风五十九首》其二十四："中贵多黄金，连云开甲宅。"

"雉扇开时"是说帝后出行，铭旌仪仗排列整齐，雉尾大扇高举，说明大驾起行了。表示皇帝出巡、驾临。这里是借喻皇帝的行动、行为、作为。

娲簧：娲，女娲氏。相传为远古时期的女神。《说文·女部》："娲，古之神圣女，化万物者也。"簧，本为乐器里用以发声的薄片。这里假借为"皇"。娲簧即娲皇，就是女娲氏。

奏：为、做成、造就。《小尔雅·广言》："奏，为也。"《诗经·小雅·六月》："薄伐猃狁（xiǎn yǔn），以奏肤公。"《毛传》："奏，为。"《明史·河渠志二》："（崇祯）帝趣（促）鸠工，未奏绩而明亡。"

齐天乐：传至天空、与天道相合。齐，平齐、并列。天乐（lè），顺应天道之乐。《庄子·天道》："与人和者，谓之人乐；与天和者，谓之天乐。"

凤韶：《韶》乐（yuè）的美称。《韶》，相传为虞舜时期的乐曲。汉·应劭《风俗通义·声音》："尧作《大章》，舜作《韶》。"据说，《韶》从音调到内容都十分完美，孔子的评价是"尽美矣，又尽善也"。（《论语·八佾》）孔子听了韶乐以后，"三月不知肉味"。（《论语·述而》）他把韶乐奉为乐之经典，认为是治理国家的手段之一。《论语·卫灵公》记载，颜渊问怎样治理国家，孔子说："用夏朝的历法，坐殷朝的车子，戴周朝的帽子，音乐就用《韶》和《武》。"这里借指美妙之音，犹如说玉音、德音、纶音，都是指皇帝说的话，俗所谓"金口玉言"，即圣旨。

谱：按照事物的类别或系统进行编排记录。

处：时候、时刻。与上联"时"互文见义。唐·刘长卿《江州留别薛六柳八二员外》诗："江海相逢少，东南别处长。"（别处，分别的时间）宋·岳飞《满江红》词："怒发冲冠，凭栏处，潇潇雨歇。"

舜琯：舜，相传为上古时期的部族首领。琯，用玉制成的律管，是古乐器名，传说琯最先出现在虞舜时期，所以后人称为舜琯。《风俗通义·声音》说："舜之时，西王母来献其白玉琯。昔（汉）章帝时，零陵文学奚景于冷道舜祠下得生白玉管，后乃易之以竹耳。夫以玉作音，故神人和，凤凰仪也。"这里舜琯也是指"玉音"，即美妙之音。喻指皇帝的诏旨。和"凤韶"的意思相同。

偕：普遍、都、全部。《诗经·周颂·丰年》："以洽百礼，降福孔偕。"《墨子·明鬼》："今若使天下之人，偕若信鬼神之能赏贤而罚暴也，则夫天下岂乱哉！"

陈：本义为陈列、展开。引申为施与、给予。《诗经·小雅·伐木》："于粲洒扫，陈馈八簋（guǐ，食器）。"《新唐书·朱敬则传》："刻薄可施于进趋，变诈可陈于攻战。"（此句"陈""施"对举，可知二字同义）偕陈，就是普遍施给。

益地图：充满全国各地。益，满、涨满、充满。《吕氏春秋·察今》："荆人欲袭宋，使人先表澭水，澭水暴益。"地图，这里指国家版图、疆土，也称舆图、舆地图、皇图。唐·李贺《出城别张又新酬李汉》诗："皇图跨四海，百姓拖长绅。"宋·陆游《剑南诗稿·书事》："闻道舆图次第还，黄河依旧抱潼关。"

此联是对匾额"凤策扬辉"的诠释和发挥，是为慈禧太后唱的赞歌。意思是说，慈禧太后的一言一行、所作所为都是符合天道的；她发出的诏旨传遍全国各地。联中的"凤""娲""雉"与匾上的"凤"字呼应，都是指慈禧太后。联中的"开""谱""奏""陈"与匾上的"策"呼应，都表示筹划、谋略之义。"娲簧""舜珰"既是对"策"的称美之词，也暗中含有比喻之意，意思是慈禧太后可与上古圣贤比肩。联中的"齐天乐""偕""益地图"是对"扬"的进一步阐释，其中"齐天乐"是上扬，"益地图"是远扬，"偕"是遍扬，表示无处不"扬辉"，无物不受惠。

从表面上看，又是仪仗，又是奏乐，还搬出上古祖先前来助阵，轰轰烈烈，热热闹闹，好不红火！但这只不过是为根基已经朽烂、即将倾倒的大厦涂上一层粉彩而已，丝毫也不能挽救坍塌的命运。就慈禧本身而言，也算是出尽了风头，但又何尝不是忍着眼泪强装笑脸呢！

北宫门匾（内向）

兰馨菊秀

兰馨菊秀：春季兰花香气四溢；秋季菊花秀丽无比。这是以春、秋二季之花，概括地赞美颐和园内一年四季鸟语花香的美好环境。另外，兰、菊和梅、竹称为花中四君子，常用来比喻品德高尚的人。这里有影射慈禧的意思，是对慈禧太后的阿谀之词。馨，播散很远的香气。秀，俊美、秀丽。

慧因慈福牌坊

慧因慈福牌坊

在后山买卖街的中段南侧有一座石牌坊，是须弥灵境建筑群的最北端，属于此建筑群的北门户（原本三座牌坊，现仅存此一座）。

牌坊题额

慧因（南向）
慈福（北向）

慧：佛教以大彻大悟、心性空明、破除迷惑、领悟佛理为慧。宋·普济《五灯会元》卷四《章敬晖禅师法嗣·荐福弘辩禅师》："帝曰：'云何为慧？'

慧因牌坊题额

对曰：'心境俱空，照览无惑为慧。'"简言之，慧就是破惑证真的无分别智慧。

因：佛教语"因缘"的简语。指能形成事物、引起认识和造就"业报"等现象所依赖的原因和条件。唐·王维《胡居士卧病遗米因赠》诗："了观四大因，根性何所有？"简言之，"因"就是能产生"果"的原因和条件，也称为"业"。这里是指"福业"。《增一阿含经》卷十二说，福业有三种：（1）施福业；（2）平等福业；（3）思惟福业。慧因就是指思惟福业，即以智慧思察脱离生死轮回之法。修此福业，能得到出世间的福报。

慈：佛教称佛、菩萨爱护众生，给众生以欢乐为慈。"慈"是佛的"四无量心"之一。《俱舍论》卷二十九说："无量有四，一慈二悲三喜四舍。"慈无量心是通过观想给众生欢乐，将慈心扩展至无量。

福：福德。这里指福德果报。

"慧因""慈福"合起来解释，就是真心向佛，诚心修炼思惟福业，必能得到佛赐予的出世间（即彼岸涅槃境界）的福德果报。

寅辉挹爽城关

城关题额

寅辉（东向）

寅辉：恭敬地迎接晨光。语出《尚书·尧典》：“分命羲仲，宅隅夷，曰旸谷。寅宾出日，平秩东作。”大意是说，尧帝命令羲仲居住在东海之滨的旸谷这个地方，恭敬地迎候日出，认真地辨察太阳每天升起的时刻，以便于有序地安排劳作。寅，恭敬。宋·范仲淹《谢转给事中移知邓州表》：“臣敢不寅奉朝经，躬修民政！”辉，特指早晨的阳光。《三国志·魏志·管辂传》：“以光休宠。”裴松之注引《管辂别传》曰：“朝旦为辉，日中为光。”（早晨的阳光称为辉，中午的阳光称为光。）

挹爽（西向）

挹爽：汲取西山清爽之气。挹，用瓢或杓舀取、汲取。《诗经·小雅·大东》："维北有斗，不可以挹酒浆。"爽，爽气。这里特指西山爽气。"西山爽气"出典于《世说新语·简傲》：东晋名士王徽之（字子猷）在车骑将军桓冲手下任参军，一次，桓冲对他说，你在府中很久了，应该料理事情了。王凝视门外高山，用手中的笏板拄着面颊说："西山朝来，致有爽气。"意思是西山的早晨送来清爽之气。后世遂以"西山爽气"指清新舒爽的自然景象。

这两个题额实为状景之词。"寅辉"的意思是说，清晨，一轮红日喷薄而出，光芒四射，彩霞满天，金光洒在山林之中，使山林亮丽而多彩。"挹爽"是说，傍晚，红日西坠，山林渐渐暗淡下来，缕缕云气飘浮其间，呈现出一派清爽宁静的景象。万寿山后山，地处偏僻，相对而言，景色单调，但这座城关的两个题额却托出了这里一朝一暮变幻殊异的景象，给人以新奇之感。这正是欧阳修在《醉翁亭记》中所说"若夫日出而林霏开，云归而岩穴暝，晦明变化者，山间之朝暮也……朝而往，暮而归，四时之景不同，而乐亦无穷也"的意境。

这两幅题额，文字典雅，用典恰当，神思出奇，不张不露，耐人寻味，有天机自得之妙。

澹宁堂

澹宁堂在万寿山后坡，是后溪河东段南岸的一组建筑，始建于乾隆年间。其主体建筑因山就势，从南面看是一层，取名云绘轩；北面看是两层，上层即云绘轩，下层名为澹宁堂。澹宁堂北向对着的是随安室，随安室后面便是后溪河。整组建筑面山背水，环境清幽。1860年毁于英法联军，1998年在原址上重建。因原有楹联全部被毁，现在挂的楹联是重建时新制，内容是由乾隆诗中选摘的。

云绘轩题名匾

云绘轩

云绘：烟云聚散无常，飘忽不定，色彩缤纷，变幻万状，就像在蓝天上作图绘画一般。

乾隆皇帝有《云绘轩》诗说："雨云只一色，晴云乃万状。一色易为概，万状莫可量。既雨无余恋，宜晴快初放。因风势飘萧，散空形荡漾。妙绘鲜比伦，谁能摹笔仗。气韵生动间，凭轩意为畅。设遇望霖时，顾惜正惆怅。"此诗写出了烟云变幻无常的情形和凭轩望云时的心境。

云绘轩联

烂兮谩拟重华旦
蔼若常含元气氲

烂：鲜明绚丽的样子。《诗经·唐风·葛生》："角枕粲兮，锦衾烂兮。"《古诗源》卷一《卿云歌》："卿云烂兮，糺（同"纠"）缦缦兮。日月光华，旦复旦兮。"此歌亦为上联所本。

谩：通"漫"，随意、胡乱的意思。张相《诗词曲语辞汇释》卷二："漫，本为漫不经意之漫，为聊且义或胡乱义……字亦作谩。"唐·姚合《送王求》诗："愿君似醉肠，莫谩生忧惑。"宋·苏轼《答李康年书》："要跋尾，谩写数字，不称妙笔。"

拟：模仿、效法。谩拟，是说天上云彩胡乱地模仿着各种物体的样子来变换自己的形态。

重华：日、月周围的光环。借指色彩鲜丽。

旦：天空明亮。

蔼：覆盖、笼罩。南朝宋·颜延之《直东宫答郑尚书》诗："流云蔼青阙，皓月鉴丹宫。"

若：与上联"兮"均为语气助词。

元气：天地未分之前的混沌之气。李白《日出入行》："人非元气……"清·王琦注："《法苑珠林》：元气者，依《河图》曰：'元气无形，匈匈隆隆，偃者为地，伏者为天。'"

氲：即氤氲（yīn yūn），双声兼叠韵联绵字。指阴阳二气交合在一起，

澹宁堂牌坊

烟云弥漫的样子。也作"絪缊"。《周易·系辞下》："天地絪缊，万物化醇。"又作"烟煴"。汉·王延寿《鲁灵光殿赋》："包阴阳之变化，含元气之烟煴。"张载注："烟煴，天地之蒸汽也。"

此联写出了晴天和云雾天烟云变化的不同气势。上联说，当它（云）鲜明绚丽、随意变幻姿态的时候，整个天空就光艳夺目，日月也增加了光彩。下联说，当它笼罩大地、充满天地之间时，天和地连在一起无法分辨，好像又回到了原始的混沌世界。

此联摘自乾隆二十五年御制诗《云绘轩迭旧作韵》："藻绘休夸夸绘云，文轩因回御层氛。烂兮谩拟重华旦，蔼若常含元气氲。无暇相于斯淡淡，迩来凝望又勤勤。何当嘉澍崇朝遍，二麦登秋与物欣。"

澹宁堂题名匾

澹宁堂

澹宁："澹泊宁静"的缩语。澹泊，不慕名利，生活简朴。宁静，心情安宁平静，处世平和稳重。"澹泊宁静"的出处，乾隆皇帝自己说是引用三国时期蜀国丞相诸葛亮的话，他在多首咏澹宁堂的诗中说"境有会心皆可乐，武侯妙语时相逢"，"澹泊水之德，宁静山之体……喻义因名堂，嘉言征蜀史"，"取名缘蜀史，玩象在羲经"，"武侯两语一言会，水澹冰宁当面呈"。诗句中的"蜀史""武侯妙语""武侯两语"都是指诸葛亮的话。诸葛亮在《诫子书》中说："夫君子之行，静以修身，俭以养德。非澹泊无以明志；非宁静无以致远。"这是诸葛亮告诫儿子要修身养德的话。意思是，不去除追名逐利的思想，不过艰苦朴素的生活，就不会培养高尚的志趣；没有安宁平静的心境，处事不能平和稳重，就不能树立远大的目标。其实诸葛亮的这两句话是从《淮南子·主术训》中"非澹泊无以明德，非宁静无以致远"引用来的。澹宁堂是乾隆准备用来读书养德的地方，用"澹宁"命名，恰如其分。

乾隆皇帝又将"澹泊宁静"注入于山和水的灵性之中，他在诗中说，"澹泊水之德，宁静山之体"，"青山本来宁静体，绿水如斯澹泊容"，将情和景融在了一起，既含哲理又与这里依山傍水、清幽静雅的自然环境相吻合，很是得体。

将此堂命名为澹宁堂，还有一层意思，就是怀念他在畅春园读书的那段日子。乾隆皇帝十二岁时受到祖父康熙皇帝的垂眷被养在宫中，住在畅春园，其读书之处名为澹宁居。据《日下旧闻考》卷七十六载："澹宁居前殿为圣祖（指康熙皇帝）御门听政、选馆、引见之所，后殿为皇上（指乾隆皇帝）旧时读书之处。"乾隆皇帝在乾隆四十年写的《题澹宁堂》诗自注说："予十二岁时，皇祖养育宫中，于畅春园赐住之处即名曰澹宁居。"这个阶段虽然时间不长，但对乾隆的成长却起了关键作用。

祖父的垂爱，严师的教诲，自己的勤勉，为他日后登基执政打下了坚实的基础。乾隆对此终生不忘，曾在咏《澹宁堂》诗中提及："敬忆含饴（即成语'含饴弄孙'。意为含着饴糖逗弄小孙子）处，尧文此式刑。"（乾隆二十八年作）"忆昔垂髫岁，赐居曰澹宁。无忘斯黾勉，有勒在轩庭。"（乾隆四十年作）"赐居缅祖德，何处弗心关。"（乾隆五十八年）直到乾隆六十年，已经到了八十四岁垂暮之年，仍然写诗追忆此事，"镜山带水足相羊（徜徉），幼岁所居今号堂。七十三年如瞥眼，敢曾一念祖恩忘。"

在乾隆看来，这一时期澹泊宁静的读书生活，也是为他日后登基当皇上作了铺垫。他用山和水的自然形态变化作喻说："水将潋影容先澹，山欲舒芳意且宁。"（乾隆三十年诗）他把登基以后治国理政、施展才华看成是"潋影""舒芳"时期，认为没有先前的"澹"和"宁"就不会有后来的"潋影"和"舒芳"。他还搬出《易经》来做更明确的阐述，他说："取名缘蜀史，玩象在羲经。"（引诗见上）"化工惟易简，揭义在羲经。"（乾隆二十九年《题澹宁堂》诗）"显仁藏用际，可以悟羲经。"（乾隆四十七年《澹宁堂》诗）羲经就是《易经》，据说《易经》是伏羲氏所作，《易经·系辞下》说："古者庖牺氏之王天下也，仰则观象于天，俯则观法于地……于是始作八卦。"所以《易经》又称《羲经》。

《易经》有六十四卦，究竟乾隆说的是哪一卦呢？根据他的身份地位推测，应该是乾卦（乾卦的"乾"与乾隆的"乾"谐音双关）。乾卦是《易经》

开头第一卦，它的卦象是两乾叠加，是上上吉之卦。乾卦的六个爻都是阳。唐·李鼎祚《周易集解》中说："乾者纯阳，众卦所生，天之象也。"《周易·说卦》也说："乾为天，为圜，为君，为父。"乾卦六爻的爻辞中有"初九，潜龙勿用"；"九四，或跃在渊"；"九五，飞龙在天"等语，这些都很符合乾隆皇帝的身份地位和一生的发展历程。其中，"潜龙勿用"，崔憬注解说："潜，隐也。龙下隐地，潜德不彰，是以君子韬光待时未成其行，故曰'勿用'。"就是说，命中注定是应该当皇帝的，只因时机未到，没有登上皇帝的宝座，还处在潜伏隐地、韬光待时的时期。很显然，乾隆皇帝是把在澹宁居读书学习的"澹泊宁静"时期看成是"潜龙勿用"。在他看来，没有"潜龙勿用"，就不会有"飞龙在天"（龙字与乾隆的"隆"谐音双关）；没有"澹泊宁静"，也就不会登基做皇帝了。这或许就是澹宁堂取名的内在含义。

澹宁堂联

青山本来宁静体
绿水如斯澹泊容

宁静：安宁平静。

澹泊：清新明净。

体、容：表面形态。

（此联深层含义见"澹宁堂"匾注解）

此联摘自乾隆九年御制咏圆明园四十景诗《澹泊宁静》："青山本来宁静体，绿水如斯澹泊容。境有会心皆可乐，武侯妙语时相逢。千秋之下对纶羽，溪烟岚雾方重重。"（见《日下旧闻考·卷八十一》）

云绘轩北向匾

夕霭朝岚

夕霭朝岚：早晚之际，轻雾缭绕，山气弥漫。霭：云雾气。唐·王维《终南山》诗："白云回望合，青霭入看无。"明·朱孟震《西南夷风土记》："其地早暮，雾霭薰蒸，烟霞掩映。"岚，山林中的雾气。李白《同族弟金城尉叔卿烛照山水壁画歌》："光中乍喜岚气灭。"王琦注引《韵会》曰："岚，山气也。"《红楼梦》第五十二回："岛云蒸大海，岚气接丛林。"

匾语道出了清幽谧静的环境，给人以景物朦胧、若有似无、虚幻缥缈、如入仙境的感觉。

云绘轩北向联

动趣后阶临水白
静机前户对山青

动趣：生发高雅的情趣。动，萌生、生发。《左传·昭公八年》："作事不时，怨讟 (dú，怨恨) 动于民。"《史记·乐书》："情动于中，故形于声。"趣，这里指高尚的志趣。

后阶：房屋后面的台阶。代指屋后。

白：清澈纯净。晋·闾丘冲《三月三日应诏诗》二首其二："浩浩白水，汎汎龙舟。"《乐府诗集》第三卷《北齐明堂乐歌·武德乐》："露甘泉白，云郁河清。"李白《送友人》诗："青山横北郭，白水绕东城。"白字古读入声，属仄。

静机：清除掉机巧诡诈之心。静，清除、清洗。机，机心，机巧诡诈的心计。《庄子·天地》："有机械者必有机事，有机事者必有机心，机心存于胸中，则纯白不备。"《淮南子·原道》："故机械之心藏于胸中则纯白不粹。"高诱注："机械，巧诈也。"唐·白居易《朝回游城南》诗："机心一以尽，两处不乱行。"

前户：房屋的前门。代指房前。与上联"后阶"合在一起是说房前屋后，指房子周围。

因为人们对自家房屋周围的环境最常见、最熟悉，所以"后阶""前户"代指"常见的""平常的"。

水白、山青：形容景色美好。

联意是说，只要有了高雅的情趣，清除了机巧诡谲之心，即使是像自家房前屋后那样最平常、最普通的环境，也会感到景色十分美好。

此联由乾隆二十八年御制《澹宁堂》诗拆改而成。全诗是："后阶临水白，前户对山青。动趣都涵澹，静机常觉宁。触怀良有会，缮性每因停，论德曾无似，休称陋室铭。"这是一首五言诗。如果只把"后阶临水白，前户对山青"这两个五言句摘出来做联语挂在这里，那么这副楹联只是切合前有万寿山、后有后溪河这一实景而已。平铺直叙，缺乏意蕴，情感浅薄，淡然无味。

然而选联者移花接木，巧妙地把同一首诗的"动趣""静机"这两个表达心理动态的词组加了进去，使五言句变为七言条件复句，不仅语言变得生动活泼，而且情感浓厚，蕴涵深邃，极富哲理，也使场景得到了延伸扩展，充分体现了选联者艺术造诣的深厚功底。

随安室题名匾

随安室

随安：随遇而安。意思是对各种境遇都能安然处之。《孟子·尽心下》说："舜之饭糗茹草也，若将终身焉，及其为天子也，被袗衣，鼓琴，二女果，若固有之。"大意是，舜早年吃干饭吞野菜的时候，似乎准备终身如此。等到他做了天子，穿着华贵的衣服，弹着琴，有尧的两个女儿陪伴着。这些他又都觉得是本来就有的。《朱熹集注》对此解释说："言圣人之心，不以贫贱而有慕于外，不以富贵而有动于中，随遇而安，无预于己。"《淮南子·原道训》说："不以康（富足）为乐，不以慊（通'欠'，不足）为悲，不以贵为安，不以贱为危，形神气志，各居其宜，以随天地之所为。"这些都是对随遇而安的训解，是一种消极的不求进取的修身养性。但是，乾隆皇帝又给"随安"注入了新义，他在《随安室四咏》序中说："今则四海之广，兆民之众，无不欲其随时随地而安。"作为一个国土辽阔、百姓众多的泱泱大国之君，把天下百姓安危挂在心上，也是理所当然的。

随安室联

水将漪影容先澹
山欲舒芳意且宁

漪影：水面泛起波纹。漪，波纹。影，形迹。

容：表面仪容、状态。

澹：安宁、安静。《广雅·释诂一》："澹，安也。"汉·扬雄《长杨赋》："使海内澹然，永亡（无）边城之灾。"

舒芳：花草树木萌发生长。舒，舒荣，孳生蕃茂。唐·韦应物《县斋》诗："仲春时景好，草木渐舒荣。"芳，花、花草树木。宋·欧阳修《醉翁亭记》："野芳发而幽香。"

随安室后门匾

意：意态，表情姿态。这里指山上草木的形态。

宁：安定平静。《尔雅·释诂上》："宁，静也。"《庄子·大宗师》："撄（yīng）宁也者，撄而后成者也。"成玄英疏："宁，寂静也。"

全联说的是山水表面形态的自然变化规律。意思是水面泛起波纹，在这之前必然会有一个安宁平静（指表面结冰）的阶段；山上显现草木繁盛、杂花乱生的景象，必然先要经过一个落叶枯萎、蓄势待发的阶段。联语揭示了自然万物有形始于无形、相反相成这一发展变化规律。

此联摘引自乾隆三十年御制《澹宁堂》诗：水将漪影容先澹，山欲舒芳意且宁。今日书堂会心别，有形端是始无形。

随安室后门匾

溪烟岚雾

溪烟：溪水轻缓地流淌。唐·张泌《洞庭阻风》诗："青草浪高三月渡，绿杨花扑一溪烟。"烟，烟态，形容物之轻盈柔美。唐·李商隐《木兰》诗："波痕空映袜，烟态不胜裾。"

岚雾：山间雾气柔缓地飘动。岚，山林中的雾气。唐·王维《送方尊师归嵩山》诗："瀑布杉松常带雨，夕阳苍翠忽成岚。"唐·张泌《秋晚过洞庭》诗："莫把羁魂吊湘魄，九疑愁绝锁烟岚。"雾，雾态。形容物之轻柔。三国魏·曹植《洛神赋》："践远游之文履，曳雾绡之轻裾。"唐·李贺《昌谷》诗："雾衣夜披拂，眠坛梦真粹。"

"溪烟岚雾"是由两个省略了谓语的短句构成的，用现代口语译成完整的句子，相当于说：溪水轻缓地流淌；岚气柔缓地飘浮。原句省略了表示谓语"流淌""飘动"意思的词。烟和雾本为名词，这里用作形容词，在句中作状语。

昆明湖景区

知春亭

知春亭

知春：显现春意，报知春信。知春亭位于昆明湖东北部的一个近岸小岛上，这里背风向阳，水分充足，旧时又多植桃柳，每年开春，花草、桃柳比别处发芽较早，最先报知春信，故题名"知春"，取"向阳花木早逢春"、桃柳报春信之义。唐·孟郊《春雨后》诗："昨夜一霎雨，天意苏群物。何物最先知，虚庭草争出。"黄庭坚《虞美人·宜州见梅作》词："天涯也有江南信，梅破知春近。"宋·苏轼《惠崇春江晚景》诗二首其一："竹外桃花三两枝，春江水暖鸭先知。"

文昌阁

文昌阁位于昆明湖东岸，是一座城关式建筑，建于乾隆十五年，是供奉文昌帝君的地方。

关于文昌帝君，民间有多种传说，比较一致的有两种。其一，文昌，本为我国古代天文学的星官名，又叫文星或文曲星，在北斗七星的斗魁之上，有星六颗，呈半月形分布。古代星相家把天上的星象与人世间和自然界发生的事件相附会，说文昌星主人间文运，文场中所发生的事件都与其有关。唐·裴庭裕在《东观奏记（下）》说："初，日官奏文昌星暗，科场当有事。"《平山冷燕》第一回说："前钦天监臣奏文昌光亮，主有翰苑鸿儒为文明之助。"文昌星逐渐被人格化，遂成为文昌帝君。其二，传说文昌帝君也称梓潼君，本姓张名亚子（本名恶子，因民间忌讳"恶"字，故将恶字去掉心旁，成为亚子），住在蜀地七曲山，后"仕晋战殁，人为立庙"。（《明史·礼志四》）道家借此神话，称天帝任命梓潼君掌文昌府事及人间禄籍，其后被朝廷封为帝君。总之，文昌帝君是主宰天下文运的神。古代读书人既供奉孔子，也奉祀文昌帝君，以企盼文运昌盛，官运亨通。

文昌阁南向联

石窗湖水摇寒月
山峡泉声报早秋

这副楹联貌似状景，实则是说与科考应试有关的事。

我国的科考选官制度始自隋，终于清末。明清时期，国家选官考试分为三级，即乡试、会试、殿试。乡试每三年在各省省城举行一次，中试者称为举人，举人是省级的最高学位，被人称为"老爷"，身份和地位都发生很大变化，是士子登上仕途的肇端。因为乡试在秋季举行，所以也叫作"秋试"或"秋闱"。秋试被录取了称秋捷，秋试后发布的榜文称秋榜。士子秋榜题名成为举人，当地郡县政府便派报录人（也叫报人、报子）将报帖（也叫报单，即录取通知书）送到新举人家中，称为报捷。明·王世贞《觚不觚录》中说："诸生中乡荐，与举子中会试者，郡县则必送捷报。"

乡试后的第二年春季，举人要去京城参加会试，会试也是每三年举行一次。《明史·选举志》："乡试……次年，以举人试之京师，曰会试。"考中的成为贡士。会试之后，由皇帝对贡士在殿廷上亲自策问，称为殿试，也叫廷试。被录取者分为三等，叫作三甲。一甲只取三名，第一名称状元，第二名称榜眼，第三名称探花。这三名一甲赐"进士及第"，二甲若干名赐"进士出身"，三甲赐"同进士出身"，统称为进士。进士就有官做了。从此以后，步入仕途，由一个普通的读书人，进入了地位较高的上层社会，从此青云得志，便可大展宏图。

然而，士子们从幼小读书到考中进士，却要经过一个漫长的用功苦读的过程。常于夜深人静之时，在寒窗之下，伴着凄凉的月光，一盏青灯，数册黄卷，忍着饥寒，耐着寂寞，刻苦攻读。久而久之，"窗下""寒窗"便成了用功苦读的代称。金·刘祁《归潜志（七）》说："十年窗下无人问，一举成名天下知。"元·石子章《秦修然竹坞听琴》第三折："十载寒窗积雪余，读得人间万卷书。"

这副楹联的上联，正是"十载寒窗"的写照。窗，是冰凉的"石"窗，月是清冷的"寒"月，湖水则是泛着微波。这种凄清冷寂的环境给人的感觉一是静，二是寒。静，正是用功读书所需的环境，但也饱含了寂寞。寒，则体现了读书用功之苦。下联是说士子参加秋试考中报捷了。其中的"山峡泉声"是暗喻考试答卷时，文思如清泉之水源源不断涌出，做出了好文章。化用朱熹诗句"问渠那得清如许，为有源头活水来"句义。"报"，是指捷报、报捷。"秋"字的本义是谷物成熟有收获，秋季是各种谷物和果实成熟的时候，是收获的季节，这里是喻指士子们经过十年寒窗，终于盼来了梦寐以求的秋试报捷的收获。"早"是指秋试报捷只是考官应试过程的开始，（后面还有会试、殿试）故称为"早秋"。

联中峡字古读入声，属仄。

此联化用唐·司空曙《赠衡岳隐禅师》诗句："石窗湖水摇寒月，枫树猿声报夜秋。"李白《望月有怀》诗句"寒月摇清波，流光入窗户"，是为上联文字所祖。

文昌阁北向联

日月往来苍翠杪
烟云舒展画图中

这副楹联承续前联，组成一组，意思是说，读书人考中进士，踏上仕途，从此便前程光明，步步登高，青云得志，大展宏图。联中"日月往来"是用《周易·系辞下》"日往则月来，月往则日来，日月相推而明生焉"义，表示前程越走越光明。"杪"，本义为树梢。引申为尖端、高端。"往来于杪"意为步步登高。"烟云舒展"是说青云直上。"展画图"便是大展宏图。

此联化用元·程元岳《云岩》诗句："日月往来苍翠杪，烟霞舒卷画图中。"此联将诗中的"烟霞"改为"烟云"，将"舒卷"改为"舒展"，如果用来状景，"烟霞"远比"烟云"多彩，"舒卷"比"舒展"更加多姿，且自然界的烟云只舒不卷，也不合实情，楹联作者却舍"熊掌"而取"鱼肉"，可见此联非状景之作。

这两副楹联，文字粘连（或称"压荏"）使用（即一个词既连上又连下，如"往来"二字，连上组成"日月往来"，连下组成"往来于杪"。"展"字连上组成"舒展"，连下组成"展画图"），字字语义双关。貌似状景，实则是抒发对文昌帝君的信奉与崇敬之情，告诫读书人，只要刻苦攻读圣贤之书，文昌帝君定会助你文运昌盛，官运亨通。

廓如亭

廓如亭

廓如：开阔、宽敞的样子。汉·扬雄《法言·吾子》："古者杨墨塞路，孟子辞而辟之，廓如也。"如，助词，表状态，与助词"然"表示的意思相同，即"……的样子"。晋·陶潜《祭从弟敬远文》："庭树如故，斋宇廓然。"（"如故"，老样子；"廓然"，空旷的样子。）

廓如亭在昆明湖东岸，十七孔桥东端。此亭初建时期，昆明湖东岸无围墙，这里四面开阔，西北面是浩渺的湖水，东南是万顷农田，登亭眺望，寥廓无际。此亭八角重檐，由内外三层二十四根圆柱和十六根方柱支撑，是全国体量最大的亭式建筑。此亭题名"廓如"，有两层意思，一是亭外地势开阔，一是亭内空间宽敞。

十七孔桥

十七孔桥

十七孔桥是一座石拱桥，位于昆明湖东部，连接着南湖岛和东堤，全长150米，宽8米，是颐和园里最大的桥，共有十七孔桥洞，正中间的桥洞南北两侧各有题额和楹联。

南向题额

修蝀凌波

修蝀：长虹。修，长。蝀，蝀蝀（dì dōng，双声联绵字），虹的别称。《尔雅·释天》："蝀蝀，虹也。"郭璞注："俗名为美人虹。"在文学作品中常用来借指拱形桥。杜牧《题吴兴消暑楼十二韵》诗："蟾蜍来作鉴，蟏蛸引成桥。"前蜀·贯休《夜对雪寄杜使君》诗："桥高银蟏蛸，峰峻玉浮图。"这里是用长虹比喻十七孔桥。

凌波：在水波上行走。汉·庄忌《哀时命》："势不能凌波以径度兮，又无羽翼而高翔。"曹植《洛神赋》："凌波微步，罗袜生尘。"

"修蛛凌波"是说，白天看十七孔桥像一道长虹在水波上行走。（实为桥不动而水波流，正如一首敦煌曲子《浣溪沙》所说的"满眼风光多闪烁，看山恰似走来迎。仔细看山山不动，是船行"之境况。）

北向题额

灵鼍偃月

灵鼍：神异的鼍。这里用来比喻十七孔桥。灵，神灵、奇异。《广韵·青韵》："灵，神也。"《史记·五帝纪》："生而神灵，弱而能言。"张守节正义："言神异也。"这里是用作对鼍的敬畏之称。鼍（tuó），鳄鱼的一种，即扬子鳄，俗称猪婆龙，两栖动物，成年后体长可达两米。以鼍喻桥，出自《竹书纪年》卷下："（周穆王）三十七年，伐楚。大起九师，东至于九江，叱鼋鼍以为梁。"（梁，桥。）后遂以此典指架设桥梁。南朝梁·江淹《恨赋》："方架鼋鼍以为梁，巡海右以送日。"唐·杨炯《唐右将军魏哲神道碑》："架鼍梁于圣海，秦皇息鞭石之威。"

偃月：半弦月。凡物体形状呈半月形的称为偃月。南朝梁·费昶《行路难二首》其二："蛾眉偃月徒自妍，傅粉施朱欲谁为？"唐·韩愈《南溪始泛三首》其一："点点暮雨飘，梢梢新月偃。"偃，仰卧。这里是说夜间看十七孔桥形如半弦月。

十七孔桥南北两个题额用比喻的手法，写出了十七孔桥雄伟壮观的气势。

桥南向楹联

烟景学潇湘细雨轻航暮屿
晴光缅明圣软风新柳春堤

烟景：烟水苍茫的景色。唐·崔涂《春夕旅怀》诗："自是不归归便得，五湖烟景有谁争？"元·周权《郭外》诗："夕阳烟景外，倚仗立移时。"

学：原义为效仿、学习，这里引申为仿佛、很像。杜甫《复愁十二首》其二："月生初学扇，云细不成衣。"唐·牛峤《酒泉子》词："钿车纤手卷帘望，眉学春山样。"学字古读入声，属仄。

潇湘：特指湖南省境内的湘江。湘江古称湘川、湘水。源出广西壮族自治区灵川县海阳山，东北流贯湖南省东部，至湘阴县入洞庭湖，是湖南省境内最大的河流。潇，水清深的样子。《水经注·湘水》："湘水至清，虽深五六丈，下见底了了。"唐·秦韬玉《长安书怀》诗："岚收楚岫和空碧，秋染湘江到底清。"因为湘江水既清且深，所以称潇湘。

轻航：船在微风中轻缓前行。晋·谢安《永和九年兰亭修禊》诗："薄云罗物景，微风翼轻航。"

屿：水中小岛。

晴光：亮丽的春光。唐·贾曾《奉和春日出苑瞩目应令》诗："渭北晴光摇草树，终南佳气入楼台。"宋·郑思肖《墨兰》诗："空色微开晓，晴光淡弄春。"清·朱树德《壶山赤霞》诗："晴光弄新色，赤霞满郊中。"

缅：缅思、缅怀，遥念、遥想的意思。杜甫《八哀诗·故秘书少监武功苏公源明》："反为后辈褎（xiè），予实苦怀缅。"又《画鹘行》诗："缅思云沙际，自有烟雾质。"

明圣：即明圣湖，浙江杭州西湖的旧名，也叫金牛湖。相传汉时湖中出现金牛，人们认为是明圣之祥瑞，因称明圣湖。唐·徐坚《初学记·地部（下）·湖》引刘道真《钱塘记》曰："明圣湖在县（钱塘县，今杭州市）南。父老相传，湖中有金牛，古尝有见其映宝云泉，照耀流精，神化莫测。遂以'明圣'为名。"

软风：轻柔、温和的风。唐·李虞中《春色满皇州》诗："风软游丝重，光融瑞气浮。"宋·赵善扛《春词》："玉阑干外东风软，人在重云第几楼？"

这副楹联用的是总分句式，每个单联的前五个字"烟景学潇湘"和"晴光缅明圣"是总句、总述，后面的"细雨""轻航""暮屿""软风""新柳""春堤"是分句，分句都是并列关系，分别表述"烟景"和"晴光"的不同景色，这只是诸多景色的代表，不一定同时出现。上联说，那沾衣欲湿的霏霏细雨，那在浩渺的水波中轻快行驶的小船，还有那暮色苍茫中迷蒙的湖中小岛……这优美的景象，多像湘江美景啊！下联说，那吹面不寒的徐徐清风，那刚刚绽芽吐绿的杨柳枝条，还有那桃花盛开、春色峥嵘的西堤……在这明媚的春光里争芳斗艳，这情景不由得引起人们对杭州西湖的思念。

全联是站在桥上四望所见到的景色。用移山借水之法，将江南胜景湘江和西湖借来作比，描述了昆明湖烟水苍茫、湖平棹稳的景色和桃花泛暖、柳絮飘风的美好春光。表明了昆明湖的景色兼具二者之长，寄托了作者对昆明湖的喜爱之情。

桥北向楹联

虹卧石梁岸引长风吹不断
波回兰桨影翻明月照还空

虹卧：像一道彩虹横卧（在水上）。

石梁：石桥。古人最初称桥为梁。《说文·木部》："梁，水桥也。"段玉裁注："梁之字用木跨水，则今之桥也。"明·徐宏祖《徐霞客游记·游天台山日记》："停足仙筏桥，观石梁卧虹，飞瀑喷雪，几不欲卧。"石字古读入声，属仄。

岸引：击岸而退。岸，崖岸。这里也兼含桥墩。引，退去。《史记·李将军列传》："（李陵）且引且战。"（边撤退边战斗）这里"岸引"用宋玉《高唐赋》："长风至而波起兮，若丽山之孤亩；势薄岸而相击兮，隘交引而却会"句中"薄岸相击""交引却会"之义。意思是，大风吹起的层层波浪，前浪击打在崖岸、桥墩上，受到阻厄退了回去，与后面紧跟而来的水浪交汇在一起，形成更大的浪。一浪未平，一浪又起，构成一幅惊涛拍岸的壮阔场景。

长风：远风、大风。左思《吴都赋》："习御长风。"刘逵注："长风，远风也。"李白《关山月》："长风几万里，吹度玉门关。"这里"长风吹不断"与下联"明月照还空"，是引用李白《望庐山瀑布》诗二首其一"海风吹不断，江月照还空"句义。

波回：水中波纹回旋。指船桨划水翻起的旋涡。

兰桨：木兰做的船桨。木兰是一种香木，又名杜兰、林兰。这里是对船桨的美称。苏轼《前赤壁赋》："桂棹兮兰桨，击空明兮溯流光。"

照还空：（水面）依然是闪亮的样子。承接上文，意思是说，虽然兰桨翻影，但在月光照耀下，水面依然闪光发亮。还，还原、依旧。空，空明。

形容月光照耀下水面闪光发亮。宋·颜仁《木兰花》词："冰池晴绿照还空，香径落红吹已断。"

此联借鉴范仲淹《岳阳楼记》对洞庭湖"朝晖夕阴，气象万千"景观的对比描写手法，写出了昆明湖湖水变幻无常的场景。上联借鉴《岳阳楼记》中"阴风怒号，浊浪排空，日星隐曜，山岳潜形"句义，描述了天气恶劣时十七孔桥周围湖水惊涛拍岸的场景。下联借鉴《岳阳楼记》中"而或长烟一空，皓月千里，浮光跃金，静影沉璧"句义，绘出了天气晴好的夜间，风平浪静之时，水面浮光耀金的景象。

十七孔桥的这两副楹联，对桥本身着墨不多（两个题额及"虹卧石梁"属点题之笔，为联中的场景圈定范围），着重描摹了桥周围"气象万千"的景象。以景托桥，使桥更显壮观。

灵雨祠

灵雨祠前的牌坊

南湖岛是昆明湖中的一个岛屿，由十七孔桥与湖东岸连接。灵雨祠是一座龙王庙，在南湖岛的南端。灵雨祠前有东、南、西三个牌坊，每个牌坊各有两面题额。

灵雨祠

东牌坊题额

映日（西向）

凌霄（东向）

映日：太阳的光辉。映，日光。汉·王粲《七哀》诗三首其二："山冈有余映，岩阿增重阴。"

凌霄：升起在天空极高处。凌，升高、登上。霄，霄汉，指天空极高处。《后汉书·仲长统传》："如是则可以凌霄汉，出宇宙之外矣。"

"映日凌霄"犹如说"艳阳高照"。这里说的是早晨（上午）天空的景象。

东牌坊题额（东向）

南牌坊题额

虹彩（北向）
澄霁（南向）

虹彩：虹的光彩。

澄霁：雨雪停止，云雾散去，天空清朗。南朝宋·谢灵运《游南亭》诗："时竟夕澄霁，云归日西驰。"澄，清朗明丽。霁，雨过天晴。

南牌坊题额（南向）

"虹彩澄霁"就是彩虹横空，雨过天晴。这说的是午间雨后天空的景象。

西牌坊题额（西向）

西牌坊题额

绮霞（西向）
镜月（东向）

绮霞：艳丽的云霞。唐·李治（高宗皇帝）《谒大慈恩寺》诗："绮霞遥笼帐，丛珠细网林。"绮，本为有花纹的丝织品，用来形容物的光彩鲜艳。

镜月：月明如镜。清·佚名《常熟报恩牌坊碑序》："琴风镜月，同沾化雨之滋。"

"绮霞镜月"即"彩云追月"。这里说的是晚间天空的景象。

这里东、南、西三个牌坊的题额，按一天的时序，分别道出了早、午、晚天空的不同景象，是为龙王爷的气势扬威张目。

灵雨祠正门题额

敕建广润灵雨祠

敕建：奉皇帝之命修建的。敕，音 chì，原是上级命令下级之词，南北朝以后专指皇帝诏书。

广润：即广润王，西海海神的封号。据《旧唐书·礼仪志四》载，唐玄宗天宝十年（751年）正月"四海并封王"，朝廷派遣太子中允柳奕"祭西海广润王"。广润，雨水广泛地润泽。

灵雨：好雨、及时之雨。《诗经·鄘风·定之方中》："灵雨既零，命彼倌人。"清·爱新觉罗·玄烨（康熙皇帝）《回舟至常州府，是夜甘霖大霈》诗："麦秋遍野堪收获，灵雨愆期倍惕干。"灵，也含有神灵、灵验的意思。屈原《九歌·山鬼》："东风飘兮神灵雨。"王逸注："东风飘然而起，则神灵应之而雨。"

祠：供奉鬼神、祖先或先贤的庙堂。

广润灵雨祠原名龙王庙，是明代旧有建筑。乾隆皇帝建清漪园时，扩大昆明湖水面，保留了这块地方，并使其由湖岸变成一个小岛，同时对龙王庙加以整修。因唐玄宗曾封西海龙王为广润王，昆明湖前身曾叫"西海"，所以将这座龙王庙改名为广润祠。乾隆皇帝曾多次来此求雨。乾隆六十年（1795年）祈雨灵验，遂将广润祠增号为"广润灵雨祠"。

灵雨祠正殿匾（一）

灵岩霞蔚

灵岩：神仙居住的洞府。灵，神灵。《玉篇·巫部》："灵，神灵也。"《广韵·青韵》："灵，神也。"《诗经·商颂·殷武》："赫赫厥声，濯濯厥灵。"孔颖达疏："其见尊敬如神灵也。"《水经注·渭水上》："潭涨不测，出五色鱼，俗以为灵而莫敢采捕。"岩，岩洞、石穴，常用来指称仙人隐居之所或神仙的府第。南朝陈·徐陵《天台山馆徐则法师碑》："隐沦岩洞，餐饵芝髓。"唐·杨衡《游陆先生故岩居》诗："上有一岩屋，相传灵人宅。"《水经注·河水二》："岩堂之内，每时见神人往还矣。"

霞蔚：云霞盛起的样子。《世说新语·言语》："千岩竞秀，万壑争流，草木蒙笼其上，若云兴霞蔚。"蔚，云气弥漫的样子。

"灵岩霞蔚"是说龙王庙云腾霞涌，"神"气十足。

灵雨祠正殿匾（二）

泽普如春

泽普如春：春雨普降，恩泽广施。这是对海龙王的赞颂和感激之词。泽，雨露。《管子·治国》："耕耨者有时，而泽不必足。"《天工开物·乃粒·水利》："天泽不降，则人力挽水以济。"如，介词，相当于"于"。

"泽普如春"是说海龙王恩泽普降，大显神威，"灵"气十足。

灵雨祠正殿联

云归大海龙千丈
雪满长空鹤一群

归：聚拢、合并。《后汉书·广陵思王荆传》："若归并二国之众，可聚百万。"

大海：指昆明湖。其前身称西海。

上联说夏天之云翻腾激荡；下联说冬季之雪漫天飞舞。以龙比云，以鹤比雪，动感强烈，场面壮阔，潇洒浪漫，道出了海龙王的神威和非凡的气势，堪与李白《大鹏赋》"喷气则六合生云，洒毛则千里飞雪"句并论。

涵虚堂
涵虚堂建在龙王庙后面的山顶上。

涵虚堂题名匾

涵虚堂

涵虚：水映天空。唐·孟浩然《望洞庭湖赠张丞相》诗："八月湖水平，涵虚混太清。"涵：包容、包含。虚，空际、天空。

涵虚堂题名匾

涵虚堂匾

晴川藻景

晴川藻景：明澈的湖水映照艳丽的天光。晴川，晴朗天气下的江湖水面。这里指昆明湖。唐·崔颢《黄鹤楼》诗："晴川历历汉阳树，芳草萋萋鹦鹉洲。"藻景，艳丽的阳光。《文选·（陆机）日出东南隅行》诗："清川含藻景，高岸被华丹。"李善注："藻景，华景（日光）也。"吕向注："藻景，日光有文也。"

此匾语是对题名匾"涵虚"的进一步描述。

涵虚堂联

天外绮霞横海鹤
月边红树艳仙桃

天外：形容极高、极远。

绮霞：艳丽的云霞。

横：掠过。唐·李白《明堂赋》："阳乌转影而翻飞，大鹏横霄而侧度。"

海鹤：即辽海鹤。也称辽东鹤或简称辽鹤。典出晋·陶潜《搜神后记》卷一："丁令威本辽东人，学道于灵虚山。后化鹤归辽，集城门华表柱。时有少年，举弓欲射之。鹤乃飞，徘徊空中而言曰：'有鸟有鸟丁令威，去家千年今始归。城郭如故人民非，何不学仙冢垒垒。'遂高上冲天。"后世遂有"辽海鹤"之称。宋·陆游《感昔》诗其二："往事已如辽海鹤，余年空羡葛天民。"鹤，鸟纲鹤科各种类的统称。我国常见的有丹顶鹤、白鹤、灰鹤、黑颈鹤、赤颈鹤、蓑羽鹤等。古代诗词图画中多指丹顶鹤或白鹤。

红树：鲜花盛开的桃树。唐·王维《桃源行》诗："坐看红树不知远，行尽青溪不见人。"宋·徐元杰《湖上》诗："花开红树乱莺啼，草长平湖白鹭飞。"清·朱树德《壶山赤霞》诗："山麓种桃树，花然万株红。"

艳：艳丽、鲜艳。这里用为使动词，即"使……鲜艳"。

仙桃：神话传说中供西王母等仙人食用的桃，也称蟠桃，有三千年开花、三千年结果之说。《太平广记》卷三引《汉武帝内传》曰：居住在昆仑山层城瑶池的西王母，曾于汉武帝时降临汉宫。在饮宴中命侍女呈上桃果，侍女"以玉盘盛仙桃七颗……以呈王母。母以四颗与帝，……帝食辄收其核。王母问帝，帝曰：'欲种之。'母曰：'此桃三千年一生实，中夏地薄，种之不生。'帝乃止。"后以"王母蟠桃"指神话中的仙桃，常用作对桃、桃花或桃树的美称。唐·杜甫《奉和贾至舍人早朝大明宫》诗："五夜漏声催晓箭，九重春色醉仙桃。"孟浩然《清明日宴梅道士房》诗："丹灶初开火，仙桃正发花。"

此联可从以下三层意思欣赏。

（1）自然之美

上联写傍晚天空景象：夕阳西坠，彩霞满天，一只仙鹤飘然掠过，霞光为白鹤罩上异彩，白鹤使彩霞增添了动感，霞与鹤好像都在飞翔。这情景与唐·王勃《滕王阁序》中"落霞与孤鹜齐飞"异曲而同工。下联写夜间天空景象：一轮明月挂在碧空，与开满枝头、鲜红一片的桃花相掩映，使朦胧宁静的夜空增添了浓艳的色彩。全联给人以辽阔、幽静、色彩鲜明的感觉。"天外""月边"又与涵虚堂的"虚"字相照应，使联义贴题切景。

（2）仙境之美

联中引用了两个优美动人的神话故事，使联义变得神秘而美妙，令人遐想无限。人们看到那掠过的仙鹤，便会想到丁令威修道成仙，飘然而去，渐飞渐远，融入云霞，冲向"天外"的情形。而那"天外"又是个什么样子呢？提起仙桃，人们就会联想到王母娘娘在瑶池主持召开的蟠桃盛宴，那是个多么令人神往的群仙盛会啊！况且那鲜花盛开的桃树就在"月边"，使人感到站在树下赏月之人仿佛也来到月边，与嫦娥为邻，与吴刚为伍，与金蟾玉兔相伴，那是一个多么令人心荡神驰的境界啊！

（3）祝人长寿

我国自古以来就以鹤、桃作为长寿之辞。如《淮南子·说林训》："鹤寿千岁，以极其游。"明·朱有炖《蟠桃会》诗："九天阊阖开黄道，千岁金盘献寿桃。"此联引用"海鹤""仙桃"这两个典故，就是祝愿这里的主人长生不老。

全联以景抒情，以情托景，既具画面之美，又富蕴涵之丰。自然美与人文美达到了完美的结合。

此联化用唐·李绅《入淮至盱眙》诗"天外绮霞迷海鹤，日边红树艳仙桃"句。全诗为："山凝翠黛孤峰迥，淮起银花五两（风向标）高。天外绮霞迷海鹤，日边红树艳仙桃。岸惊目眩同奔马，浦溢心疑睹抃（biàn，搏击）鳌。寄谢云帆疾飞鸟，莫夸回雁卷轻毛。"

涵虚堂北向匾

词林春丽

词林：指文人的群体，犹如说"词坛"。也指汇聚在一起的文章词赋。唐·杜甫《八哀诗·赠秘书监江夏李公邕》："忆昔李公存，词林有根柢。"唐·李善《文选注表》："搴中叶之词林，酌前修之笔海。"柳宗元《奉和杨尚书郴州追和故李中书夏日登北楼十韵之作依本诗韵次用》诗："宏规齐德宇，丽藻竞词林。"

春丽：像春天一样，百花盛开，多彩华丽。

此匾挂在此处，总觉得与涵虚堂整体意境不甚合拍。

岚翠间

岚翠间在南湖岛的最北端，是一个人工垒砌的山洞，洞口北向，面临昆明湖，波澄岫远，视野开阔，近处的万寿山全景可隔湖相望，远处绵延无尽的西山诸峰，亦可尽收眼底。

岚翠间题额

岚翠间

岚翠：山间雾气缭绕，林木翠绿鲜嫩。元·李洞《观开先瀑布记》："两崖岚翠欲滴，其他如火瓮，泓渟为潭。"岚，山林中的雾气。宋·郑炎《赠张俞秀才游金华山》诗："一片岚光凝不飞，数里松阴翠如滴。"这两句诗与此额意境相同，或为所本。

岚翠间联

刜岫展屏山云凝罨画
平湖环镜槛波漾空明

刜岫展屏：刜，音 qiàn，是切的意思。《玉篇》："刜，切也。"切，古代加工珠宝器物的一种工艺方法。《诗经·卫风·淇奥》："如切如磋，如琢如磨。"《论衡·量知》："切磋琢磨，乃成宝器。"岫，峰峦。唐·司空图《杨柳枝寿杯词十八首》其十四："隔城远岫招行客，便与朱楼当酒旗。"展屏，展开的屏风。刜岫展屏，是说连绵起伏的山峦就像一幅人力加工而成的巨大屏风铺展开来。（参见第289页，"畅观堂"联"西山浓翠屏风展"注）

山云：山间的云雾之气。

凝：聚积、凝聚。南朝宋·颜延之《还至梁城作》诗："故国多乔木，空城凝寒云。"唐·王勃《滕王阁序》："烟光凝而暮山紫。"

罨画：色彩鲜明的图画，形容自然景物艳丽多姿。唐·秦韬玉《送友人罢举授南陵令》诗："花明驿路燕脂暖，山入江亭罨画开。"清·高凤翰《梅花草亭图》诗："罨画春山隐列屏，斜阳低衬冻阴清。"元·宋褧《春莫双清亭小酌怀张孟幼》诗："山开罨画涵晴影，花落胭脂漾晚香。"

平湖环镜：是说环绕南湖岛的湖水平亮如镜。

槛波：倒映着栏杆的水波。槛，栏杆、栏板。

漾：水面微微动荡。

空明：空旷澄澈。唐·韩愈《祭郴州李使君文》："航北湖之空明，觑鳞介之惊透。"

这是一副状景联，是此间所见实景的描绘。上联说极目远望，连绵起伏的西山峰峦和山间凝聚的云气，像是一幅精心加工制作的巨大屏风上绘出层次鲜明的图画展现在眼前。下联说近看周围，环绕南湖岛的昆明湖水，平光如镜，湖边的石栏倒映在宽阔而清澈的湖水中，随波摇荡。上联用比喻的手法写远景，形象真切。下联用素描的手法写近景，简洁明快。

绣漪桥

绣漪桥

绣漪桥在昆明湖的最南端，是昆明湖水的出口，也是从城里来园走水路乘船经长河进入颐和园的门户。桥身造型瘦高，单孔桥洞呈半圆形，以便舟船通过。由南往北通过桥洞，景象为之一变，整个颐和园山水尽收眼底。烟波浩渺的昆明湖，银浪粼粼，一望无际。极目所望，万寿山郁郁葱葱，若浮于水上。

桥洞南侧题额

绣漪桥

绣：有彩色花纹的丝织品。

漪：水波纹。"绣漪"是说水波如同抖动的展开的华丽绸缎，和"波光粼粼"的意思差不多。宋·范成大《余杭道中》诗："落花流水浅深红，尽日帆飞绣浪中。"绣浪就是绣漪。

绣漪桥南侧联

螺黛一丸银盆浮碧岫
鳞纹千叠璧月漾金波

螺黛：深绿色的山。这里是指万寿山。明·唐寅《登法华寺山顶》诗："昔登铜井望法华，葱茏螺黛浮兼葭。"螺，本是具有回旋形贝壳的软体动物。人们常称螺壳状的发髻为螺髻，并用螺或螺髻喻指耸立如髻的山峰。唐·刘禹锡《望洞庭》诗："遥望洞庭山水色，白银盘里一青螺。"宋·陆游《初夏郊行》诗："破云山踊千螺翠，经雨波涵一镜秋。"黛，一种青黑色的颜料，常用来代指翠绿的山峰或形容山的苍翠。唐·杨收《入洞庭湖望岳阳》诗："黛色浅深山远近，碧烟浓淡树高低。"清·吕碧城《瑞鹤仙》词："登临感清快，对层云曳缟，乱峰横黛。"

一丸：一丸泥，夸张地形容山很小。典出《后汉书·隗嚣传》。据载，东汉初，隗嚣割据陇西一带，称西州上将军。光武帝刘秀欲招其降。隗嚣部将王元不愿归附，对隗嚣说："请以一丸泥为大王东封函谷关，此万世一时也。"意思是用一个泥丸封锁小小的函谷关，阻挡刘秀的大军。后多以"一丸""泥丸"来极言山之小巧。宋·杨亿《成都》诗："张载勒铭堪作戒，莫矜函谷一丸封。"毛泽东在《七律·长征》诗中说"乌蒙磅礴走泥丸"，用的也是这个典故。这里是形容万寿山小巧精美，为后面的"浮"设下伏笔。

银盆：白银打造的盆或装满水银的盆。这里是说，阳光下，湖水泛起层层白浪，使整个昆明湖像一个盛满水银的银盆。宋·姜夔《昔游》诗："洞庭八百里，玉盘盛水银。"

碧岫：碧绿的山峰。岫，山峦。

鳞纹：像鱼鳞一样层层排列的波纹，也称作鳞浪。明·袁宏道《袁中郎

随笔·满井游记》："波色乍明，鳞浪层层，清澈见底，晶晶然如镜之新开而冷光之乍出于匣也。"

千叠：层层叠叠。千，约数，形容很多。明·王英《西湖》诗："好是斜阳湖上景，芙蓉千叠映洄波。"叠字古读入声，属仄。（叠字不能写作"迭"）

璧月：对月亮的美称。璧，扁圆形、中心有孔的玉器，形似当今的光盘。

漾：水摇动的样子。

金波：月光照耀下闪着金光的水波。南朝梁·萧衍（武帝）《十喻·如炎》诗："金波扬素沫，银浪翻绿萍。"唐·刘禹锡《和浙西李大夫霜夜对月听小童吹觱篥歌依本韵》诗："海门双青暮烟歇，万顷金波涌明月。"

颐和园的主体是由万寿山和昆明湖两部分组成的。此联从大处着笔，对万寿山和昆明湖作了概括的描述。上联起笔用"螺黛一丸"直观地描述了万寿山的小巧精美，紧接着递进一层，用"银盆"做背景和陪衬，将万寿山引入其中，更显出山的小巧。一个"浮"字，不仅动感强烈，而且小中见大，形成了一种山连水、水接山的宏阔气势。句末的"碧岫"与句首的"螺黛"

紧密呼应，更凸显了万寿山的秀丽。下联用的笔法与上联完全相同。"千叠"写出了湖面之浩渺宽阔。"璧月漾金波"把昆明湖引入了更广阔的立体空间，写出了湖在月下、月在水中的壮丽景象，"漾"字则使这种景象更加鲜明生动。"金波"与"鳞纹"紧密关联，增强了湖水浩荡的气势。全联概述了颐和园的大观，刚进颐和园，先见山和水，且望山山有色、看水水生辉。景象真切，并非虚饰之词，是一幅绝美的颐和园全景图画。

此联与东宫门外牌坊题额"涵虚""罨秀"遥相呼应。如果说那里（由旱路来园入口）的题额是隔着一层面纱看颐和园，这里（由水路来园入口）的楹联便是揭去了面纱，窥见颐和园的全景了。

绣漪桥北向联

路入阆风云霞空际涌
地临蓬岛宫阙水边明

路：指桥两端通往桥顶的道路。

　　入：到达。

　　阆风：即阆风巅，神话中的山名，据说在昆仑之巅，是仙人居住的地方。《水经注·河水》引《昆仑说》曰："昆仑之山三级，下曰樊桐，一名板桐；二曰玄圃，一名阆风；上曰层城，一名天庭，是为太帝之居。"这里用来喻指大地的最高处。

　　空际：天际、天与地之间的边界。这里指天空与桥顶周围相交处。即站在桥顶的人自己头顶、身边的天空，而非远处地平线的天地相交处。际，边界。《楚辞·天问》："九天之际。"洪兴祖补注："际，边也。"《小尔雅·广诂》："际，界也。"

　　涌：翻腾、滚动。

　　地：场所、处所。这里指桥顶这个地方。

　　临：站在上面向下看。《诗经·大雅·大明》："上帝临女（汝），无贰尔心。"三国魏·阮籍《咏怀诗八十二首》其十三："登高临四野，北望青山阿。"

　　蓬岛：蓬莱仙岛。传说中的海上三仙山之一，是神仙居住的地方。这里是泛指昆明湖中诸岛。

　　宫阙：古代宫殿的宫门外建有双阙，故称宫殿为宫阙。《史记·高祖本纪》："高祖还，见宫阙壮甚，怒。"杜甫《秋兴》诗八首其五："蓬莱宫阙对南山，承露金茎霄汉间。"阙字古读入声，属仄。

　　明：形容词作动词用，使动用法，即"使……明亮"，就是照亮的意思。杜甫《月》诗："四更山吐月，残夜水明楼。"

　　此联是站在桥顶感受到的景象。上联说，沿着桥两端的路走上桥顶，就好像来到了大地的最高处，这里是天与地交界之处，那云雾霞光就在头顶和身边的天中涌动翻腾（这是形容桥很高）；下联说，站在这高高的桥顶向下面远处望去，只见昆明湖中的岛屿及岸边金碧辉煌的殿堂倒映水中，使周边水域也显得亮堂多了。

西堤六桥

西堤是一条长堤，在昆明湖的偏西部，呈西北—东南走向，把昆明湖一分为二。据吴振棫《养吉斋丛录》卷十八说："由玉泉而下为玉河，过玉带桥为昆明湖。后于上游复开一湖，以资稻田灌溉，中亘长堤，仿西湖为六桥，桥以西为外湖。"西堤上建有六座石桥，自北向南分别为界湖桥、豳风桥、玉带桥、镜桥、练桥、柳桥。

界湖桥

界湖桥即内湖、外湖分界之桥。界湖桥在西堤最北端，原名为柳桥，乾

豳风桥

玉带桥

隆皇帝晚年将西堤最南端的界湖桥与柳桥的位置记颠倒了，后人不好点破，也就将错就错了。

豳风桥

豳风：本是《诗经·国风》的一部分。古豳地在今陕西省栒邑县、邠县一带地方，是周的祖先公刘带领他的部族开发创建的。周是重视农业生产的部族。《汉书·地理志下》说："昔公刘处豳……武王治镐。其民有先王遗风，好稼穑，务本业，故《豳》诗言农桑衣食之本甚备。"宋·范仲淹说："公刘以农事开国，邠风葵枣之化流浃至今。凿井耕田，野无惰农，岁有高廪。"(《范仲淹全集·逸文》)《豳风》诗共七篇，描述了上古时代农耕、蚕桑、丝织、渔猎等生产、生活情形，展示了一幅美妙的耕织图画。

此桥与其西部的"耕织图"属同一组建筑，桥周围并植有桑树，所以在乾隆时名"桑苎"桥。苎（zhù），是苎麻，多年生草本植物，其茎皮纤维坚韧有光泽，可用来纺织、织渔网和造纸。光绪年间此桥重建时，一则因"桑苎"与"丧主"谐音，不吉利，二则因咸丰皇帝名奕詝，苎与詝同音，犯庙讳，所以改为今名，既保留了原名的意境，又避开了忌讳。

玉带桥

玉带桥：形如玉带之桥。玉带，用玉制作或装饰的腰带。唐朝时规定，文武官员三品以上服金玉腰带。韩愈《示儿》诗："不知官高卑，玉带悬金鱼。"

此桥为单拱石桥，桥面作双向反弯的曲线变化，拱高而薄，轮廓具有流畅挺拔的曲线美。桥身、桥栏选用青白石和汉白玉雕砌，洁白如玉，宛如玉带，与桥孔双向反弯的曲线相映衬。桥下微波荡漾，道道曲线犹如条条玉带随风飘动，令人心旷神怡。

玉带桥南向联

螺黛一痕平铺明月镜
虹光百尺横映水晶帘

螺黛：古代女子用来画眉的一种青黑色矿物颜料，制成螺壳形，称螺子黛，简称螺黛。黛，青黑色。《说郛》卷七八引颜师古《隋遗录》："绛仙善画长蛾眉，……由是殿脚女争效为长蛾眉，司宫吏日给螺子黛五斛，号为蛾绿。"后遂以螺黛代称女子的弯眉。这里是用以比喻玉带桥在水中的影子。

一痕：一道影子。明·张岱《湖心亭看雪》："湖上影子，惟长堤一痕。"痕，痕迹、影子，兼作量词。

明月镜：平亮如满月的镜。喻指昆明湖水面。宋·晏几道《木兰花》词："夜凉水月铺明镜，更看娇花闲弄影。"

虹光：彩虹。喻指玉带桥。

水晶帘：也作"水精帘"，古代一种用质地精细、晶莹透澈的"水晶"制成的帘子。李白《玉阶怨》："却下水精帘，玲珑望秋月。"王琦注引萧士赟曰："水精帘以水精为之。如今之琉璃帘也。"唐·沈佺期《古歌》："水晶帘外金波下，云母窗前银汉回。"

上联说，在月光的辉映下，玉带桥的影子就像仕女的一道弯眉，印在平光如镜的湖水中。下联说，在日光照耀下，玉带桥像一道长长的彩虹横跨在波光粼粼的湖水之上。全联用比拟的手法，写出了玉带桥的壮丽景象。

玉带桥北向联

地到瀛洲星河天上近
景分蓬岛宫阙水边多

瀛洲、蓬岛：都是传说中的仙山。《史记·秦始皇本纪》："齐人徐福等上书，言海中有三神山，名曰蓬莱、方丈、瀛洲，仙人居之。"蓬莱即蓬岛。

星河：星星和银河，代指满天繁星。宋·李清照《南歌子》词："天上星河转，人间帘幕垂。"

分：呈现，映现。唐·陈子昂《渡荆门望楚》诗："城分苍野外，树断白云隈。"鲍溶《古鉴》诗："曾向春窗分绰约，误回秋水照蹉跎。"

宫阙：古时帝王居住的宫门前建有双阙，后世遂称宫殿为宫阙。代指殿堂建筑。《史记·高祖本纪》："高祖还，见宫阙甚壮，怒。"阙字古读入声，属仄。

此桥与绣漪桥极为相似。此联与绣漪桥北向联用相似的词语描绘了桥本身的壮观景象和周围环境的美好。上联说，走到高高的桥顶，就好像到了传说中的瀛洲仙境，满天星斗仿佛就在身边闪烁；站在桥顶向四下望去，只见湖岸散布着许多宫阙殿宇，金碧辉煌；殿宇倒映水中，随波翻漾，那情形就像神话中的蓬莱仙岛。

此联化用明·王英《西湖》诗中句："地连琼岛瀛洲近，源与蓬莱翠水通。"

镜桥

镜桥：架在光亮如镜的湖面上的桥。用李白《秋登宣城谢朓北楼》诗"两水夹明镜，双桥落彩虹"句意。李白此诗共八句，前四句是："江城如画里，山晚望晴空。两水夹明镜，双桥落彩虹。"宣城在今安徽省东部，处山环水抱之中。两水，指绕宣城而流的宛溪和句溪。双桥是指横跨溪水上的凤凰桥和济川桥。在秋阳的照射下，溪水波光粼粼，两桥倒映水中，犹如彩虹落入"明镜"之中，再加上晴空万里，晚山葱茏，宣城的山水就如同一幅绝妙的风景图画。这是李白笔下宣城秀美的景色。此处镜桥所处的环境，远有西山作背景，近有湖水相映衬，就像李白诗句中描绘的宣城一样，既有画一般的美景，又有诗一般的意境。难怪乾隆皇帝禁不住在《镜桥》诗中称赞说："冰镜寒光水镜清，清寒分判一堤横。落虹夹镜江南路，人在青莲句里行。"（李

柳桥桥亭

白号"青莲居士")在镜桥附近漫步，就像是行走在李白诗句之中。

练桥

练：白色的熟绢。因其素白洁净，所以文学作品中常用来比喻明澈的河湖水面。南朝齐·谢朓《晚登三山还望京邑》诗："余霞散成绮，澄江静如练。"唐·许景先《奉和御制春台望》诗："千门望成锦，八水明如练。"宋·李邴《汉宫春》词："清浅小溪如练。"这里是比喻昆明湖水清澈如练。

柳桥

昆明湖西堤仿杭州西湖苏堤，堤上相间栽植桃、柳，柳桥便缘此而名。西堤一带至今尚存古柳十九株。

柳，北方常见的树木，喜水，易成活。早在隋唐时期，人们就喜在堤岸边栽植柳树。隋大业元年（605年），隋炀帝开凿通济渠，便在"渠畔筑御道，树以柳"。（《隋书·食货志》）唐朝时期，在长安城东的霸桥两岸"筑堤五里，植柳万株"。（乾隆朝修《西安府志》）每到春夏之际，长堤之上柔条披风，金丝荡漾，白絮飘空，绿荫匝地，再加上精美的桥亭点缀其间，的确是一道亮丽的风景线。因柳条细长而柔韧，寓情意绵长之义，所以垂柳深受古人的喜爱。《诗经·采薇》中就有"昔我往矣，杨柳依依"的句子。唐代诗人对柳和桥更是情有独钟，常在同一首诗作中将柳、桥并提，用以状景或抒情。杜甫《西郊》诗："市桥官柳细，江路野梅香。"刘禹锡《柳枝词》："清江一曲柳千条，二十年前旧板桥。"白居易《三月三日祓禊洛滨》诗："柳桥晴有絮，沙路润无泥。"李商隐《和友溪居别业》诗："风飘弱柳平桥晚，雪点寒梅小苑春。"李益《洛桥》诗："金谷园中柳，春来似舞腰。那堪好风景，独上洛阳桥。"柳和桥结缘或许源自霸桥折柳赠别。据《三辅黄图·桥》载："霸桥在长安东，跨水作桥。汉人送客至此桥，折柳赠别。"但这里的桥取名柳桥，主要是为了点景，与"折柳赠别"似无多大关联。

景明楼

景明楼

景明楼题名匾

景明楼

景明楼一组建筑在西堤中部，是皇帝及后妃们观赏风景及游玩的地方。景明楼是仿照洞庭湖的岳阳楼建造的。岳阳楼在今湖南省岳阳市，是原岳阳城西门的堞楼，面对洞庭湖，视野开阔，风光秀丽，极为壮观。北宋庆历五年（1045年）重修后，知州滕宗谅（字子京）请范仲淹撰写了《岳阳楼记》。因记中有"至若春和景明，波澜不惊，上下天光，一碧万顷"的句子，故这里借用"景明"名此楼。意思是春风和暖，阳光明媚。

　　景明楼于1860年被毁，慈禧重修颐和园时未修复，残址荒凉。1992年依原样式重建正楼一座，配楼两座。因原有楹联失无觅处，故现在的楹联都是从乾隆皇帝御制诗中摘引的。

　　乾隆皇帝曾在乾隆二十三年御制《景明楼赏荷》诗中说："层构巍临内外湖，两湖霞锦一般铺。名称借得范家记，景概移来赵氏图（乾隆自注：赵子昂《荷亭纳凉图》藏《石渠宝笈》）。泻露珠倾下游鲤，冲烟香散蓦飞凫。偷闲略赏还知愧，未信斯之敢宴虞。"有人根据诗中"景概移来赵氏图"句，推断说景明楼的建筑是"仿元代赵孟頫的《荷亭纳凉图》而建"。其实，这是一种误断。从赵孟頫（字子昂，赵宋皇室后裔，宋亡入元，是元代著名书法家、画家、诗人）这幅画的题目《荷亭纳凉图》分析，其画面主体应该有一亭，有一片盛开的荷花，有二三人物（包括画家本人）在亭中既纳凉又赏荷。这应该是一幅小景画，表现文人幽雅的心境和闲适的生活情趣，其画面的总体气势与八百里洞庭"衔远山，吞长江，浩浩汤汤，横无际涯；朝晖夕阴，气象万千"的岳阳楼是无法相比的。另外，亭是亭，楼是楼，二者的建筑形制和规模都相去甚远，即便是现在的景明楼未完全恢复原貌，其气势也远比一座"荷亭"要雄阔得多。

　　作为颇具雄才大略的一国之君，又是造园艺术家的乾隆皇帝，以其宏阔的胸怀和超凡的才华，放着江南三大名楼不去仿造，而在如同洞庭湖一样宽阔的昆明湖中仿照一个纳凉用的亭子而造楼，岂不真的成"照猫画虎"了吗？估计乾隆皇帝是不会这样做的。那么如何理解乾隆"景概移来赵氏图"这句诗呢？其实，若把"景概"二字弄清楚了，全句诗的意思也就明白了。景概的"概"字是景象、状况的意思，"景概"就是景色的状况，是指诗题所说"景明楼赏荷"所赏到的荷花的景况，也就是诗中所说的"两湖霞锦一般铺"的景象。全句诗的意思是说，在景明楼这个地方所欣赏到的内外两湖盛开的荷花，铺展开来如霞似锦，非常艳丽，简直就像把赵子昂画的《荷亭纳凉图》搬来这里一样。诗中之所以要引入一幅画，是为了表达"风景如画"这句常语，这是用借景和比喻的手法，形容景明楼这个地方湖中盛开荷花的景色像画儿一样美丽。若是把景明楼的建筑说成是"仿元代赵孟頫的《荷亭纳凉图》而建"便是一种误解，是对岳阳楼及范仲淹和他所写的《岳阳楼记》的误解，也是对赵孟頫和他所画的《荷亭纳凉图》的误解，更是对景明楼及乾隆皇帝和他所作的这首诗的误解。

景明楼东向楼上联

　　谢朓诗情摹霁景
　　仲淹记语写澄空

谢朓：字玄晖，陈郡阳夏（今河南太康附近）人，南朝齐代著名诗人。作品以描写山水风景最为出色，风格清丽秀逸，时出佳句，为后世所传诵。朓，音 tiǎo。

诗情：诗中所描述的情景和抒发的情怀。景明楼北面的练桥之名就是取自谢朓《晚登三山还望京邑》诗中"余霞散成绮，澄江静如练"句义。谢朓的这两句诗是描写晚霞飞空、江水澄净的名句，为后人所推崇。李白曾说："解道澄江净如练，令人长忆谢玄晖。"（《金陵城西楼月下吟》）

摹：描述、描写。南朝梁·江淹《别赋》："谁能摹暂离之状，写永诀之情者乎！"

霁景：天晴气爽，景物清新。唐·李白《夕霁杜陵登楼寄韦繇》诗："浮阳灭霁景，万物生秋容。"霁，雨雪过，天放晴。

仲淹记语：指范仲淹《岳阳楼记》中的警言妙语。范仲淹，字希文。祖籍邠州（在今陕西省），后移居吴县（今江苏省苏州市），是北宋诗文革新运动的先行者之一。他的诗文形象鲜明，节奏明快，慷慨而悲壮，所作《岳阳楼记》文情并茂，表现了范仲淹"先天下之忧而忧，后天下之乐而乐"的博大胸怀。乾隆皇帝在咏景明楼的诗中，多处引用《岳阳楼记》中的语句。

写：描述、描摹。

澄空：天空晴朗明净。《岳阳楼记》中有"上下天光，一碧万顷""长烟一空，皓月千里"等描写"澄空"的语句。

　　此联对景明楼景观未作具体描述，只概述其大观，和此处的题名匾"景明楼"一样，是对景明楼一组建筑所有匾联的提纲挈领的总括。

　　此联摘引自乾隆皇帝乾隆二十年《景明楼》诗："堤上高楼一径通，六桥映带柳丝风。回连上下天光碧，分入东西水影红。谢朓诗情摹霁景，仲淹记语写澄空。汀兰岸芷芳犹未，鼓动生机寂静中。"

景明楼东向楼下匾

水态岚光

水态：水的各种形态，如波纹、浪花等。态，神情、意态、姿态。宋·陆游《秋思三首》其二："山晴更觉云含态，风定闲看水弄姿。"

岚光：林间雾气经日光照射而呈现出的光彩。唐·李绅《若耶溪》诗："岚光花影绕山阴，山转花稀到碧浔。"《西游记》第十七回："矗矗堆螺排黛色，巍巍拥翠弄岚光。"

景明楼东向楼下联

汀兰岸芷晴舒暖
绿柳红桃风拂柔

汀兰岸芷：小岛上开放着兰花；湖岸边生长着香草。汀，水中小洲。芷，白芷，一种香草。兰、芷，这里泛指各种花草。

此联用语大红大绿，色彩艳丽，更衬托出春意之浓。

此联摘引自乾隆二十年御制《景明楼》诗："堤亘明湖回置楼，春和佳概雅相投。汀兰岸芷晴舒暖，绿柳红桃风拂柔。布席只疑天上坐，凭窗何异镜中游。鸂鶒凫雁烟波阔，岂必无心独野鸥。"

景明楼西向楼上匾

琼岛瑶台

琼岛瑶台：琼岛和瑶台都是古代神话传说中神仙居住的地方。这里是把景明楼比作仙境。

景明楼西向楼上联

入画未拟到蓬阁
引舟不去限神仙

入画：进入像画儿一样美的境地。这里指游览美景。

拟：计划、打算。宋·陆游《云门过何山》诗："我作山中行，十日未拟归。"

蓬阁：蓬莱仙阁，也称蓬莱仙岛。常用来泛指像仙境般美好的境地。阁字古读入声，属仄。

引：退、撤退、离去。《史记·平原君虞卿列传》："居岁余，宾客门下舍人稍稍引去者过半。"又《李将军列传》："且引且战，连斗八日。"

限：阻隔、隔断。三国魏·曹丕《燕歌行二首》其一："牵牛织女遥相望，尔独何辜限河梁。"这里引申为打扰、惊扰。

联语的意思是说：原本只想来游览一下美好的景色，没打算到神仙居住的地方去。（没想到稍不留神，竟然闯入了神仙住地。）快！快！赶快把船退回去，千万不要去惊扰神仙们。

此联构思奇巧，赞景而不言景，用自谦、自歉、自责的语气，反衬出此处风光景色之奇美，犹如仙境。联语轻松活泼，有情节，有动作，有话语，妙趣横出，别开生面，读后令人难忘。

此联摘改自乾隆二十六年御制《景明楼》诗："一堤杨柳两湖烟，中界高楼翼翼然。入画来疑到蓬阁，引舟去不限神仙。云霞流丽东西映，天水空明上下鲜。津逮原从仲淹记，与归吾亦缅前贤。"楹联将"来疑"改为"未拟"、将"去不"改为"不去"，使语言更加通俗流畅，便于读者理解。

景明楼西向楼下匾

杨柳湖烟

杨柳湖烟：西堤上的柳树嫩条随风飘拂，昆明湖的水面漾起柔美的微波，柳色湖光，相映成趣。杨柳，偏义复词，单指垂柳。又据佚名《开河记》说："（隋大业五年）翰林学士虞士基献计，请用垂柳栽于汴渠两堤上……上大喜，诏民间有柳一株，赏一缣（细绢），百姓竞献之。又令亲种，帝自种一株，群臣次第种，方及百姓。……栽毕，帝御笔写赐垂柳姓杨，曰杨柳也。"（按，隋炀帝姓杨名广）烟，柔美的样子。

匾语化用乾隆二十六年御制《景明楼》诗"一堤杨柳两湖烟"句。

景明楼南向匾

景明楼西向楼下联

云霞流丽东西映
天水空明上下鲜

云霞：彩霞。

流丽：柔美华丽。

映：照耀。

空明：空阔且明澈。唐·韩愈《祭郴州李使君文》："航北湖之空明，觑鳞介之惊透。"

鲜：明丽、洁净。李白《古风五十九首》其二十六："碧荷生幽泉，朝日艳且鲜。"

本联摘引自乾隆二十六年御制《景明楼》诗。（见第276页）

景明楼南向匾

水天一色

水天一色：水天相连，浑然一色。古人常用这类词语来形容水面宽阔。宋·韩驹《夜泊宁陵》诗："茫然不悟身何处，水色天光共蔚蓝。"杨万里《过宝应县新开湖》诗："中间不是平林树，水色天容拆不开。"有一民间故事说：相传八仙之一的吕洞宾来到岳阳楼，精心设计了一副"神联"让世人破解。他在一扇门的门框上挂了两只甲鱼，又写了"虫二"两个字，便飘然而去。游人争相观看，都猜不出是什么意思。后来来了一位读书人，他思索了一会儿，心中猛然省悟，"虫"字加上边框不是"风"字吗！"二"加边框不是"月"字吗！那么，"虫二"就是"风月无边"了。他当即说出"水天一色"四个字，与"风月无边"相配。话音刚落，两只甲鱼便落了地。从此，"水天一色；风月无边"便成了一副描绘水阔天空、风光无限的佳景的对语（至今仍悬挂在岳阳楼内）。这正是岳阳楼风景的概括，用在景明楼也很恰当。

景明楼南向联

回连上下天光碧
分入东西水影红

回：首尾相连。

碧：青色。这里指青天，即蓝天。王羲之《兰亭》诗："仰望碧天际，俯磐绿水滨。"

上联与匾额"水天一色"都是化用《岳阳楼记》中"上下天光，一碧万顷"句义。是说每当春和景明之时，上面天光与下面水色连在一起湛蓝一片。乾隆皇帝《咏圆明园四十景·上下天光》诗："上下水天一色，水天上下相连。河伯（水神名，亦称河公）夙朝玉阙，浑忘望若（北海海神名）昔年。"即此意境。

下联说，每逢初春，堤上桃花盛开，倒映在东西两侧的湖中，使水中的影子鲜红一片。唐·陆希声《桃花谷》诗："君阳山下足春风，满谷仙桃照水红。"与此意境略同。

此联摘引自乾隆二十年御制《景明楼》诗。（见第274页）

景明楼北向匾

静影沉璧

静影沉璧：平静的月影映在水中，像沉在水下的玉璧。璧，一种中心有孔的扁圆形玉器。古代用作祭器、礼器或佩饰。在文学作品中常用来喻指圆月。隋·薛道衡《和许给事善心戏场转韵》诗："云间璧独转，空里镜孤悬。"《西游记》第九十一回："千门璧月，万户香风。"

匾语引自《岳阳楼记》："而或长烟一空，皓月千里，浮光跃金，静影沉璧。"

景明楼北向联

鱼颉鸟颃自飞跃

波光云影相沉浮

鱼颉鸟颃：鱼儿跳跃，鸟儿飞翔。颉，音 xié，古读入声，属仄，指鸟向上飞，也指鱼跃出水面。颃，音 háng，鸟从高处向下飞。《诗经·邶风·燕燕》："燕燕于飞，颉之颃之。"《毛传》："飞而上曰颉，飞而下曰颃。"《文选·（扬雄）甘泉赋》："傮儗（cī zhì）参差，鱼颉而鸟颃。"张铣注："颉，跃；颃，翔也。言……鱼跃鸟翔也。"

自：自由、任意、任凭。

相：共同、一起。《韩非子·内储说下》："鲁（国）孟孙、叔孙、季孙相劫持召公。"晋·陶潜《饮酒二十首》其五："山气日夕佳，飞鸟相与还。"

沉浮：波动。

上联用《岳阳楼记》中"沙鸥翔集，锦鳞游泳"句义。可参看唐·段成式《酉阳杂俎》卷十二载僧玄览题竹："大海从鱼跃，长空任鸟飞。"下联用"浮光跃金，静影沉璧"句义。

此联摘引自乾隆十九年御制《景明楼》诗："堤亘湖心上有楼，昆明烟景坐中收。春秋无尽风兼月，左右何须女与牛。鱼颉鸟颃自飞跃，波光云影相沉浮。岳阳记语当前景，吾亦同之廑先忧。"

景明楼南配楼东向匾

湖芳岸秀

湖芳岸秀：湖中飘散着花的香气；岸上的草木长势旺盛。芳，花草的香气。秀，草木茂盛。宋·欧阳修《醉翁亭记》："野芳发而幽香，佳木秀而繁阴。"

南配楼东向楼上联

停桡漪影翻铜凤

倚槛晓光印玉蟾

桡：音 ráo，船桨。也借指小船。唐·元结《欸乃曲》诗："停桡静听曲中意，好是云山韶濩音。"元·郯韶《次韵陆友仁吴中览古》诗："赤阑桥下记停桡，细雨菰蒲响莫潮。"

漪影：水波下的倒影。漪，音 yī，水面微波。唐·徐坚《初学记·地部（中）·总载水》："水波如锦纹曰漪。"

翻：波动、扰动。唐·韩愈《湘中》诗："猿愁鱼踊水翻波，自古流传是汨罗。"杜甫《返照》诗："返照入江翻石壁，归云拥树失山村。"

铜凤：指凤凰墩上铜制的凤凰模型风向标。在景明楼的东南方向，有一个圆形小岛，名凤凰墩，是仿无锡的黄埠墩而建。墩上原建有凤凰楼敞阁一座，阁中有用薄铜片制作的凤凰模型，用来测风向。据清·吴振棫《养吉斋丛录》卷十八载："凤凰墩在湖中，仿江南黄埠墩为之。有楼，建金凤，张翼随风而转，以相风也。"凤凰楼及金凤于道光朝因故拆除。

槛：栏杆、栏板。

晓光：在明亮的月光照耀下水面反射的亮光。明·沈榜《宛署杂记·志遗三》录王英《玉泉》诗："出涧晓光斜映月，入湖新浪细含风。"晓，明亮。

玉蟾：月亮的美称。蟾，即蟾蜍，一种两栖动物，俗称"癞蛤蟆"。古人看到月中阴影有的像蟾蜍，于是编造出神话故事。后遂以蟾代指月亮。南朝梁·刘孝绰《林下映月》诗："攒柯半玉蟾，裹叶彰金兔。"唐·李白《初月》诗："玉蟾离海上，白露湿花时。"

上联写白天凤凰墩上的铜凤在水中的倒影；下联写夜间明亮的月亮在水

中的倒影。铜凤和明月本可以直接看到，而这里偏要从水中看，变实为虚，相映成趣，引人入胜，极富感染力。

此联摘引自乾隆二十四年御制《景明楼得句》诗：“水志昆明较旧添，化功功倍逮飞潜。停桡漪影翻铜凤，倚槛晓光印玉蟾。此地寻常不知暑，况今风物总驱炎。半年曾未相过问，孤负文窗与画檐。”

南配楼东向楼下联

虽是春韶犹酝酿
可知物意已舒苏

春韶：春光美好。韶，美好。南朝齐·谢朓《赠王主簿》诗二首其二：“徘徊韶景暮，惟有洛城隅。”

犹：副词，相当于“还在”“仍然”。

酝酿：本指造酒发酵的过程。也泛指类似发酵制造的过程。元·胡祗遹《阳春曲·春景》：“残花酝酿蜂儿蜜，细雨调和燕子泥。”这里是指逐渐加深加重的意思。

物意：景物的情态、意态。宋·欧阳修《奉答圣俞岁日书事》诗：“年光向老速，物意逐时新。”

舒苏：同义复合词。“舒”与“苏”同义。《方言》卷十：“舒，苏也。”郭璞注：“谓苏息也。”就是苏醒、复活、更生的意思。南朝宋·鲍照《拟行路难》诗十八首其十八：“莫言草木委冬雪，会应苏息遇阳春。”唐·杜甫《喜雨》诗：“谷根小苏息，沴（lì）气终不灭。”联意是说，春天的景象已经很美了，但是春意还在一步步地加深加浓；世间万物已经复苏，展现出了欣欣向荣的气象。

此联使人对美好的未来充满了希望。

此联摘引自乾隆五十四年御制《景明楼》诗：“一道长堤界两湖，三间高阁据中区。山光水色东西望，鱼跃鸢飞上下俱。虽是春韶犹酝酿，可知物意已舒苏。岳阳记句即景揽，后乐先忧实切吾。”

景明楼南配楼西向匾

岸芷汀兰

岸芷汀兰：湖岸上的香草散发着香气；湖里小岛上的草花正在开放。芷、兰，都是香草名，这里泛指花草。

匾语用《岳阳楼记》中"岸芷汀兰，郁郁青青"句义。乾隆十八年御制《景明楼》诗中有"岸芷汀兰入画图"句。

南配楼西向楼上联

无端霞意拖红绮
不尽晓光染翠螺

无端：没有边际。《管子·幼官》："始乎无端，卒乎无穷。"《汉书·律历志上》："周旋无端，终而复始。"这里用来形容面积很大，即满天的意思。

霞意：彩霞的光彩和形态。

拖：披覆。明·文征明《西湖》诗："春湖落日水拖蓝，天影楼台上下涵。"《水浒传》第一百十四回："时当春暖，西湖水色拖蓝，四面山光叠翠。"

绮：有花纹的丝织品。

晓光：明亮的阳光。唐·李隆基（玄宗皇帝）《早登太行山中言志》诗："白雾埋阴壑，丹霞助晓光。"李商隐《九成宫》诗："吴岳晓光连翠巘（yǎn，山峰），甘泉晚景上丹梯。"

翠螺：色彩鲜明的山峰。翠，色调鲜明。宋·苏轼《和述古冬日牡丹》诗："一朵妖红翠欲流，春光回照雪霜羞。"螺，一种具有回旋形贝壳的软体动物，常用来代指螺壳状的山峰，也泛指青山。宋·韩琦《北塘春雨》诗："晴来西北凭栏望，拂黛遥峰灈万螺。"陆游《初夏郊行》诗："破云山踊千螺翠，经雨波涵一镜秋。"

此联描写的是在此处向西眺望所见到的实景。上联说，满天彩霞像是披上了红色绸缎一般艳丽。用南朝齐·谢朓《晚登三山还望京邑》诗中"余霞散成绮"句义。下联说，西山连绵不断的峰峦郁郁葱葱，色彩鲜明，像是被灿烂的阳光染成的。

南配楼西向楼下联

鹪鹊凫雁烟波阔
岂必无心独野鸥

鹪鹊凫雁：泛指水禽。鹪鹊，音 jiāo jīng，一种水鸟名，亦名"池鹭"。明·李时珍《本草纲目》卷四十七："鹪鹊大如凫、鹜，而高似鸡，长喙好啄，其顶有红毛如冠，翠鬣（liè，颈上长毛）碧斑，丹嘴青胫。养之可玩。"凫，野鸭子。雁，即鸿雁，北方俗称大雁，是一种候鸟，生活在水边，善游水和飞行。

烟波：云雾苍茫的水面。唐·崔颢《黄鹤楼》诗："日暮乡关何处是？烟波江上使人愁。"白居易《西湖晚归回望孤山寺赠诸客》诗："烟波淡荡摇空碧，楼殿参差倚夕阳。"

岂必：相当于"何必"，用反诘语气表示"不必"。

无心：即"无心云"，指浮云。语本出自晋·陶潜《归去来兮辞》："云无心以出岫，鸟倦飞而知还。"后遂以"无心"或"无心云"借指随风飘荡的云朵。李白《江夏送林公上人游衡岳序》："闲云无心，与化偕往。"杜甫《白水县崔少府十九翁高斋三十韵》诗："上有无心云，下有欲落石。"

独野鸥：单只飞行无家可归的鸥。鸥，水鸟名，是鸥科各种鸟的通称。鸥的种类繁多，体型大小不一，羽毛多灰、白色，翼长而尖，善飞翔，趾间有蹼，善游水，以鱼类和昆虫等为食。我国常见的有海鸥、银鸥和燕鸥等。独字古读入声，属仄。

此联意思是说，昆明湖水面很宽阔，可任凭各种水鸟自由嬉戏飞翔，你这只野鸥不必独往独来，像浮云一样飘摇不定！（颇有些渴求人才之意）

此联是摘引乾隆二十年御制《景明楼》诗的最后两句。这是一首七言律诗。按照格律要求，律诗的对仗，首联即第一、二两句，可对可不对；颔联和颈联，即第三、四两句和第五、六两句，一定要对仗；尾联，即第七、八两句，不要对仗。这副楹联既然是摘自律诗的尾联，所以词意都不对仗，是一副流水联。所谓流水联，就是单读上联或单读下联都不表示意思，或不表示完整的意思。只有上下联内容合起来才表达一个意思。这种流水联只要声调平仄相对就可以了，词义是否对仗不作要求。

景明楼北配楼东向匾

虚明万象

虚明万象：湖水涵纳了世上万物的形象。虚，指水中倒影。因水中的物影是虚而不实的，故称。明，清晰、洁净。万象，万物之象。唐·元稹《重夸州宅旦暮景色兼酬前篇末句》诗："人声晓动千门辟，湖色宵涵万象虚。"

北配楼东向楼上联

布席只疑天上坐
凭窗何异镜中游

布席：古代没有凳、椅等坐具，席地而坐，所坐的坐垫称为席（如今写作"蓆"）。布席，就是设置坐具坐下来。明·袁宏道《袁中郎随笔·嵩游第五》："中央之山宜平，则为坻为屿，若以供吾布席置酒之用也。"席字古读入声，属仄。

只：副词，相当于"简直"。唐·韩愈《镇州初归》诗："别来杨柳街头树，摆弄春风只欲飞。"

疑：就像、好像。宋·陆游《游山西村》诗："山重水复疑无路，柳暗花明又一村。"

天上坐：坐在天的上方。天的倒影在水下，人坐在水上俯视，就像坐在天的上方。唐·杜甫《小寒食舟中作》诗："春水船如天上坐，老年花似雾中看。"沈佺期《钓竿篇》："人疑天上坐，鱼似镜中悬。"

凭窗：倚靠着船的舷窗。意为从舷窗向外看。

何异：用反问的口气表示没有区别。明·刘基《旅兴》诗："岁暮等沦落，何异蒿与蓬？"

镜：比喻水面光亮似镜。

此联摘引自乾隆二十年御制《景明楼》诗。（见第275页）

北配楼东向楼下联

春秋无尽风兼月
左右何须女与牛

春秋：一年四季。《诗经·鲁颂·閟宫》："春秋匪解，享祀不忒。"郑玄笺："春秋犹言四时也。"

何须：副词词组。犹如说"何必"，用反问的语气表示不需要。而这里用反义，意思是"更何况还有……"

女与牛：即织女和牛郎，指牛郎织女天河相会的神话故事。《诗经·小雅·大东》说："维天有汉（银河），监亦有光。跂彼织女，终日七襄。虽则七襄，不成报章。睆彼牵牛，不以服箱。"诗中说的是织女星不能织布帛，牵牛星不能驾车辆。后世则演变成家喻户晓的神话故事。另据史料记载，汉武帝元狩三年（公元前120年）在长安西南修建昆明池，池左右立有牵牛、织女两座石雕人像。《三辅黄图·池沼》引《关辅古语》曰："昆明池中有二石人，立牵牛织女于池之东西，以象天河。"这里的女是指昆明湖西岸耕织图景区内织染局中的纺织女工，象征织女；牛是指昆明湖东岸边的镇水铜牛，象征牛郎。

此联大意是说，这个地方环境清幽，风景秀美，一年四季都有说不完道不尽的风情月趣，更何况还有镇水铜牛和耕织图在湖的左右点缀风景，常常使人想起那美妙动人的牛郎织女天河相会的神话传说。暗示这昆明湖象征天河，而颐和园自然成了天堂。

本联摘引自乾隆十九年御制《景明楼》诗。（见第279页）

景明楼北配楼西向匾

鱼跃鸢飞

鱼跃鸢飞：语本出自《诗经·大雅·旱麓》："鸢飞戾天，鱼跃于渊。"意为水阔凭鱼跃，天高任鸟飞。这里是表明昆明湖湖面宽阔，环境优美，万物皆得其乐。鸢，老鹰。

匾语摘自乾隆五十四年御制《景明楼》诗中句"鱼跃鸢飞上下俱"。（见第281页）

北配楼西向楼上联

开蓬恰喜来澄照
倚槛何殊畅远观

蓬：船篷。罩在船上面用以遮蔽风雨阳光的设备。有的可以打开，有的设有小窗，即篷窗。宋·汪元量《湖州歌》："手中明镜抛船上，半揭篷窗看打鱼。"明·袁中道《江行日记二则》其二："予推蓬四顾，天然一幅烟江幛子。"

恰：副词，相当于"却"。

澄照：清净明澈，光艳照人。用以形容昆明湖水明亮清澈。

槛：栏杆、栏板。

何：副词，相当于"何等地""怎么那么……"

殊：甚、极。

畅：舒畅、欢快。唐·薛戎《游烂柯山》诗："悠然畅心目，万虑一时销。"根据联意，"畅"字应在第四字位，与上联"喜"字相对，"殊"字应在第五字位。但按声调要求，第四字应为平声，而畅字是仄声。第五字应为仄声，方能与上联"来"字的平声相对，故联中"殊"与"畅"倒置，以尽声调之美，于义亦无害。"何畅"犹言"何等畅快！"即特别畅快。"殊远观"即极目远望。

这副楹联写的是乘舟在昆明湖中游览时的欢畅心情。意思是说，打开船的蓬窗，看到清澈明净的湖水波光粼粼，光亮夺目，心中顿生欣喜之情；靠在船的栏杆旁，放眼远望，那无限美好的风光让人极为畅快。

此联摘引自乾隆二十一年御制《昆明湖中泛舟题景明楼》诗："逗景明湖漾木兰，层楼影入碧波宽。开蓬恰喜来澄照，倚槛何殊畅远观。耸翠流丹相上下，沼芳堤卉未阑珊。当年忽忆曾题句，卅载流阴一指弹。"

北配楼西向楼下联

泻露珠倾下游鲤
冲烟香散蓦飞凫

泻露：露珠在荷叶上滚动。宋·苏轼《永遇乐·彭城夜宿燕子楼》词："曲港跳鱼，圆荷泻露。"

鲤：泛指鱼。

蓦：忽然。

凫：野鸭子。

鱼在水下游动嬉戏，触动荷柄，荷叶摇摆，叶上的露珠滚来滚去；一群野鸭子突然冲破迷蒙的雾气飞了起来，使荷花的香气也随之四下飘散。

南朝齐·谢朓《游东田》诗："鱼戏新荷动，鸟散余花落。"唐·孟浩然《晚春卧病寄张八》诗："翠羽戏兰苕，赪（chēng）鳞（指肥鱼）动荷柄。"或为此语所本。

本联摘引自乾隆二十三年御制《景明楼赏荷》诗。（见第273页"景明楼"注）

畅观堂

畅观堂

畅观堂建在昆明湖西南的小土山上。乾隆时期，清漪园无围墙。一眼望去，可以看到远处的风光和农夫耕耘劳作的情形。

畅观堂题名匾

畅观堂

畅观：无遮无挡，能极目远眺，使人心情舒畅。畅，通畅，兼有心情畅快之义。乾隆皇帝在《畅观堂》诗中说："骋目不遮斯畅矣，栖心惟静总宜焉。"又，"揽景真宜畅远眺……观我观民慎在兹"。又，"畅观岂易言，必也心畅好"。

畅观堂题名匾

畅观堂东厢房匾

畅观堂联

西山浓翠屏风展
北渚流银镜影开

西山：指北京西部连绵起伏的群山，一般统称为西山。

浓翠：浓密而青翠，或为深绿色。状西山群峰之色。

屏风展：展开的屏风，状西山群峰之势。明·沈榜《宛署杂记·山川·山》："五华山在县（指宛平县，约相当于今北京西部地区）西北三十余里。五峰秀峙，宛若列屏。"又，"翠峰山在县西五十里，山形奇峭，其色翠青，故名。又名遮风岭，以山阴有山，横列如屏，可障西北风"。

北渚：指附近的水塘，这里指昆明湖。渚，水边。也通"潴"，指蓄水处。北，这里是泛指附近，不一定专指北方。在古人的诗词等作品中，"渚"字前的方位词多为"北"。如：张衡《南都赋》"乱北渚兮揭南涯"，徐勉《采菱曲》"相携及嘉月，采菱渡北渚"，李白《秋登巴陵望洞庭》"北渚既荡漾，东流自潺湲"；还有杜甫"北渚凌青荷"，姚崇"北渚对芳蹊"，储光羲"北渚沉沉江汉流"，刘禹锡"北渚不堪愁"，白居易"北渚寒留雁"，李益"北渚空悠悠"，钱起"那吟北渚愁"，李顾"佳期来北渚"，李叔卿"北渚春云沿海尽";还有宋代欧阳修"北渚花光暖白薰",黄庭坚"停舟近北渚",晁元礼词"北渚澄兰,南山凝翠",陆游《北渚》诗"北渚露浓苹叶老";还可以举出一些,如"愁看北渚三湘远""北渚平明法驾来"等。是这些文人在写作该作品时,都在"渚"的南方吗?恐怕未必。之所以多称"北渚",大约是和屈原怀念舜帝的两位夫人娥皇、女英而作的《湘君》《湘夫人》中有"夕绁节兮北渚"和"帝子降兮北渚"有关。后世文人出于对两位夫人的怀念,出于对屈原的尊崇,加意模仿引用,久而成习,进而固化。另外,北字读仄声,与之相对的其他三个方位词东、西、南都读平声。这样,在骈偶句式中,北字便有更多的机会与这三个方位词形成偶对,所以不深究哪个方向,均称"北渚"。这里联中的"北渚",也不必拘泥于北方的"渚"。

流银:流动的水银。比喻闪着银白色亮光的水波。

上联写西山的山势,下联写昆明湖的水势。都是这里"畅观"到的实景。

此联摘引自乾隆三十二年御制《畅观堂》诗:"今日为观实畅哉,既沾快雨快晴来。西山浓翠屏风展,北渚流银镜影开。树态成阴张伞盖,石皱含润长莓苔。如斯山水如斯地,一岁曾消到几回。"

畅观堂东厢房匾

轩图瑞矞

轩图瑞矞:吉祥的彩云像是在飞扬舞动。轩,飞扬舞动的样子。《文选·(王粲)赠蔡子笃》诗:"潜鳞在渊,归雁载轩。"李善注:"轩,飞貌。"《古诗源·帝载歌》:"鼚(chāng,鼓声)乎鼓之,轩乎舞之。"图,描绘出的样子。瑞矞,吉祥的彩云。矞(yù),即矞云,是三色的彩云。汉·董仲舒《雨雹对》:"云则五色而为庆,三色而成矞。"晋·左思《魏都赋》:"矞云翔龙,泽马丁阜。"李善注:"矞云者,内赤外青也。"古人认为矞云出现是吉祥的征兆,故称"瑞矞"。

这是在此"畅观"到的日将出时东方的天空景象。

畅观堂西厢房匾

绚霞绮月

绚霞绮月:绚烂的彩霞伴着靓丽的明月。犹如说"彩云伴月"。绚,光

畅观堂西配楼匾

畅观堂北向匾

彩炫目。绮本指有花纹的丝织品，这里用以形容月光明艳。这是在此"畅观"到的日刚落时西方的天空景象。

畅观堂北向匾

拱辰握景

辰、景：泛指满天星斗。辰，星名，即二十八宿之一的心宿。也称"商星""大辰""大火"。《尔雅·释天》："大火谓之大辰。"郭璞注："大火，心也。在中最明。"也指北辰。即北极星。《尔雅·释天》："北极谓之北辰。"《太玄经》："日月相斛，星辰不相触。"范望注："辰，北极也。"景，景星。景星没有具体的星体，古人认为是德星、瑞星，国有道时才出现。李白《明堂赋》："景星耀而太阶平。"王琦注引《史记》曰："天精而见景星。景星者，德星也。其状无常，常出于有道之国。"又引《晋书》曰："景星，如半月，生于晦朔，助月为明。"又引《瑞应图》曰："景星者，星之精也，先后月出于西方。王者不私人以官，使贤者在位，则景星出见，佐月为明。"

拱、握："拱"和"握"同义，都为执持，即摘取、拿到的意思。

拱辰握景，是说满天繁星好像就在头顶，伸手就可以摘到。正是李白说的"危楼高百尺，手可摘星辰"之义。这是在畅观堂见到的星空景象。表示夜空清朗，繁星满天，星光灿烂。

畅观堂院内的三块匾额，按照悬挂的不同方位，分别描述了在这里"畅观"到的一天之内早晨、傍晚、深夜三个不同时段的天空景象。再加上一副楹联所说的"西山"和"北渚"，便从时间上、空间上全方位地描述了这里所见到的景观，使"畅观"二字得到了充分的体现。

耕织图景区

昆仑石题刻

耕织图石刻

耕织图景区位于颐和园西北部。这里的"耕织图"包含以下两层意思。

第一,"图"是摹拟、模仿的意思。耕织图就是模仿男耕女织劳作的情形,体现田园风光。清漪园兴建之初,玉带桥西北是大片稻田,农夫耕耘其间,颇具江南水乡田园景色。乾隆皇帝相中了这里的江南韵味,便命内务府将北京城内的织染局全部迁至玉带桥西北与稻田相邻的地方,并由江南选派技工来此植桑养蚕、缫丝织染。模仿江南水乡的样子打造了这一既耕且织的佳境胜景,命名为"耕织图"。后又在这里陆续建起了澄鲜堂、玉河斋、蚕神庙、水村居等一批建筑。还题写了"耕织图"三个大字镌刻在昆仑石上,立于玉

耕织图游廊彩画

河北岸（现立于蚕神庙西侧，颐和园西围墙内），用以表示"衣食根源每廑吾"（乾隆二十年御制《耕织图口占》诗）。

第二，《耕织图》本是一套描绘古代劳动人民耕作与蚕织的图谱，有很高的历史价值和艺术价值。其创作者是南宋时期的楼璹。楼璹字寿玉，一字国器，庆元府鄞县（今浙江省宁波市）人，曾任于潜（在今浙江省临安县境）令，官至朝议大夫。据楼璹的侄子楼钥《耕织图诗后序》说："伯父时为于潜令，万亿民事慨念农夫蚕妇之作苦，究访始末，为耕织二图。耕，自浸种以至入仓，凡二十一事；织，自浴蚕以至剪帛，凡二十四事。事为之图，系以五言诗一章，章八句。农桑之务，曲尽情状。"楼璹将《耕织图》献给朝廷，受到宋高宗赵构（1127—1162年在位）的赞赏。楼氏后人楼洪、楼深"虑其久而湮没，欲以诗刊诸石"，《耕织图》得以流传于世，后世很多人据此临摹。乾隆三十四年（1769年）画家蒋溥误把元朝人程棨临摹的耕织图墨刻拓片作为刘松年的画品，进呈乾隆皇帝。乾隆皇帝经过仔细鉴察，认定此系程棨的摹本，因之在卷首题写了序言，在每图空隙处加诗一首，并在卷尾钤印了御玺。又命勒石嵌入延赏斋墙壁。乾隆皇帝在乾隆三十六年（1771年）所作《耕织图》诗中说："图非柳绿与花红，耕织勤劳体验中。石版嵌廊摹程棨，重民本务古今同。"乾隆自注说："向（过去）曾辨定程棨摹楼璹耕作蚕织二图，即用璹韵题各幅。既合弆（jǔ，收藏）多稼轩（在圆明园内）中，并命工摹勒上石，嵌是间廊壁。"

《耕织图》石版从摹刻到上墙历时三年。如果说耕织图谱上墙之前，"耕织图"只是体验"耕织勤劳"的话，那么图谱上墙以后，"耕织图"便融二者为一体，名实相符，珠联璧合，更加体现了"重民本务"的思想理念。然而，岁月沧桑，时过境迁。道光二十三年（1843年）织染局被裁撤，"耕织图"名存实亡。咸丰十年（1860年）"耕织图"罹难，建筑无存。光绪十二年（1886年）此处改建为水师内学堂。如今，男耕女织的情景早已不见，只有那块镌刻着乾隆皇帝御题"耕织图"三个大字的昆仑石和嵌在墙上的《耕织图》石版，还有那些散落在周边的寥寥数株古桑，在向我们倾诉着那段时乖命舛的往事。

延赏斋

延赏斋题名匾

延赏斋

延：伸展。

赏：观览。

延赏：表面上像是观风赏景，实则不然。作为有抱负、有作为的一代君主乾隆皇帝，延，必然是延及天下；赏，自然要赏及农桑。他在一首《题延赏斋》诗中说，"可知延赏处，不为恣情娱"，"田桑侯虽远，此意每廑吾"。（廑，"勤"的古字。每廑吾，时常促使我勤劳）可见"延赏"并非为了观风景，而是心系衣食之本。他曾说："帝王之政，莫要于爱民，而爱民之道，莫要于重农桑，此千古不易之常经也。朕惟养民之本，莫要于务农。"这里的匾额和楹联体现了这一思想。

延赏斋题名匾

延赏斋廊柱联

放眼柳条丝渐软
含胎花树色将分

放眼： 向极远处看（才能看出）。

丝： 细长的柔梢。《南史·刘绪传》：刘悛做益州刺史，向齐武帝"献蜀柳数株，条甚长，状若丝缕"。明·袁宏道《袁中郎随笔·满井游记》："高柳夹堤……柳条将舒未舒，柔梢披风。"

软： 嫩柔。唐·王维《戏赠张五弟諲》诗："青苔石上净，细草松下软。"白居易《杨柳枝词》："一树春风千万枝，嫩于金色软于丝。"

延赏斋廊柱联

含胎： 这里指欲出未出的花苞。

色： 外表、表面。《论语·颜渊》："夫闻也者，色取仁而行违，居之不疑。"

分： 分明、清晰。这里引申为鲜明、明艳。唐·戴叔伦《晓闻长乐钟声》诗："汉苑钟声早，秦郊曙色分。"唐·卢纶《春日陪李庶子遵善寺东院晓望》诗："映竹水田分，当山起雁群。"唐·李绅《长门怨》诗："宫殿沉沉晓欲分，昭阳更漏不堪闻。"

下联可参看宋·汪藻《春日》诗句"桃花嫣然出篱笑，似开未开最有情"。

全联描绘了春意萌发，春色初露而未显的境况。"放眼"二字与延赏斋的"延"字切合。"软""分"二字道出了生机勃勃的景象，体现了作者对春天来到、万物复苏、田桑有望的喜悦之情。"渐""将"二字则表明春天在不知不觉中悄然而至，暗示了未来会逐渐变得更加美好。体现了撰联者（实为

延赏斋后厦匾

延赏斋门柱联

撰诗者——乾隆皇帝）对美好未来的殷切期待。此联文字浅近，寓意深邃，读后使人振奋。

此联摘自乾隆二十三年御制诗《仲春昆明湖上》："晴晖送暖涣冰纹，归岫西山有宿云。放眼柳条丝渐软，含胎花树色将分。女牛左右徒闻古，凫雁光辉各命群。陆汀溪塍都润泽，行将来往课耕耘。"

延赏斋门柱联

溪畔室闻鸣织杼
岸傍田见起耕锄

鸣：发出声响。

织杼：织布机的梭子。习惯上多称"机杼"，或简称"杼"，代指织机。陆游《长木夜行抵金堆市》诗："时时过农家，灯火照鸣杼。"宋·赵汝鐩《途中》诗："烟江远认帆樯影，山舍微闻机杼声。"

傍：靠近、临近。亦通"旁"。

起：挥动。

联中"室"字古读入声，属仄。

此联以亲耳所闻、亲眼所见，描绘出一派男耕女织的农家繁忙景象。"闻""见"二字与"延赏斋"的赏字切合。"鸣""起"二字，使全联有声有色，使"耕织图"成为一幅活的画图，与宋·裴士顷《雨后》诗句"机杼蛩声里，犁锄鹭影边。吾生一何幸，田里又丰年"意境相仿佛。

此联摘自乾隆皇帝御制诗《供奉皇太后游万寿山清漪园即景得句》："润濯园林小雨余，烟光畅好暮春初。无边景奉慈颜豫，有愿山同万寿如。溪畔室闻鸣织杼，岸傍田见起耕锄。天家行乐宁殊异，乐与民间每相于。"

延赏斋后厦匾

水映兰香

映：因光线照射而显出明亮。水映，犹如说波光粼粼。

兰：兰花、兰草。这里代指百花。

水映兰香：水面波光粼粼，岸上百花飘香。暗示稻花之香胜过兰香。

延赏斋后厦联

刚欣宿雨滋塍畔
又看重云起岭边

欣：喜悦，高兴。这里是"欣然而见"的意思。晋·王羲之《兰亭集序》："当其欣于所遇，暂得于己，快然自足，曾不知老之将至。"谢安《兰亭修禊诗》二首其二："相与欣佳节，率尔同褰裳。"

宿雨：昨夜之雨。杜甫《巴西驿亭观江涨呈窦使君》诗："宿雨南江涨，波涛乱远峰。"

塍：读 chéng，原为田界，后指田间的土埂子、小路。宋·张伟《马塍》诗："水拍田塍路半斜，悄无人迹过农家。"杨万里《桑茶坑道中》诗："田塍莫道细于椽，便是桑园与菜园。"塍畔指田地、田野。

重云：浓厚的云。指带着雨气的云。重，读 chóng。唐·张九龄《湖口望庐山瀑布水》诗："奔流下杂树，洒落出重云。"晋·陶潜《和胡西曹示顾贼曹》诗："重云蔽白日，闲雨纷微微。"

全联说雨量充沛，预示着又是一个好年景。一个"欣"字生动地刻画出作者盼望丰收的喜悦心情。正如宋·刘克庄《朝天子》词中所说，"宿雨频飘洒，欢喜西畴耕者。终朝连夜，有珠玑鸣瓦"，体恤民生的情怀跃然而出。

此联摘自乾隆十八年御制诗《三月三日昆明湖中泛舟揽景之作》："新蒲嫩茝昆明水，淡日轻烟上巳天。次第已教披奏牍，逍遥便可放游船。刚欣宿雨滋塍畔，又看重云起岭边。南淀飞来凫雁满，笑予未免近生怜。"

玉河斋

玉河斋是一座敞轩式建筑，在延赏斋东侧，因玉河流经斋前而得名。

玉河斋题名匾

玉河斋

玉河：玉河水来自玉泉山，向南流过玉带桥汇入昆明湖。明·沈榜《宛署杂记·山川·水》的"玉河"注："在县（宛平县，今北京市西部地区）西二十里。源出玉泉山，流入大内，出都城，东南注入大通河。"

玉河斋南向联

几湾过雨菰蒲重
夹岸含风禾黍香

玉河斋题名匾

几湾：数处水湾。几，数量不多的不定数词。湾，河水的弯曲处。也是野外水或水面的量词，相当于"处"。唐·钱起《江行无题一百首》其九十："一湾斜照水，三版顺风船。"明·徐宏祖《徐霞客游记·粤西游日记一》："初四日……引余辈入藩城北门，门内即池水一湾。"

玉河斋南向联

过雨：经过雨水冲刷。唐·刘长卿《寻南溪常道士》诗："过雨看松色，随山到水源。"宋·唐庚《栖禅暮归书所见》诗："草青仍过雨，山紫更斜阳。"过，用水冲、洗、涮一下。《红楼梦》第五十一回："先用温水过了……"俗语有"吃过水面"的说法。

菰蒲：菰和蒲都是浅水植物。菰，江南呼为茭，其新芽如笋，俗称"茭白"，可作蔬菜。其籽实名菰米，一名雕胡米，可煮食。蒲，一种水草，可编席、篓等用品，嫩蒲可食。古人常菰和蒲连称以泛指水草。宋·秦观《秋日三首》其一："菰蒲深处疑无地，忽有人家笑语声。"元·萨都剌《过高邮射阳湖》诗："不见打鱼人，菰蒲雁相语。"

重：读 zhòng，指色泽浓深。俗语说"色（shǎi）儿太重了"，就是颜色太深了。杜甫《春夜喜雨》诗："晓看红湿处，花重锦官城。"

夹岸：沿着河渠两岸。陶潜《桃花源记》："忽逢桃花林，夹岸数百步，中无杂树。"唐·马戴《楚江怀古》诗："广泽生明月，苍山夹岸流。"夹字古读入声，属仄。

含风：带着风，指有风吹过。唐·李商隐《戏赠张书记》诗："古木含风久，平芜尽日闲。"宋之问《嵩山石淙侍宴应制》诗："岩边树色含风冷，石上泉声带雨秋。"

禾黍：泛指庄稼。宋·郭茂倩《乐府诗集·鼓吹曲辞一·汉铙歌·战城南》："禾黍不获君何食？"宋·孔平仲《禾熟》诗："百里西风禾黍香，鸣泉落窦谷登场。"

香：飘来香气。

风调雨顺，禾黍飘香，看来已经丰收在握了。愉悦之情凝于"重""香"二字上。重字道出了一场喜雨过后一片红鲜绿翠、生机勃勃的景象；香字体现了无限喜悦的心情。

此联可视为宋·范成大《四月十六日挂笏亭偶题》诗中句"绿阴一雨浓如黛，何处风来百种香？"的翻版。

陶渊明在《癸卯岁始春怀古田舍》二首其二说："平畴交远风，良苗亦怀新。虽未量岁功，即事多所欣。"张表臣《珊瑚钩诗话》对此评论说："秋夏之交，稍旱得雨。雨余徐步，清风猎猎，禾黍竞秀，濯尘埃而泛新绿。乃悟渊明之句善体物也。"此联的意境与陶渊明的诗是相同的，张表臣的评论用在此联也是恰当的。

此联摘自乾隆二十九年御制诗《高粱桥放舟至昆明湖沿途即景杂咏》："迩日炎歊特异常，放舟川路取延凉。几湾过雨菰蒲重，夹岸含风禾黍香。"

玉河斋北向联

两岸行骑活于画
树里鸣蝉清胜弦

两岸：此处"两岸"疑误。因"此"岸属皇家园林区，不允许有百姓"行骑"往来，于意失实。又，"两岸"与下联"树里"失对。乾隆皇帝原诗"两岸"作"岸旁"。

行骑：指步行的人和骑着牲口（马、驴、骡、牛等）行路的人。骑字读qí。联中"活"字古读入声，属仄。

清：这里特指声音清脆、响亮。唐·李商隐《韩冬郎即席为诗相送因成二绝寄酬》其一："桐花万里丹山路，雏凤清于老凤声。"

弦：琴瑟等乐器的丝弦。这里指用丝弦乐器弹奏出的乐音。唐·刘禹锡《历阳书事七十韵》诗："管清疑警鹤，弦巧似娇莺。"宋·严粲《野兴》诗："有客知余意，清风三两弦。"

上联"活于画"是作者所见的百姓来来往往的繁忙景象，寄托了作者对田园风光的浓厚情趣和对百姓的深情。下联"清胜弦"则体现了作者心情的爽快，暗示着今年又是个好年景。

此联摘自乾隆二十九年御制诗《高粱桥放舟昆明湖沿途即景杂咏》："何必嫌迟上水船，溪风襟袖正泠然。岸旁行骑活于画，树里鸣蝉清胜弦。"

澄鲜堂

澄鲜堂

澄鲜堂在玉河东岸，坐东朝西，门前为玉河码头。由此西望，西山诸峰一览无余。北有回廊与玉河斋相连。

澄鲜堂题名匾

澄鲜堂

澄鲜：清朗明净。南朝宋·谢灵运《登江中孤屿》诗："云日相辉映，空水共澄鲜。"宋·朱熹《秋月》诗："清溪流过碧山头，空水澄鲜一色秋。"

澄鲜堂西向联

已欣春景丽如许
又见西山云吐新

澄鲜堂题名匾

欣：高兴地看到。又通"睎（xī）"，望、观察的意思。《墨子·耕柱》："譬若筑墙然，能筑者筑，能实壤者实壤，能欣者欣，然后墙成也。"清·王念孙《读书杂志》引王引之曰："欣，当读为睎。《说文》曰：'睎，望也。'"

如许：如此、这样。朱熹《观书有感二首》其一："问渠那得清如许，为有源头活水来。"

西山：颐和园西面诸山，俗称西山。

云吐新：即吐新云。云从山后涌出，远处看去像是山峰刚"吐"出来的"新"云。新，含有清新鲜洁之义。三国魏·刘桢《和风从东来》诗："和风从东来，玄云起西山。"意略同。

澄鲜堂西向联

春天的美景已经如此亮丽了，西山上空又飘出了新的彩云。可谓锦上添花。

上联写近景，虽然景物全部略去，却给人以眼花缭乱、应接不暇的感觉。下联写远景，将蓝天、白云、青山撮为一体，作为衬托，使整个画面层次分明，雄阔壮观，美不胜收。

此联摘自乾隆三十三年御制诗《昆明湖泛舟即景杂咏》："雨后水风凉不冷，舟中烟霭润无尘。已欣春景丽如许，又见西山云吐新。"

澄鲜堂东向联

澹沱溪烟接六桥
双湖夹镜荡兰桡

澹沱：音 dàn tuó（双声联绵字），飘荡的样子。也写作"淡沲"。唐·薛

澄鲜堂东向联

涛《赠韦校书》诗："淡泩鲜风将绮思，飘花散蕊媚青天。"

溪烟：淡淡的雾气。

六桥：昆明湖西堤上的六座桥，即界湖桥、豳风桥、玉带桥、镜桥、练桥、柳桥。这里代指西堤。

双湖夹镜：内湖和外湖的湖水光亮似镜。双湖，西堤将昆明湖分成内湖、外湖，故称。此用李白《秋登宣城谢朓北楼》诗"两水夹明镜"句义。

兰桡：桡，音 ráo，船桨。代指船。兰桡，用木兰树造的船。木兰，香木名，又名杜兰、林兰，皮似桂而香。南朝梁·任昉《述异记·卷下》："木兰洲在浔阳江中，多木兰树。七里洲中，有鲁班刻木兰为舟，舟至今在洲中。诗家云木兰舟，出于此。"后常用为船的美称。南朝梁·萧纲《江南弄·采莲曲》："桂楫兰桡浮碧水，江花玉面两相似。"唐·李世民（太宗皇帝）《帝京篇十首》其六："飞盖去芳园，兰桡游翠渚。"

此联摘自乾隆十九年御制诗《湖上杂咏》："澹沱溪烟接六桥，双湖夹镜荡兰桡。玉泉不是言游懒，咫尺波心落翠标。"这是一首首句入韵的七言绝句诗，押平声韵，即韵脚字桥、桡、标都读平声，第三句的末字"懒"读仄声。由于四句诗的韵脚有平有仄，所以读起来适口顺耳，具有韵律之美。但这里只摘取了第一、二两句作为楹联使用，上下联的收尾字都是平声，没有抑扬变化，读起来拗口，听起来逆耳，失去了旋律之美，这就违背了楹联的法则。楹联的法则应该是上联收于仄声，下联收于平声。这个法则不是哪个人的硬性规定，而是汉语言自然形成的一个规律，是汉族文化追求旋律美的一种欣赏情趣。所以这副楹联算不得完美。

后　语

要说写这本书，还得从上个世纪80年代说起。大约是在1986年，朋友送给我一本小书，是专门讲解颐和园楹联的，被当作某大学（当时称学院）一个专业的教学参考用的内部读物。因为当时我还在上班，没有时间读，便把它收了起来。到了本世纪初，彻底退休了，闲暇无事便常去逛颐和园，于是又把这本小书翻了出来，想长长见识。初读，确实是把它当作老师对待的，但读了两遍以后，感到有些地方不太对劲，便产生了怀疑。经过查字典翻资料，再往深处读，更感到书中的绝大部分注释和解说不可苟从。于是我心血来潮，突发奇想：还是我自己"重新打鼓"吧。于是就盘锅垒灶、寻柴觅米干了起来。谁知一动起手来，问题也来了，像我这样一个根底浅腹中空的人，要想把全国顶级的楹联说清楚，谈何容易！当初只是头脑一发热，没掂一掂自己是八两还是半斤就作了决定。俗话说，开弓没有回头箭，怎么办呢？于是我用了一个笨办法：学，从头学。边学边干，边干边学。就这样，费我十年磨杵功写成了这本书或许还是一锅夹生饭。

十年来，我却也着着实实地读了几本书。像苍舒先生著的《中国对联艺术》，徐时仪先生著的《语言文字》，何九盈、胡双宝、张猛三位先生主编的《中国汉字文化大观》，洪成玉先生著的《汉语词义散论》，任学良先生的《汉语造词法》，温端政先生的《汉语语汇学》，赵克勤先生的《古代汉语语汇学》，郭锡良、唐作藩等编著的《古代汉语》，蔡仪主编的《文学概论》，游国恩、萧涤非等主编的《中国文学史》（修订本），刘大杰先生的《中国文学发展史》，敏泽先生的《中国文学理论批评史》，胡朴安先生的《中国训诂学史》，张舜徽先生的《中国古代史籍校读法》，周生亚先生的《古籍阅读基础》，李佐丰先生的《古代汉语语法学》，易孟醇先生的《先秦语法》（修订本），周振甫先生的《周振甫讲修辞》，牟世金先生的《雕龙集》，姜书阁先生著的《骈文史论》和《诗学广论》，周示行先生的《诗经论集》，刘开扬先生的《唐诗通论》，谌兆麟先生的《中国古代文论概要》，谭家健先生的《六朝文章新论》等书籍总是置于案头，经常要翻阅的。这些书籍使我获得了丰富的、必不可少的文学理论知识，自始至终给我以指导。我对这些书的作者表示由衷的感谢！当然我也读了一些其他书，对那些故去的、健在的作者们也一并表示感谢。

毋庸讳言，在文学方面我不是"科班"出身，没有什么头衔。不打算，也不可能用写这本书去挣什么头衔，所以思想上没有背什么包袱。唯一让我感到忧虑的是，生怕哪个地方说错了，给读者造成误导，那可真是"罪莫大焉"了，所以头脑中始终有临深履薄之感，不敢辞半点辛劳，不敢有丝毫懈怠。凡所采用的匾额楹联，必亲自到实地去查勘核实，不敢人云亦云；凡所述说，必经熟虑方敢落笔，一字未安，终夜反侧。比如十七孔桥南侧楹联有"晴光缅明圣"一语，其中的"缅"字，我所见到的书本资料，包括颐和园管理处编纂的《颐和园志》都误作"总"，只有上面所说朋友送的那本小书写的是"缅"，但是当该书2009年拿到社会上正式出版时，作者又以讹传讹改成了"总"。我曾在冬天下到湖底用望远镜看，夏天租船去看，确确实实是个"缅"字无疑。再如，知鱼桥牌坊楹联"新苗蘋蒲意总闲"的"苗"字，到底应该怎样注解，我查了好几部字典词典，几乎异口同声，都说是草木初生的样子。我总觉得这样注解用在这里不传神，我自己也冥思苦想了几个词试着安上去，还是不够理想。足足憋了两年多，迟迟不敢下笔，直到有一天读了周汝昌先生注的《范成大诗选》中《黄罴岭》一诗的"葱茏茁新黄"，周先生给"茁"字的注解是"草木初生怒发的样子"。我眼前突然一亮，这"怒发"二字不就是水草刚刚发芽时的"神"吗！这也正好恰如其分地揭示出楹联作者乾隆皇帝所要抒发的通达欢畅的情怀啊！周老先生无愧是当代的文学大家，我别无选择，只得原文照录。在此对周先生表示深深的感谢！在我的这本书中，我也或多或少或长或短地引录了其他一些人的原文，在此也对这些先生表示感谢！

这本书的初稿写成以后，承蒙享受国务院特殊津贴者、高级工程师、红学研究者、颐和园学会会员张秉旺先生和某杂志退休编辑杨进才先生审阅了全文，并提出了中肯的意见和建议，张秉旺先生又为本书作了序，我对他们表示衷心的感谢！

我特别要感谢中国文史出版社的编辑，他们为本书的出版付出了辛勤的劳动，特别是责任编辑金硕、梁玉梅，她那热情饱满的敬业精神和科学严谨的工作态度给我留下了深刻印象。

作者

2015年8月4日